Fußball: Technik – Taktik – Athletik – Kognition

Besonderer Dank für die Mitarbeit an diesem Buch geht an: Rafael Agacinski, Rezeart Halili, Thomas Staack, Jan Tell, Dustin Wilk

Allgemeiner Hinweis:

Aus Gründen der besseren Lesbarkeit haben wir uns entschlossen, durchgängig die männliche (neutrale) Anredeform zu nutzen, die selbstverständlich die weibliche mit einschließt.

Philipp Kaß & Helge Hohl

FUSSBALL

TECHNIK – TAKTIK – ATHLETIK – KOGNITION

Trainings-, Übungs- und Spielformen

MEYER & MEYER VERLAG

Fußball: Technik – Taktik – Athletik – Kognition
Bibliografische Information der Deutschen Bibliothek
Die Deutsche Bibliothek verzeichnet diese Publikation in der Deutschen Nationalbibliografie; detaillierte bibliografische Details sind im Internet über <http://dnb.ddb.de> abrufbar.

Auckland, Beirut, Dubai, Hägendorf, Hongkong, Indianapolis, Kairo, Kapstadt,
Manila, Maidenhead, Neu-Delhi, Singapur, Sydney, Teheran, Wien
Member of the World Sport Publishers' Association (WSPA)

Gesamtherstellung: Print Consult GmbH, München

MIX
Paper from responsible sources
FSC www.fsc.org FSC® C084279

ISBN 978-3-8403-7752-5
E-Mail: verlag@m-m-sports.com
www.dersportverlag.de

Cover und Umschlaggestaltung: Katerina Georgieva
Layout: Katerina Georgieva
Satz: Guido Maetzing, www.mmedia-agentur.de
Lektorat: Dr. Irmgard Jaeger
Umschlag: © AdobeStock, dpa picture alliance
Bilder Kapitelaufmacher: © AdobeStock
Schmuckbilder: S. 23, 27, 37, 45, 55, 59, 73, 87, 107, 121, 131, 151, 155, 177, 181, 187, 217, 229 © dpa picture alliance
Grafiken: © easy sports graphics

INHALT

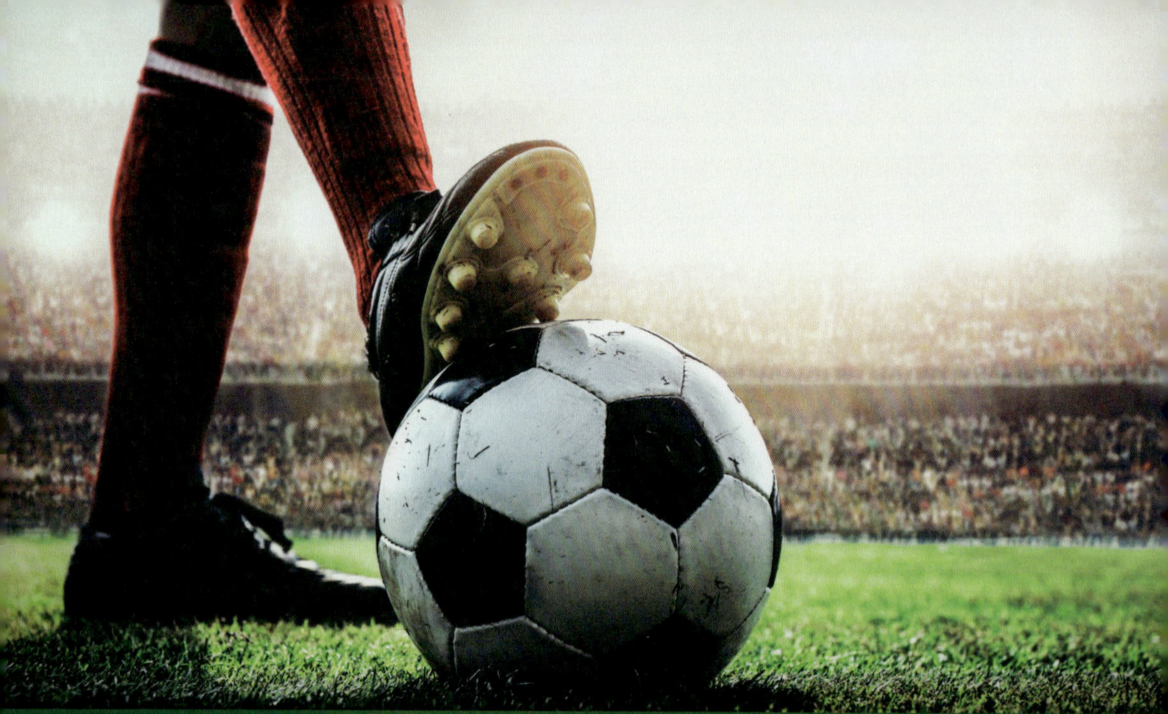

EINLEITUNG

Technik – Taktik – Athletik – Kognition

Fußball. Die Begeisterung und Faszination für diesen Sport ist überall spürbar. Es gibt kaum eine Sportart mit so vielen Emotionen. Großartige Triumphe und bittere Niederlagen liegen oftmals nur Sekunden voneinander entfernt. Kein Wunder, dass der Fußball für viele Menschen auch in Zukunft anziehend bleibt. Ja, die schönste Nebensache der Welt eben. Für uns bedeutet er sogar ein bisschen mehr. Und aus Liebe zum Spiel ist dieses Buch entstanden.

Betrachtet man das Spiel rational, dann lassen sich aus sportwissenschaftlicher Sicht u. a. die Begriffe Technik, Taktik, Athletik und Kognition als Leistungsfaktoren eines Fußballspielers ausmachen. Die Technik dient als Basis und absolutes Grundgerüst, wobei sie in engem Bezug zu den koordinativen Fähigkeiten steht. Je besser diese sind, desto schneller wird ein Spieler sich gerade im Kindesalter im technischen Bereich verbessern.

Technik wird somit immer das entscheidendste Kriterium sein, ob jemand überhaupt in der Lage ist, „Fußball spielen zu können". Die Technik ist mitunter allerdings auch der Leistungsfaktor, der beim Erlernen die meiste Zeit kostet. Er lässt sich gerade im „goldenen Lernalter" am besten schulen.

Die taktischen Anforderungen an einen Fußballspieler haben sich in den letzten Jahren immer weiter verändert und erleben in der heutigen Zeit eine Art „Hochkonjunktur", da jene den Ausschlag darüber geben können, ob eine Mannschaft erfolgreich ist oder nicht. Insbesondere das Beherrschen verschiedenster Grundordnungen, Spielsysteme sowie taktischer Varianten und Handlungsmöglichkeiten stellt im Fußball die Grundlage eines effektiven und effizienten Zusammenspiels dar.

Indem ständig neue, komplexe Situationen für den Fußballspieler entstehen, werde diese hinsichtlich ihrer variablen Handlungsverfügbarkeit und Flexibilität maximal gefordert. Und ein Ende ist nicht in Sicht. Selbst im Kindes- und Jugendalter werden Spiele bis zum Äußersten „taktisiert", damit am Ende ja der Erfolg dabei herausspringt. Ob dies der richtige Weg einiger Trainer ist, sei einmal dahingestellt.

Zu dieser Entwicklung trägt maßgeblich auch die Geschwindigkeit des Spiels bei, welche in den letzten Jahren nochmals an Fahrt gewonnen hat. Die Schnelligkeit eines Fußballspielers ist eine unverzichtbare „Waffe" geworden, um Gegenspieler überwinden zu können. Darüber hinaus stellen alle weiteren athletischen Parameter immens wichtige Faktoren dar, um die Assets eines Fußballspielers zu komplettieren.

Dieses Setting wird abgerundet von den kognitiven Aspekten, sprich denen, die psychischer oder mentaler Natur sind.

Das Buch *Technik – Taktik – Athletik – Kognition* soll dir Anregungen für Trainingsübungen in den verschiedenen Bereichen deiner Trainingsarbeit geben und deinen Fußballhorizont erweitern. Du kannst es dabei „quer" lesen und bist nicht an die Chronologie gebunden. Wir sind uns sicher, dass du einige Übungen und Punkte für deine tägliche Arbeit nutzen kannst, deinen Weg als Trainer musst du letztlich aber selbst gehen und finden. Dabei wünschen wir nur das Beste – und nun viel Spaß mit diesem Buch.

Euer Philipp und Helge

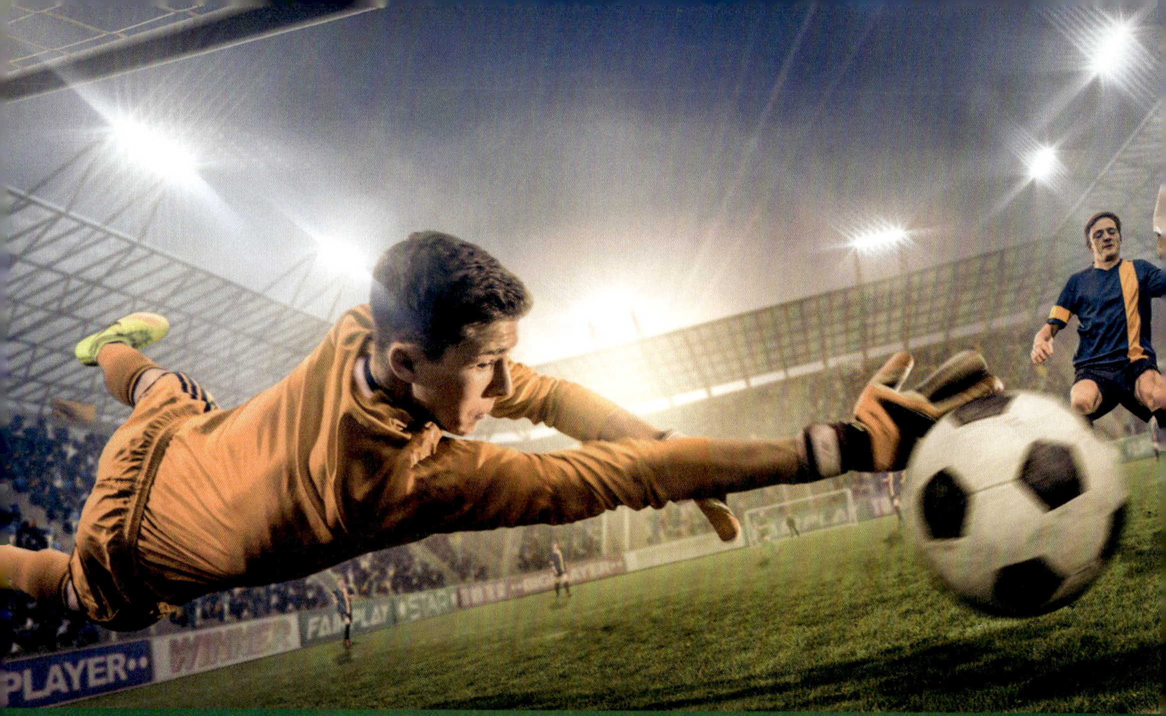

DIE ÜBUNGSFORMEN

Schussfinte

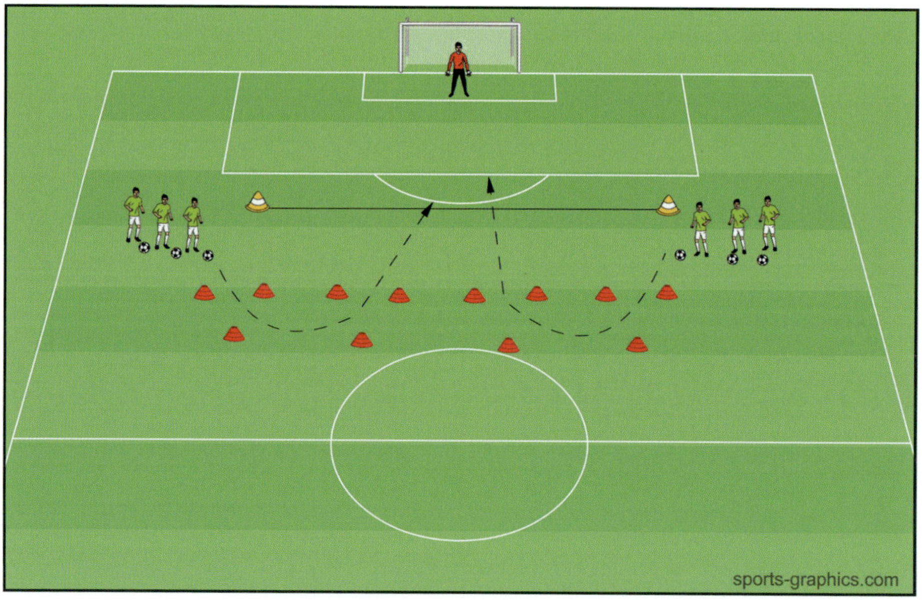

- Entfernung des Dreiecks 2 ca. 10-12 m vom Tor
- Dreieckgröße 3 m
- Entfernung Starthütchen-Dreieck ca. 2 m
- Spielfeld ca. 20 x 10 m pro Station
- Die Spieler starten nacheinander links oder rechts am Starthütchen.
- Von einem Starthütchen wird der Ball in das Dreieck 1 gespielt, eine Schussfinte durchgeführt und der Ball mit dem Innenspann nach innen mitgenommen und zum Dreieck 2 gedribbelt.
- Vor dem Dreieck 2 wird ebenfalls der Ball angespielt, Schussfinte, Ballmitnahme mit dem Innenspann nach innen und vor einer Torschusslinie Torschuss auf ein Tor mit TW.
- Nach dem Torschuss wird der Ball geholt und am Starthütchen neu begonnen.

Variation

- Für jede gelungene Schussfinte 1 Punkt, für ein Tor ein weiterer Punkt, wer hat zuerst 15 Punkte?

Hinweise und Coaching

- Schussfinte mit Torabschluss verbinden
- Erlernen der Schussfinte
- Ballmitnahme nach innen
- Den Blick vom Ball lösen

Farbendribbling

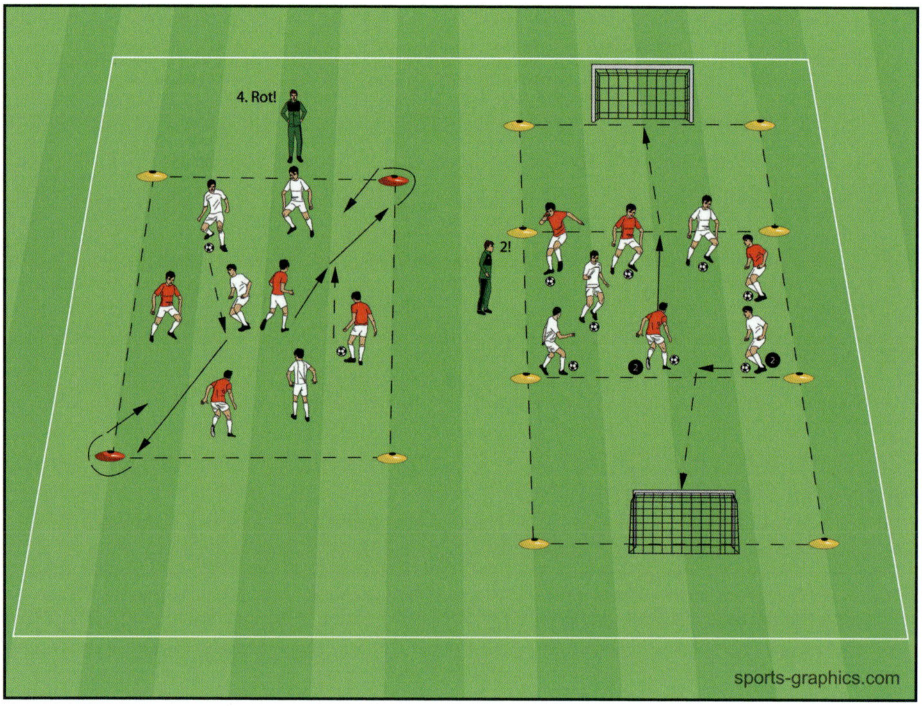

Organisation und Ablauf

- Feld 1: 1 Hütchenquadrat mit 2 verschiedenen Farben errichten.
- Feld 2: 1 Feld mit 2 Minitoren und einer Mittelzone markieren.
- 2 gleich große Gruppen bilden und auf die Felder verteilen.

Feld 1

- 2 Gruppen bilden und die Spieler jeweils durchnummerieren.
- Die Spieler passen sich in freier Reihenfolge zu.
- Der Trainer ruft laut eine Zahl und eine Farbe auf.
- Jetzt passen die Ballbesitzer zum aufgerufenen Spieler ihrer Gruppe, die ein Hütchen der aufgerufenen Farbe umdribbeln und anschließend zu einem Mitspieler zurück ins Feld passen.

Feld 2

- 2 Gruppen bilden und die Spieler jeweils durchnummerieren.
- Die Spieler dribbeln frei in der Mittelzone des Feldes.
- Dabei bauen sie möglichst viele Finten ins Dribbling ein.
- Der Trainer ruft laut eine Zahl auf.
- Die jeweils aufgerufenen Spieler müssen versuchen, schnellstmöglich in eines der Minitore zu passen.
- Der Spieler, der zuerst einen Treffer erzielt, erhält 1 Punkt.

Hinweise und Coaching

- Im Aufwärmen zunächst mit gemäßigtem Tempo agieren. Erst nach einigen Minuten ein Wettspiel organisieren.
- In Feld 1 kann der Trainer die Hütchenfarbe auch durch Hochhalten entsprechender farbiger Leibchen vorgeben.

Farbige Balljagd

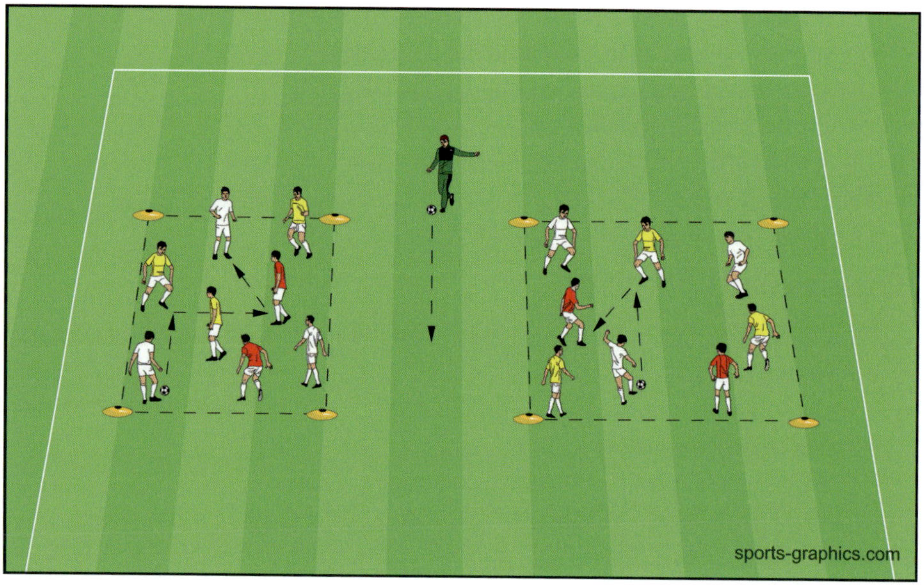

Organisation und Ablauf

- 2 Felder markieren.
- 2 Mannschaften bilden und den Feldern zuweisen.
- Die Gruppen innerhalb der Teams beibehalten.
- Der Trainer startet die Aktion, indem er zwischen die beiden Felder passt.
- Die Spieler müssen nun in einer vorgegebenen Reihenfolge von Gruppe zu Gruppe 6 Pässe in den eigenen Reihen spielen.
- Der Empfänger des sechsten Passes lässt den Ball liegen und sprintet zum Ball zwischen den Feldern.
- Der Spieler, der zuerst den Ball berührt, erzielt für seine Mannschaft 1 Punkt.
- Welches Team gewinnt insgesamt die meisten Punkte?

Variationen

- Die Zahl der erforderlichen Pässe variieren.
- Die Spieler passen sich mit genau 2 Kontakten zu (annehmen, spielen).

Hinweise und Coaching

- Darauf achten, dass jeder Durchgang von einem Spieler einer anderen Farbe gestartet wird, sodass nach und nach alle Spieler zum Ball in der Feldmitte sprinten müssen.
- Außerdem auf eine gleichmäßige Besetzung der Räume achten.

Felder besetzen

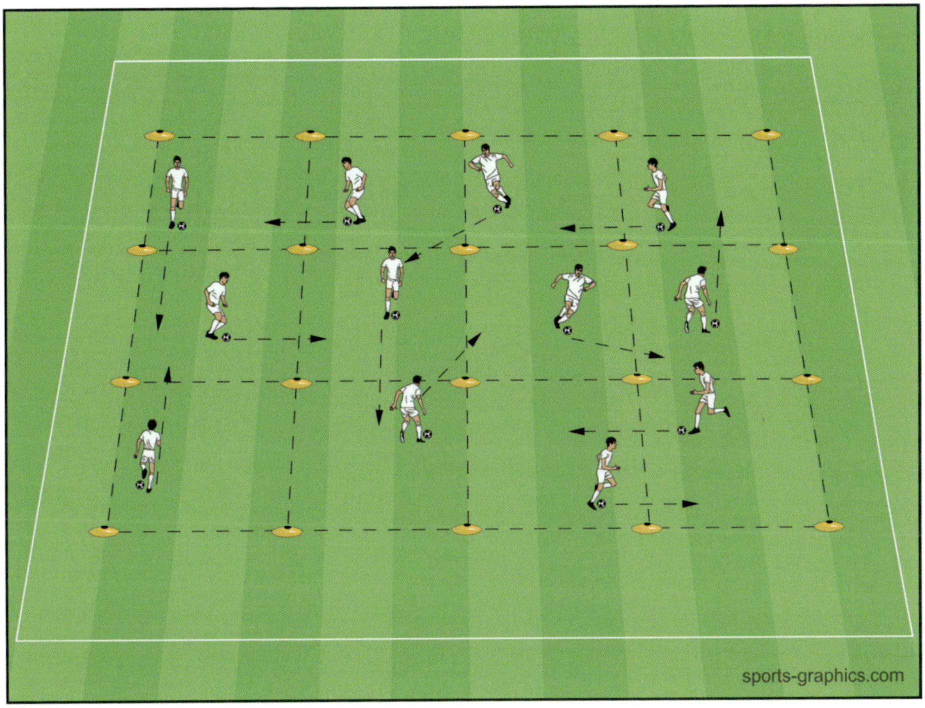

Organisation und Ablauf

- Ein 40 x 30 m großes Feld markieren und in kleinere Hütchenfelder von je 10 x 10 m unterteilen.
- Jedes Quadrat mit einem Spieler besetzen.
- Die Spieler dribbeln von Feld zu Feld durcheinander und sollen dabei darauf achten, dass sich nie 2 Spieler gleichzeitig in einem Quadrat befinden.

Variation

- Die Felder durchnummerieren. Auf ein Signal dribbeln alle Spieler in das aufgerufene Feld.

Hinweise und Coaching

- Vielseitigkeit und Erweiterung des Bewegungsspektrums
- Spielerische Verbesserung der Schnellkraft und der Gewandtheit/Geschicklichkeit
- Verbesserung der Ballführung

Felderwechsel

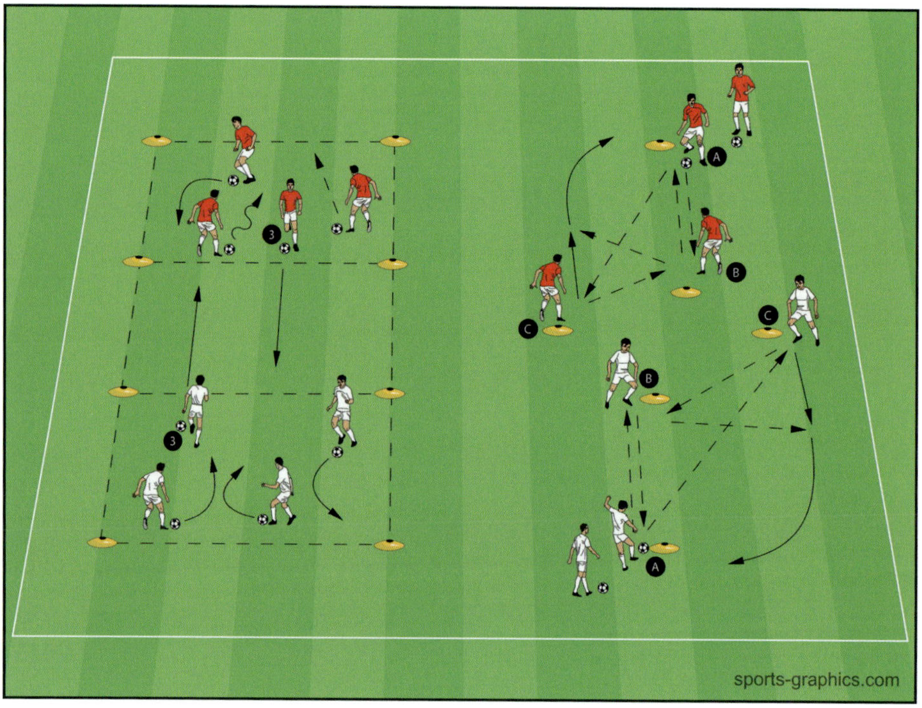

Organisation und Ablauf

- Feld 1: 1 Bewegungsraum markieren und in 3 Zonen unterteilen.
- Feld 2: 1 Hütchenraute sowie 2 Starthütchen errichten.
- 2 gleich große Gruppen bilden und auf die Felder verteilen.

Feld 1

- Die Spieler gleichmäßig auf die beiden Endzonen verteilen und jeweils durchnummerieren.
- Jeder Spieler hat 1 Ball.
- Die Spieler dribbeln frei in ihrer Zone.
- Der Trainer ruft laut 2 Zahlen auf und startet so die Aktion: Mit der ersten Zahl bestimmt er die Spieler, die jeweils in die andere Endzone wechseln sollen. Die zweite Zahl gibt die Anzahl der Kontakte vor, die den Spielern hierfür in der Mittelzone zur Verfügung stehen.
- Der Spieler, der zuerst die andere Endzone erreicht, erhält 1 Punkt.
- Welcher Spieler hat zum Schluss die meisten Punkte erzielt?

Feld 2

- 2 Gruppen bilden, und die Spieler gemäß Abbildung an den Hütchen verteilen.
- Die Spieler an den Starthütchen haben jeweils die Bälle.
- A passt auf B, der sofort zurückprallen lässt.
- Anschließend spielt A zu C weiter.
- Jetzt spielt C mit B einen Doppelpass und dribbelt danach zurück zum Starthütchen.
- Im Anschluss an die Aktion rücken alle Spieler eine Position weiter.

Hinweise und Coaching

- In Feld 1 sollte der Trainer darauf achten, dass die Spieler zunächst einige Minuten locker dribbeln, bevor er das Wettkampfspiel startet.
- Zur Steigerung der Motivation kann der Trainer noch kleine Zusatzaufgaben für den unterlegenen Spieler verteilen (z. B. 5 Liegestütze).
- In Feld 2 auf einen reibungslosen Ablauf der Passfolgen und ein präzises Kombinationsspiel achten.

Finten im 4 gegen 4

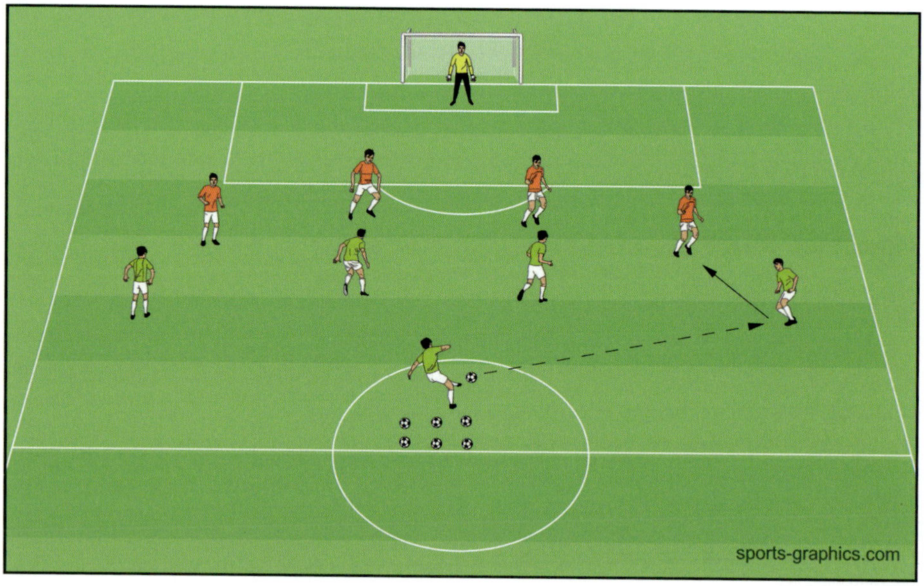

Organisation und Ablauf

- 2 Teams à 4 Spieler bilden.
- 1 Tor mit Torhüter aufstellen.
- Den Ballverteiler mit Balldepot gemäß Abbildung postieren.
- Spiel im 4 gegen 4
- Grün greift an, Orange verteidigt als Viererkette.
- Jeder Spieler von Grün muss entscheiden, ob er durch Finten ins 1 gegen 1 geht oder ob er abspielt.
- Es müssen Entscheidungen getroffen werden, wie im Spiel.
- Erobert Orange den Ball und spielt ihn zum Ballverteiler, gibt es 1 Punkt.

Variationen

- Zeitlimits festlegen.
- Maximale Anzahl an Kontakten festlegen.

Hinweise und Coaching

- Jeder Spieler hat seine eigene „Waffe", seine eigene Finte! Nicht jeder beherrscht jede Finte gleich gut – allerdings sollte jeder Spieler genau eine perfekt beherrschen!
- Finten sind speziell im Angriffsspiel erforderlich, hier machen sie in jeder offensiven Aktion, die dir einen Vorteil verschaffen können, Sinn!

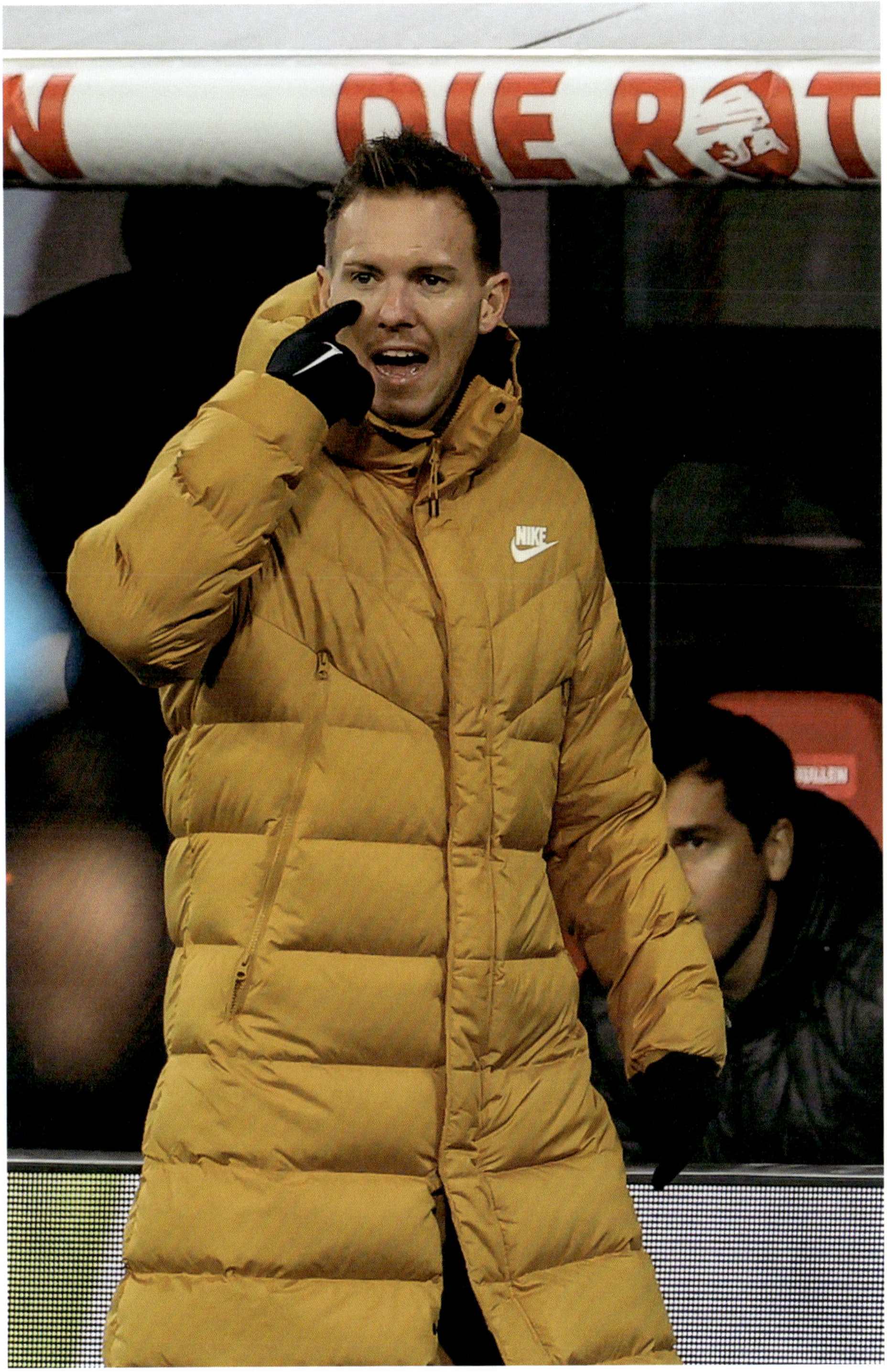
NIKE

Flugball

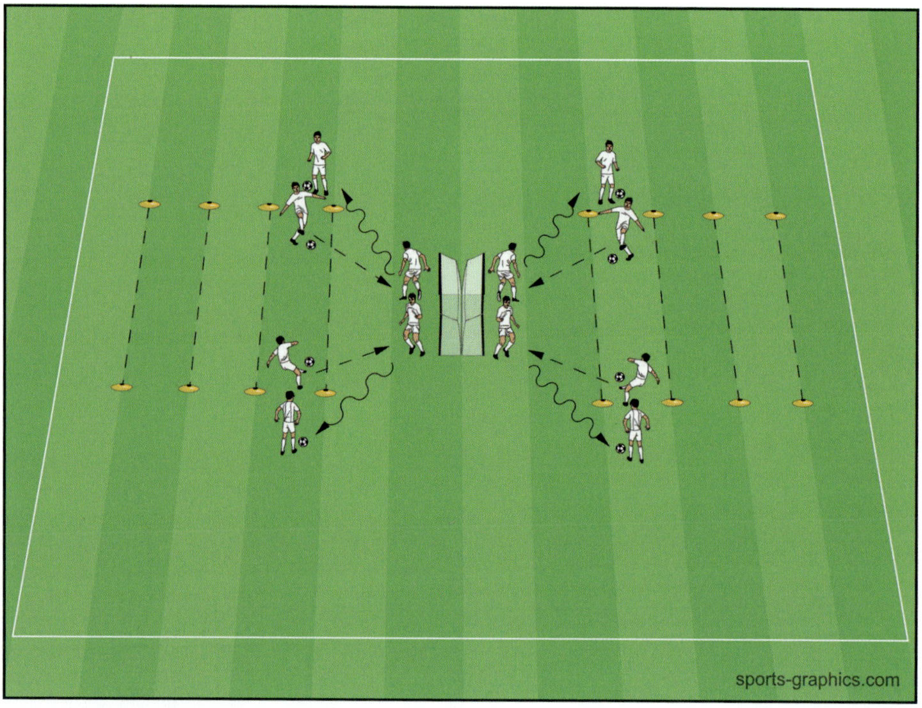

Organisation und Ablauf

- Bei 12 Spielern werden mindestens 8 Bälle benötigt.
- Entfernung der ersten Linie zum Tor ca. 5 m, die nachfolgenden Linien in 2-3 m Entfernung
- Aufbau der Linien auf beiden Seiten eines Tors
- Teilung des Tors und der Spielzone in zwei Hälften auf jeder Seite eines Tors
- 4-6 Spieler spielen von zwei Seiten mit ruhendem Ball Flugbälle auf ein Tor mit Netz.
- Jede Torseite ist geteilt in zwei Torhälften.
- Jeweils ein Spieler jeder Gruppe steht in einer Torhälfte, holt den Ball des Flugballspielers, dribbelt auf dem Rückweg um ein Hütchen außen und wechselt zum Flugballspiel, während der Torschütze ins Tor geht.
- Zu Beginn des Spiels startet jeder Spieler auf der Linie mit der geringsten Entfernung zum Tor (Kreisliga, 1 Punkt).
- Wird der Ball 2 x hintereinander erfolgreich als Flugball in die Torhälfte gespielt, darf in das nächste Feld (Landesliga) gewechselt werden.
- Bei zwei Fehlschüssen hintereinander steigt der Spieler wieder ab.

Variationen

- Wer erreicht und bestätigt zuerst die Bundesliga?
- Einzelwettbewerb: Der Spieler, dem zuerst ein erfolgreicher Versuch aus der Bundesligazone gelingt, gewinnt.
- Mannschaftswettkampf: Welche Mannschaft bestätigt die Oberliga als Erste 5 x?

Hinweise und Coaching

- Mit Flugbällen können Tore erzielt werden.
- Im Wettbewerb geht es um Auf- und Abstieg, was besonders motivierend wirkt.
- Spaß und Freude vermitteln, indem man Tore erzielt.
- Erlernen der Fußhaltung, um Flugbälle zu spielen: Den Ball mit der Innenseite unterhalb des Ballzentrums treffen, das Fußgelenk etwas strecken, die Fußspitze zeigt leicht nach unten, schräg zum Ball anlaufen.

Flugbälle 1

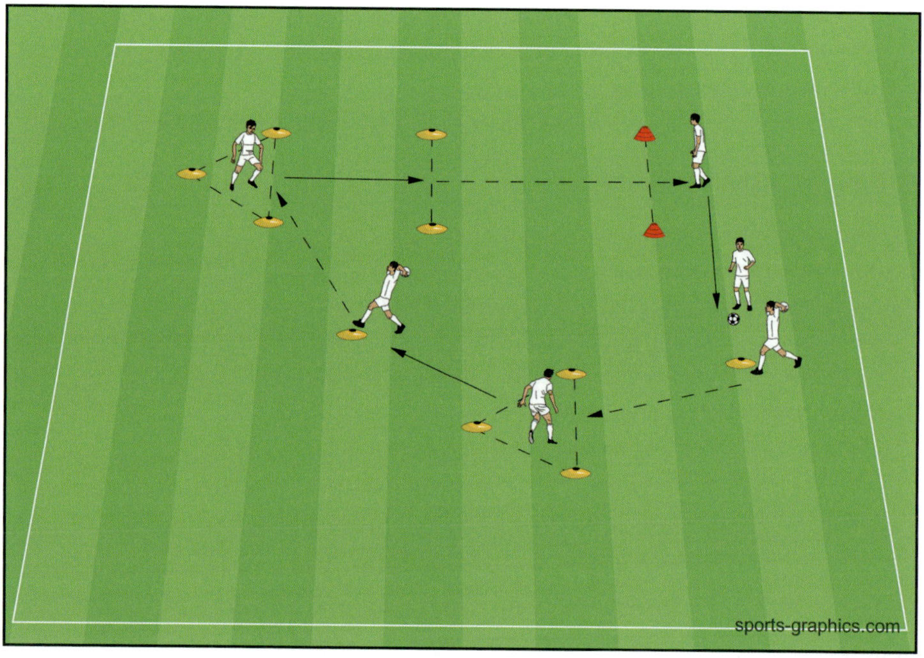

Organisation und Ablauf

- Spielfeld: ca. 20 x 15 m pro Station
- 6-10 Spieler mit 3-4 Bällen
- Der Ball wird von einem Hütchen aus in ein Kontrolldreieck geworfen.
- Der Spieler im Dreieck soll den Ball so annehmen, dass flach aus dem Dreieck gedribbelt werden kann.
- Danach wird zur nächsten Markierung gedribbelt und der Ball zum Partner geworfen.
- Von A zu B wird nach der Ballannahme durch ein Stangentor (Hütchentor) gepasst.
- Rundlaufprinzip: Jeder Spieler läuft seinem Ball hinterher.

Variationen

- Wettbewerb: Aufbau von zwei Stationen
- Jeder Pass in das Passtor zählt 1 Punkt. An welcher Station werden zuerst 15 Passtore erzielt?

Hinweise und Coaching

- Verbesserung der Ballan- und -mitnahme von Flugbällen
- Verbesserung des Ballgefühls: „Ansaugen" des Balls

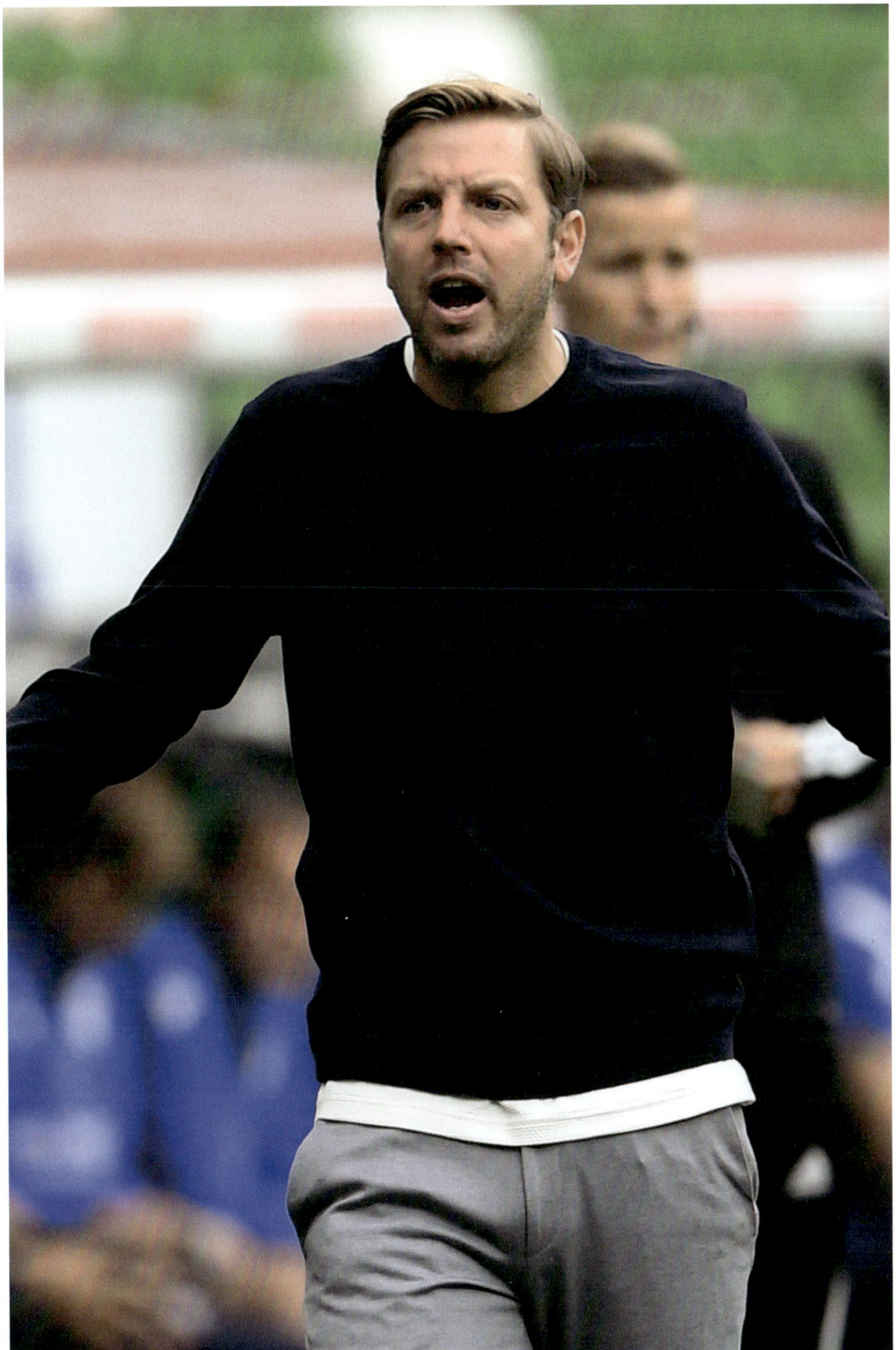

Flugbälle 2

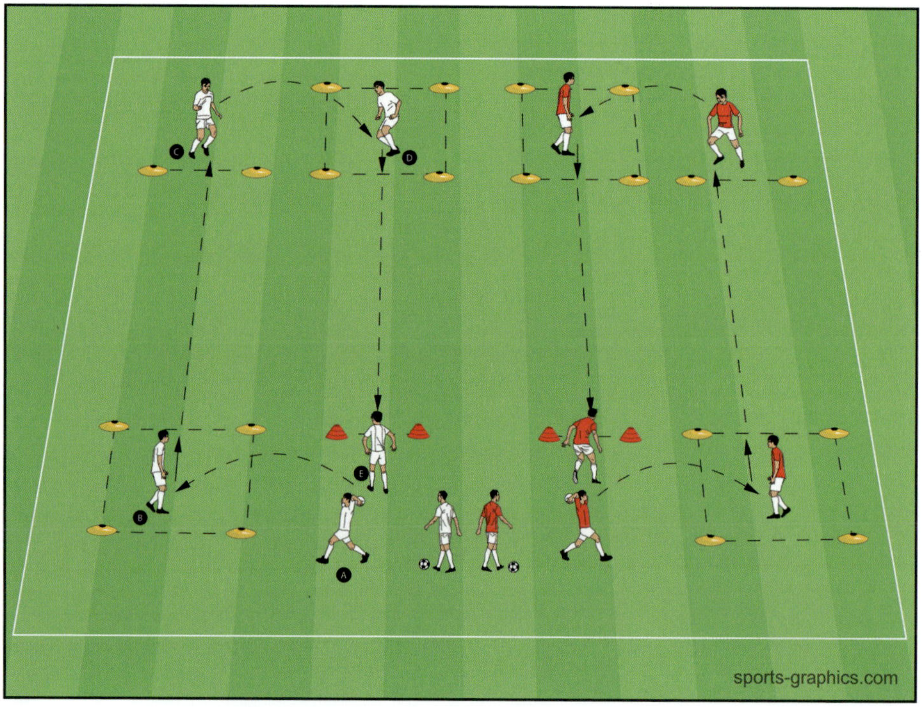

Organisation und Ablauf

- Spielfeld: ca. 15 x 15 m
- Quadrate: 3 x 3 m
- Spieler A startet die Rundlaufübung mit einem Zuwurf in das Zielquadrat zu Spieler B.
- Innerhalb des Quadrats nimmt Spieler B den Ball an und beruhigt ihn, um ihn nach einem kurzen Dribbling aus dem Quadrat durch ein Hütchentor zu Mitspieler C zu passen.
- Spieler C wirft den Ball für Spieler D an, der nach Annahme und Beruhigung zu Spieler E ins Zieltor passt.
- Jeder Spieler startet seinem Ball hinterher.

Variationen

- Fußwechsel beim Dribbling
- Nach einigen Übungsrunden wird ein Wettbewerb gestartet.
- Station A gegen Station B: An welcher Station werden zuerst 30 Zieltore erzielt?

Hinweise und Coaching

- Übungsrunden und Wettbewerbe sollten auch mit Passen mit dem schwächeren Fuß durchgeführt werden (Seitenwechsel).
- Ballan- und -mitnahme von zugeworfenen Flugbällen zur Seite
- Verbesserung der Ballan- und -mitnahme von Flugbällen
- Verbesserung des Passspiels

Flügelspiel mit Option

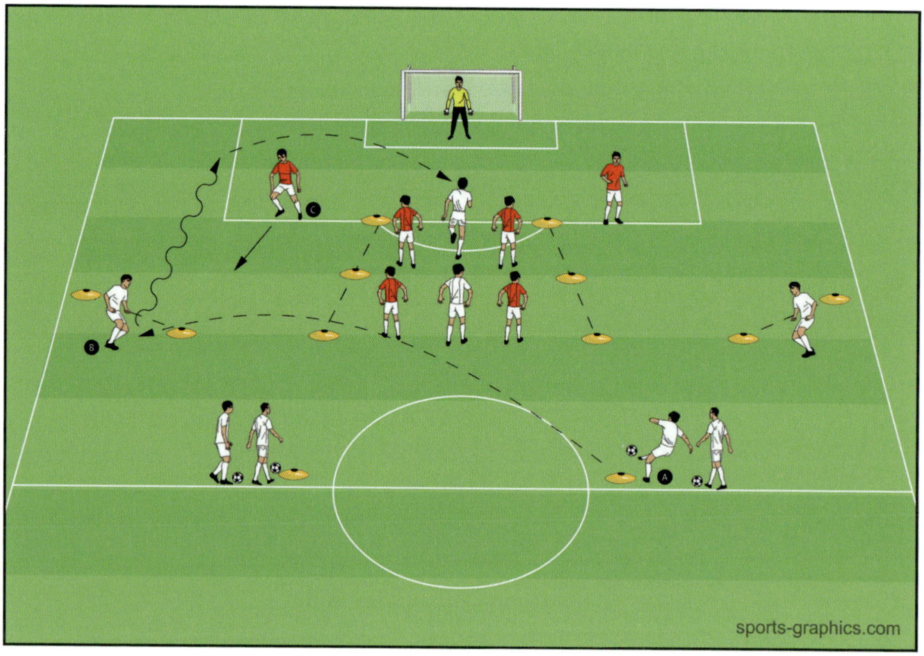

Organisation und Ablauf

- Halbes Spielfeld
- 1 Torhüter in 1 Großtor
- A spielt einen Flugball zu B.
- C rückt mit dem Anspiel heraus, stellt B und lenkt ihn nach außen.
- Gelingt dem Angreifer der Durchbruch, so flankt er in die Mitte oder zieht nach innen und sucht den Torabschluss.
- Danach folgt der gleiche Vorgang von der anderen Seite.

Variationen

- Flaches Zuspiel
- Kopfballtore zählen doppelt.
- Volleytore zählen dreifach.

Hinweise und Coaching

- Flugball mit sauberer Qualität
- Zielstrebig in der Anschlussaktion
- Torabschluss vor Flanke

Flügelspiel aus dem Stand

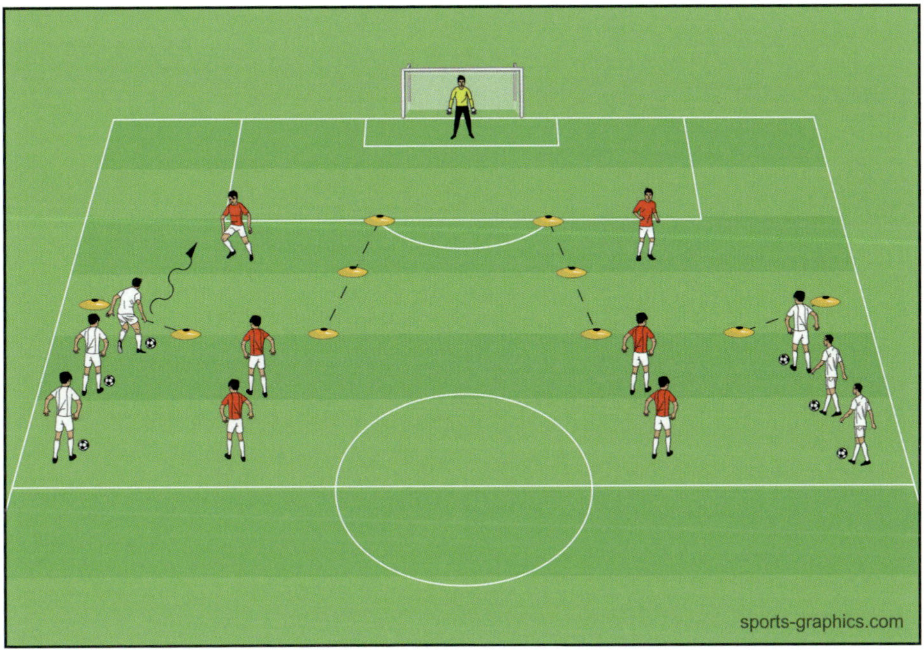

Organisation und Ablauf

- Den Spielraum zur Mitte mit Hütchen abgrenzen.
- 1 gegen 1 am Flügel
- Der Verteidiger weicht langsam zurück und lenkt den Angreifer nach außen.
- Nach Balleroberung folgt ein Konter auf das Hütchentor.
- Der Angreifer darf nur nach vorne agieren.

Variationen

- 2 gegen 2 am Flügel
- 3 gegen 3 am Flügel

Hinweise und Coaching

- Finten einbauen.
- Eng geführtes Dribbling
- Tempo variieren.

Flügelspiel

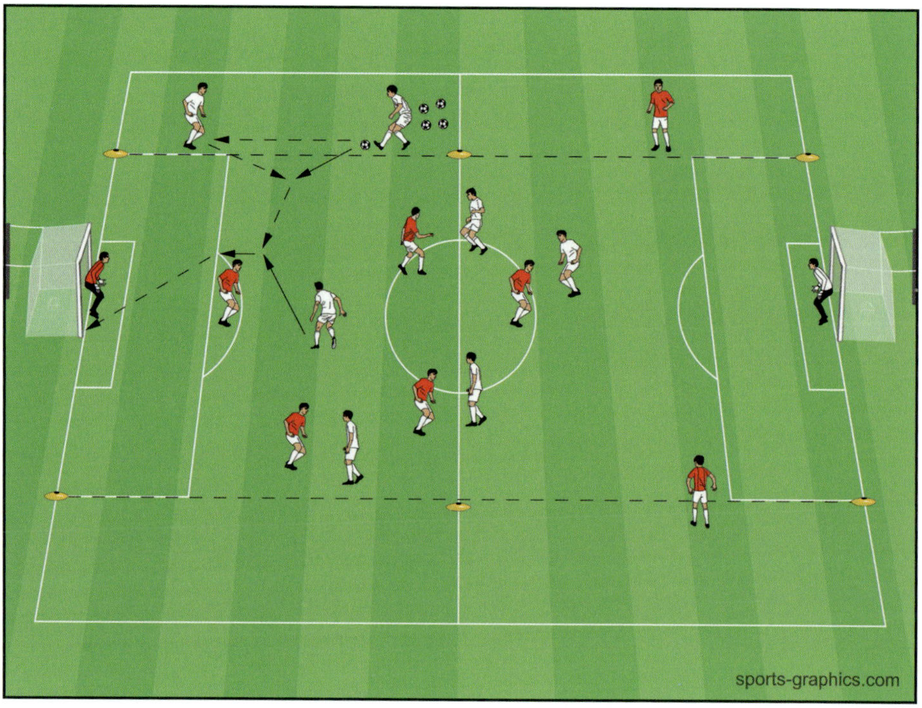

Organisation und Ablauf

- 1 Feld mit 2 großen Toren mit Torhütern errichten.
- 1 Mittellinie markieren.
- 2 Mannschaften bilden.
- Je 2 Anspieler benennen und in der jeweiligen Angriffshälfte postieren.
- Die Anspieler von Farbe 1 postieren sich mit Bällen an einer Seitenlinie.
- Die Anspieler von Farbe 2 stellen sich ohne Ball an beiden Seitenlinien gegenüber auf.
- Die Anspieler von Farbe 1 starten jede Aktion.
- Die Angreifer versuchen, die Hereingabe von außen zu verwerten.
- Freies Spiel bis zum Torabschluss
- Gelingt es den Verteidigern, den Ball zu erobern, kontern sie auf das andere Tor.
- Dabei dürfen sie ihre beiden Anspieler an den Außenlinien jederzeit einbeziehen.

Variationen

- Die Passkombinationen am Flügel variieren.
- Der Flankengeber darf nach seiner Hereingabe ins Feld nachrücken und so eine Überzahlsituation vor dem Tor herstellen.
- Kopfballtore zählen doppelt.
- Alle Anspieler ohne Bälle auf jeweils beiden Seiten des Feldes postieren. Jetzt starten die Torhüter jede Aktion.
- Die Anspieler dürfen nur direkt spielen.
- Mit Abseits spielen.
- Zum Schluss frei spielen lassen.

Hinweise und Coaching

- Da die Verteidiger bei Ballgewinn blitzschnell über die beiden Außenspieler umschalten und kontern können, müssen die Angreifer besonders darauf achten, auch im Rückraum präsent zu sein, um den „zweiten Ball" zu gewinnen.
- Alle 3 Minuten die Anspieler wechseln.
- Nach 6 Minuten die Seiten wechseln.

Flussüberquerung

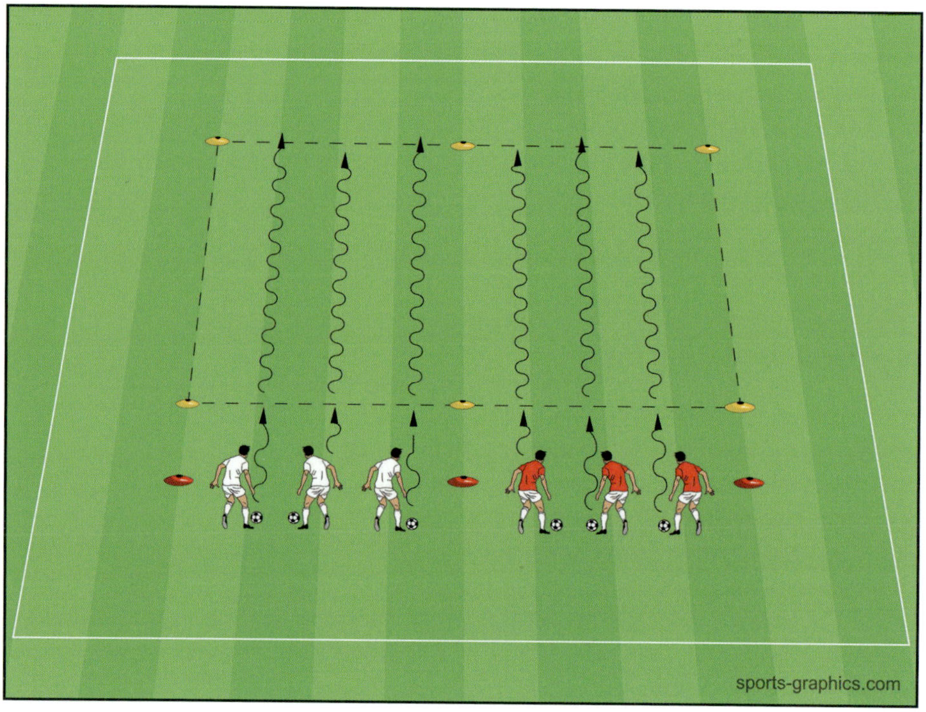

Organisation und Ablauf

- Jeder Spieler erhält 1 Ball.
- Spielfeld: 15 x 20 m
- Hütchenlinie ca. 3 m vor Rechteck mit 10 x 20 m
- Die Spieler erhalten Jonglieraufgaben.
- Vor dem Wettkampf probieren die Spieler die Jonglieraufgaben im Rechteck aus.
- Wettkampf: Die Spieler bilden mit Ball in der Hand eine Reihe auf der Linie vor dem Rechteck.
- Der Trainer startet den Wettkampf mit optischen oder akustischen Signalen.

Variationen

- Vor der Flussüberquerung müssen die Spieler eine Jonglieraufgabe erfüllen.
- Flussüberquerung: Die Spieler versuchen, den Ball zu jonglieren und so das Rechteck zu überqueren, ohne dass der Ball in den Fluss fällt.
- Jede Überquerung bringt 3 Punkte, jeder Bodenkontakt im Fluss zählt 1 Minuspunkt.
- Der Ball muss nach der Flussüberquerung in die Hand gespielt werden.
- Nach der Flussüberquerung dribbeln die Kinder wieder außerhalb des Feldes zur Startlinie.

Hinweise und Coaching

- Jonglieraufgaben vor der Flussüberquerung: Es sind immer beide Beine beteiligt!
- Fuß (links oder rechts) – Fuß (links oder rechts) – dann den Ball fangen.
- Oberschenkel (links oder rechts) – Fuß (links oder rechts) – dann den Ball fangen.
- Fuß (links oder rechts) – Oberschenkel (links oder rechts) – dann den Ball fangen.
- Kopf – Oberschenkel (links oder rechts) – Fuß (links oder rechts) – dann den Ball fangen.
- Koordinationstraining mit Ball
- Verbesserung des Ballgefühls
- Verbesserung der Beidfüßigkeit

Flanken und Torschuss

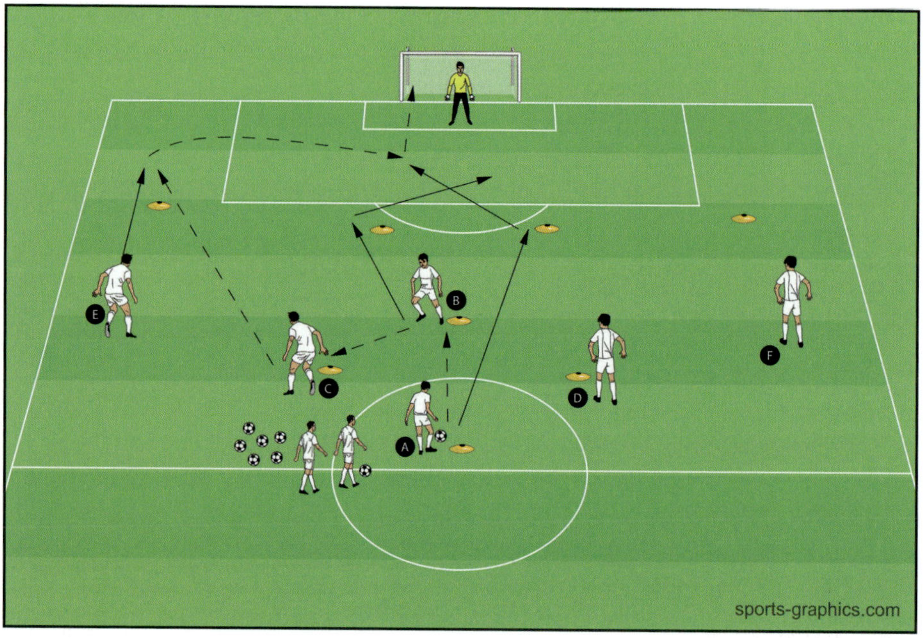

Organisation und Ablauf

- 1 Spielfeld gemäß Grafik einrichten.
- Die Hütchen vor dem Tor doppelt, die auf den Flügeln einfach besetzen.
- Der zentrale Mittelfeldspieler A passt zum Angreifer B, der auf einen weiteren Mittelfeldspieler C ablegt.
- C spielt in den freien Raum auf einen Flügelspieler E, der in den Strafraum auf B und den nachrückenden A flankt, die zum Torabschluss kommen.
- Die Flügel- und Mittelfeldspieler tauschen nach jeder Aktion die Position.
- Im Wechsel von beiden Seiten üben.

Variationen

- Kopfballtore zählen doppelt.
- Volleytore zählen dreifach.

Hinweise und Coaching

- Passgenauigkeit
- Präzise Flugbälle
- Präziser Torabschluss

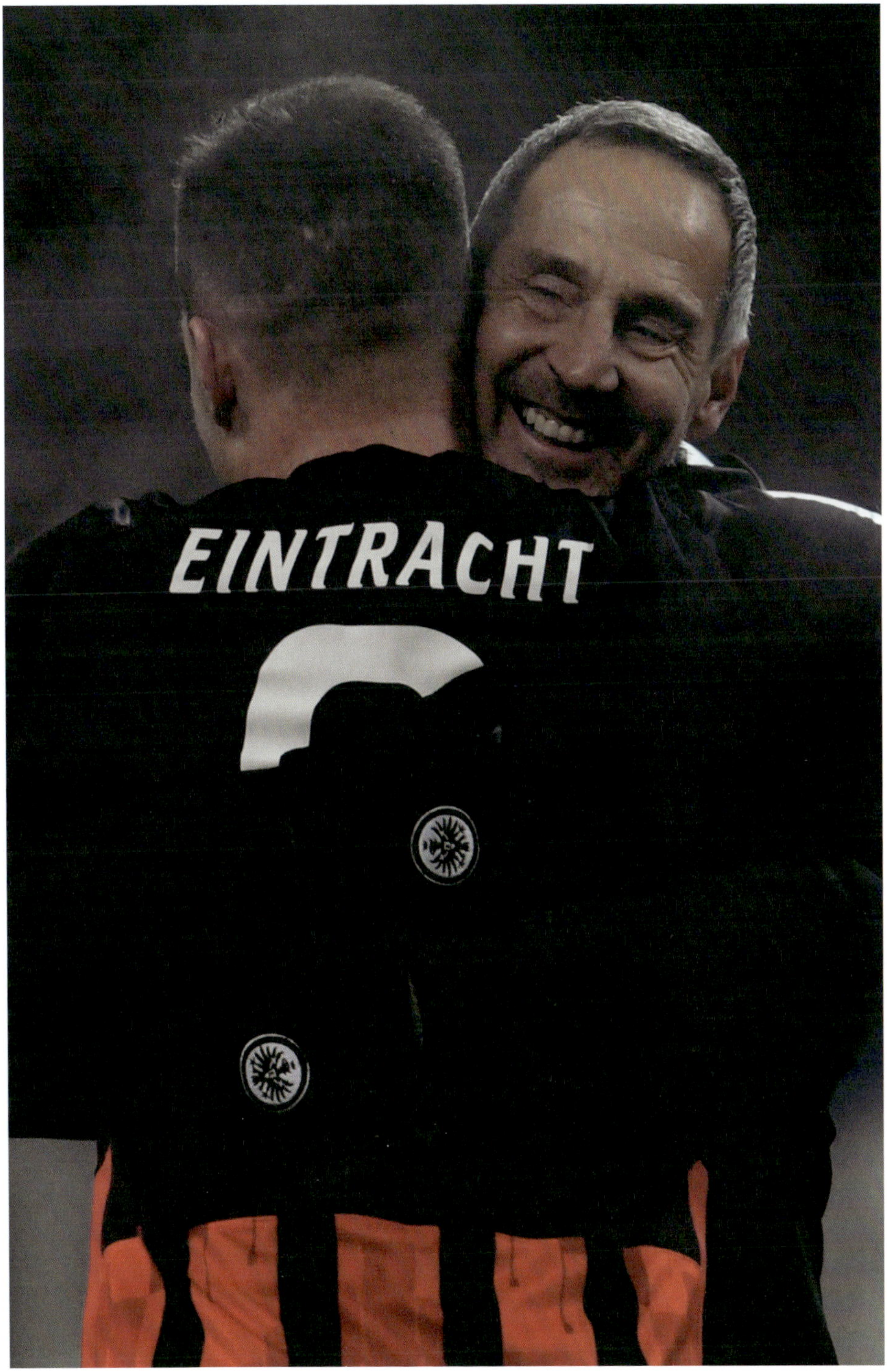
EINTRACHT

Flankenabwehr 1

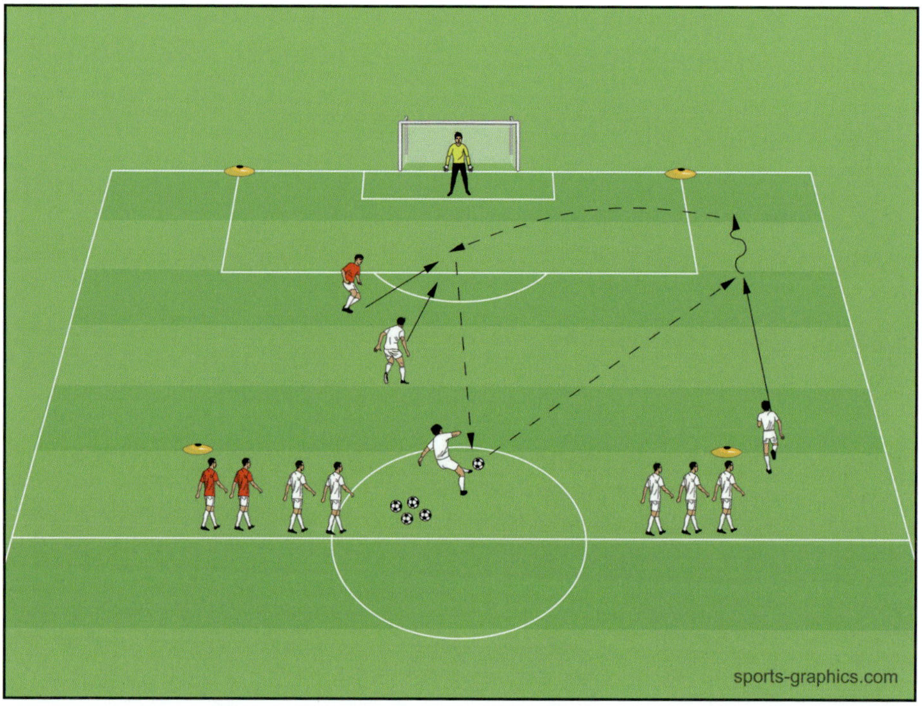

Organisation und Ablauf

- 1 Spielfeld mit 1 großen Tor errichten.
- Spielerpaare bilden.
- Die Spieler in den Paaren agieren jeweils abwechselnd als Angreifer bzw. Verteidiger.
- 1 Spielerpaar vor dem Tor postieren.
- 1 Anspieler und 4 Flügelspieler benennen.
- Der Anspieler passt auf den ersten Flügelspieler.
- Dieser dribbelt in Richtung Grundlinie und passt scharf vor das Tor.
- Der Verteidiger versucht, den Torabschluss des Angreifers zu verhindern.
- Gelingt es dem Verteidiger, den Ball zu erobern, so versucht er, wieder zum Anspieler zu passen.

Variationen

- Die Flügelspieler flanken hoch vor das Tor.
- 2 Angreifer und 2 Verteidiger im Feld postieren.

Hinweise und Coaching

- In dieser Spielform ist das Stellungsspiel des Verteidigers von großer Bedeutung: Er muss stets versuchen, vor dem Angreifer am Ball zu sein. Entsprechend muss er sich leicht vor ihm postieren. Dabei darf der Abstand jedoch nicht zu groß werden, da der Angreifer ihm ansonsten „im Rücken" weglaufen kann.
- Die Situation ändert sich, wenn der Angreifer über den ersten Pfosten hinausläuft. Hier kann der Verteidiger versetzt dahinter bleiben und auf der „inneren Linie" zum Tor hin decken.
- Nach jeweils 6 Aktionen den Anspieler wechseln.

Flankenabwehr 2

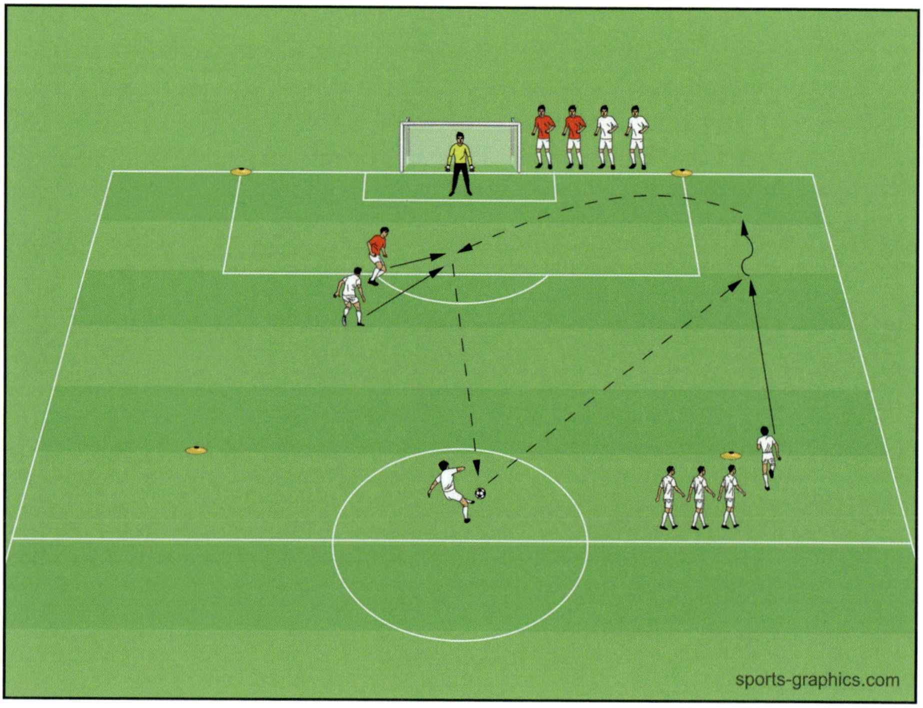

Organisation und Ablauf

- 1 Spielfeld mit 1 großen Tor errichten.
- Spielerpaare bilden.
- Die Spieler in den Paaren agieren jeweils abwechselnd als Angreifer bzw. Verteidiger.
- 1 Anspieler und 4 Flügelspieler benennen.
- Das Spielerpaar stellt sich in größerer Entfernung zum Tor auf.
- Der Anspieler passt auf den ersten Flügelspieler.
- Die Spieler laufen aus größerer Entfernung vor das Tor, und der Verteidiger versucht, die Hereingabe des Außenspielers zu klären bzw. den Ball zu erobern und zum Anspieler zurückzupassen.

Variationen

- Der Flügelspieler darf von überall vor das Tor passen/flanken.
- 2 Angreifer und 2 Verteidiger im Feld postieren.

Hinweise und Coaching

- In der vorgestellten Form wird eine typische Kontersituation nachgestellt, die für einen Verteidiger am schwierigsten zu klären ist.
- Der große Raum vor dem Tor bietet dem Angreifer vielfältige Möglichkeiten. Entsprechend muss sich der Verteidiger schnell orientieren und darf den Angreifer nicht aus den Augen verlieren.
- Außerdem darauf achten, dass der Verteidiger stets auch den Ball im Blick hat.

Einwurf-Zuspiele

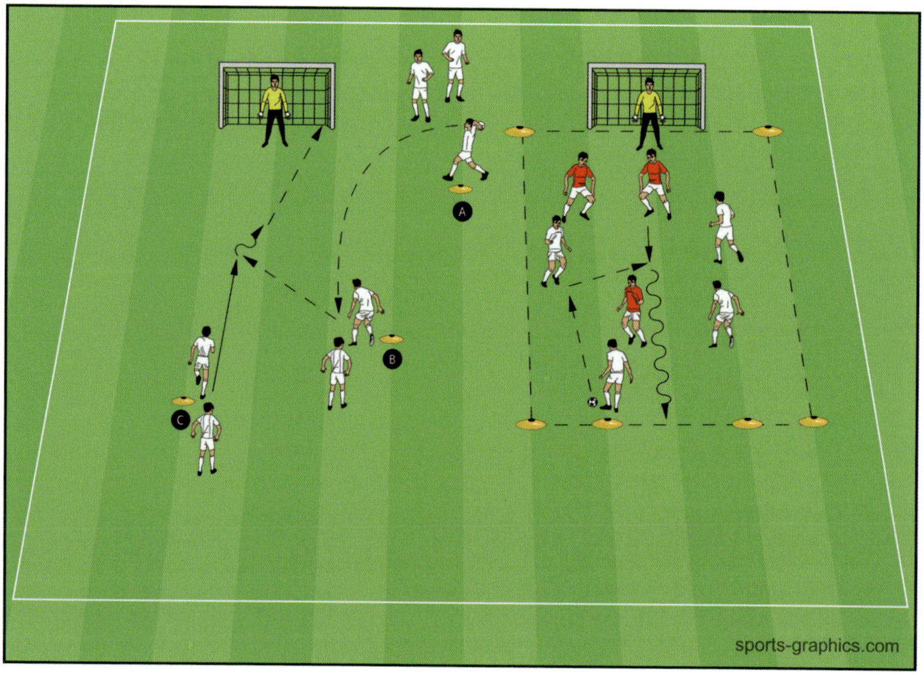

Organisation und Ablauf

- Feld 1: 1 großes Tor mit Torhüter und Positionshütchen errichten.
- Feld 2: 1 Spielfeld mit 1 großen Tor mit Torhüter markieren und gegenüber vom Tor zusätzlich 1 Hütchenlinie markieren.
- 2 Gruppen bilden und auf die Felder verteilen.

Feld 1

- Die Spieler besetzen die vorgegebenen Positionen.
- B verlängert den Einwurf von A per Kopf auf C, der das Zuspiel kontrolliert und auf das Tor abschließt.
- Anschließend rücken alle Spieler eine Position weiter.

Feld 2

- 4 Angreifer und 3 Verteidiger bestimmen.
- Die Angreifer versuchen, im „Handball/Kopfball-Spiel" zum Torabschluss zu kommen.
- Fällt der Ball zu Boden, kontern die Verteidiger mit dem Fuß über die Hütchenlinie.
- Spielzeit pro Durchgang: 3 Minuten

Hinweise und Coaching

- In Feld 2 dürfen die Angreifer höchstens 3 Schritte mit dem Ball in der Hand laufen.
- Alle Bälle, die oberhalb der Schulter angeworfen werden, müssen geköpft werden und dürfen nicht mit der Hand gefangen werden.
- Vor allem die Verteidiger müssen bei einer Vorlage zum Torabschluss darauf achten, die Angreifer nicht zu verletzen und sollen nur gemäßigt in die Zweikämpfe gehen.
- Die Aufgaben regelmäßig wechseln.

Eröffnung am Flügel

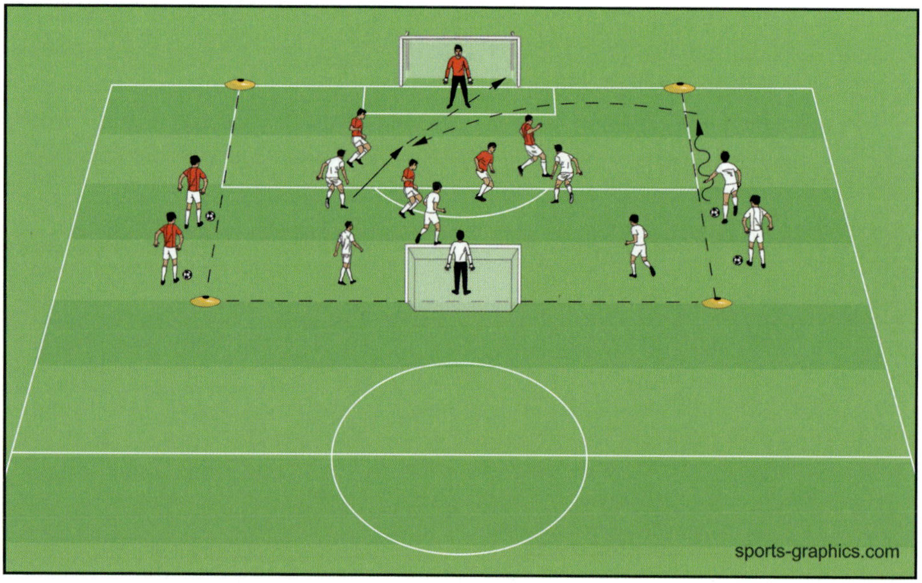

Organisation und Ablauf

- Auf doppeltem Strafraum 1 Spielfeld mit 2 großen Toren errichten.
- 2 Mannschaften bilden.
- Jede Mannschaft benennt 2 Flankenspieler, die sich an den Seitenlinien des Feldes postieren.
- 5 gegen 4 auf die Tore mit Torhütern
- Es wird ohne Ecken und Einwürfe gespielt.
- Jede Aktion wird von den Flankenspielern gestartet, die vor das Tor passen oder flanken.
- Die Flankenspieler nach jeweils 2 Minuten wechseln.

Variationen

- Nur eine Mannschaft agiert mit Flankenspielern. Die andere Mannschaft verteidigt in Überzahl und kann entsprechend zielgerichtet umschalten.
- Ohne Anspieler frei spielen lassen.

Hinweise und Coaching

- Die Anspieler können sowohl flach als auch hoch vor das Tor spielen.
- Die stetige Spieleröffnung am Flügel garantiert zahlreiche Zweikampfaktionen unmittelbar vor den Toren!

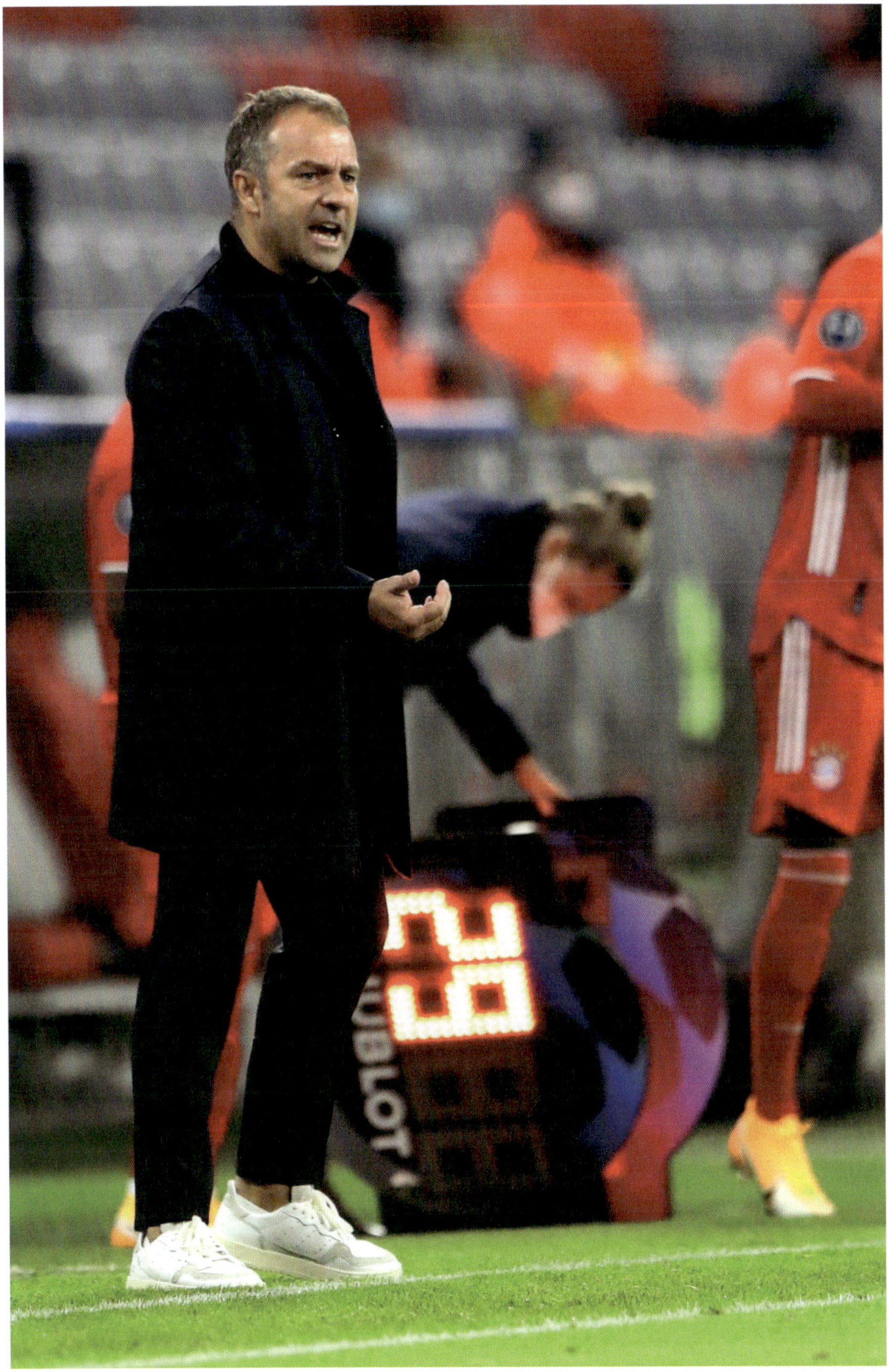
UBLOT

Rundlauf

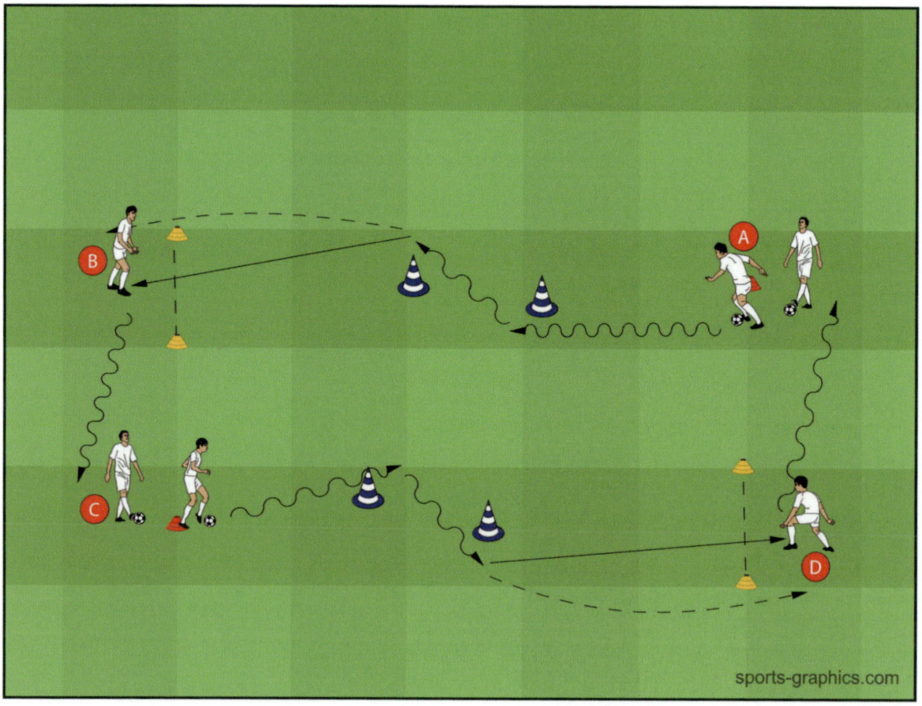

Organisation und Ablauf

- Spielfeld ca. 20 x 10 m pro Station
- Pro Station 6-8 Spieler mit 3-4 Bällen
- Die Spieler starten jeweils zeitgleich an den Seiten des Rundlaufs.
- Auf der anderen Seite warten jeweils Spieler ohne Ball im Hütchen- oder Stangentor.
- Die Spieler dribbeln und machen, wie in der Skizze zu sehen, in etwa auf Höhe des Fintierhütchens einen Ausfallschritt nach schrägem Andribbeln.
- Nach Mitnahme des Balls jeweils mit der Außenseite erfolgt ein Pass durch das gegenüberliegende Tor und der Wechsel hinter das angespielte Tor.
- Der Spieler im Tor nimmt den Ball an und mit und dribbelt zum Start in Richtung Fintierhütchen.
- Nach einigen Runden organisiert der Trainer einen Wettbewerb Station A (Ausfallschritt links) gegen Station B (Ausfallschritt rechts).
- Nach einem Stationswechsel folgt zunächst wieder ein kurzer Übungsbetrieb, bevor ein neuer Wettbewerb gestartet wird.
- Die Pässe durch das Stangentor zählen.

Variation

- Welche Mannschaft spielt am schnellsten 15 Pässe?

Hinweise und Coaching

- Rundlauf-Ausfallschritt nach schrägem Anlauf mit Passen
- Verbesserung der Ausfallschritttechnik nach schrägem Anlauf
- Verbesserung des Passens
- Verbesserung der Ballan- und -mitnahme
- Verbesserung der Grundlagenausdauer

Rivelino 1

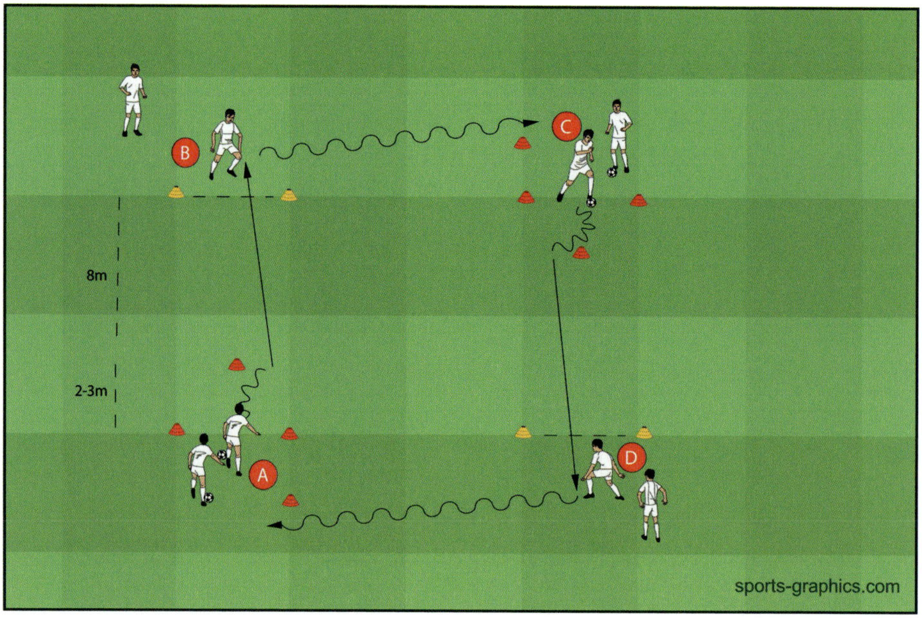

Organisation und Ablauf

- Spielfeld: ca. 15 x 15 m
- 6-8 Spieler pro Station
- Die Spieler mit Ball dribbeln durch ein Hütchentor, führen dahinter die Rivelino-Finte aus und passen auf Hütchenhöhe dem Spieler gegenüber den Ball zu.
- Nach dem Pass läuft der Passgeber zum nächsten Hütchen.
- Nach der Ballannahme dribbelt der neue Ballbesitzer um ein Hütchen, läuft durch ein kleines Tor, Rivelino, Pass ...

Variation

- Mannschaftswertung: Welche Gruppe spielt insgesamt zuerst 20 Pässe durch das Passtor?

Hinweise und Coaching

- Verbindung der Finte mit Passen und Gruppenwettkämpfen
- Festigen (Feinform) der Rivelino-Finte mit dem „starken" Fuß
- Erlernen (Grobform) der Rivelino-Finte mit dem „schwächeren" Fuß
- Erlernen des Rivelinos mit Anschlussfinte Übersteiger
- Verbesserung der allgemeinen Bewegungskoordination

Rivelino 2

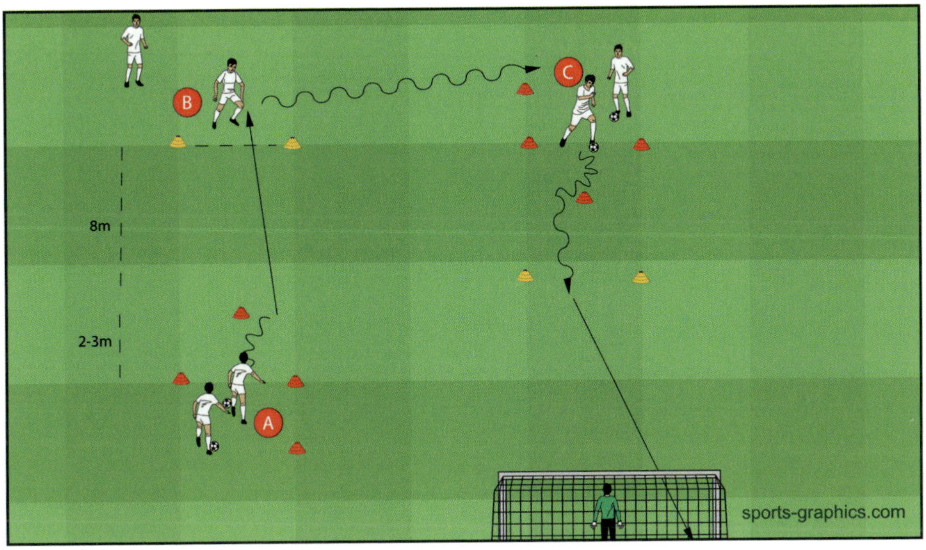

Organisation und Ablauf

- Spielfeld: ca. 20 x 20 m
- 1 Torwart pro Gruppe
- Vor dem Tor startet ein Spieler und dribbelt durch ein Hütchentor, führt dahinter die Rivelino-Finte aus und schießt vor der Torschusslinie auf ein Tor mit Torwart, danach wechselt er neben das Tor.
- Ein Spieler am Tor holt den Ball und beginnt den Rückweg.
- Auf dem Rückweg dribbeln die Spieler durch ein Hütchentor, führen dahinter die Rivelino-Finte aus und passen auf Hütchenhöhe dem Spieler gegenüber den Ball zu.
- Nach dem Pass läuft der Passgeber zum nächsten Hütchen.
- Nach der Ballannahme dribbelt der neue Ballbesitzer um ein Hütchen, läuft durch ein kleines Tor, Rivelino, Torschuss ...

Variation

- An welcher Torstation fallen zuerst 10 Tore?

Hinweise und Coaching

- Festigen (Feinform) der Rivelino-Finte mit dem „starken" Fuß
- Erlernen (Grobform) der Rivelino-Finte mit dem „schwächeren" Fuß
- Erlernen des Rivelinos mit Anschlussfinte Übersteiger
- Verbesserung der allgemeinen Bewegungskoordination

Passspiel im Team

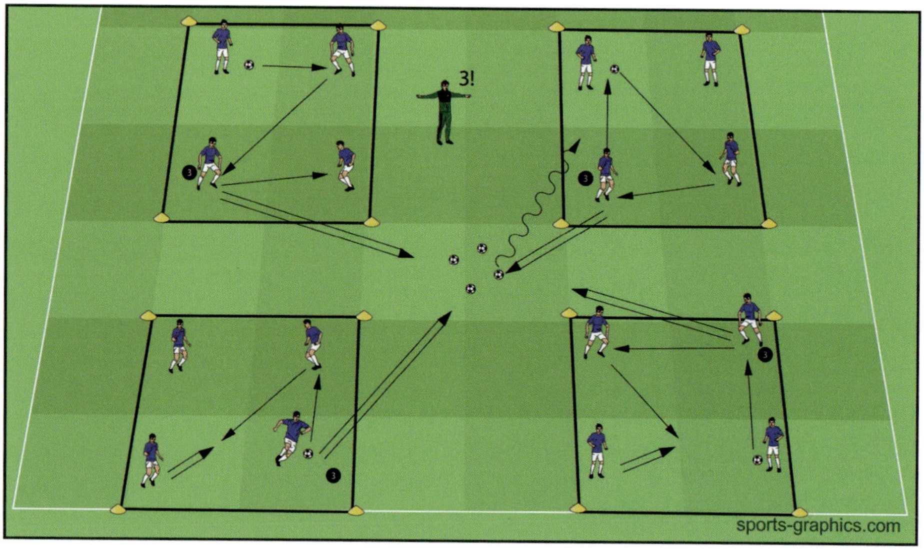

Organisation und Ablauf

- 4 quadratische Felder errichten.
- 4 Gruppen bilden und jedem Spieler eine Nummer zuweisen.
- Pro Gruppe 1 Ball
- Im Zwischenraum 4 weitere Bälle bereitlegen.
- Die Spieler passen sich in der Gruppe zu.
- Der Trainer startet durch Zuruf einer Zahl die Aktion, und die aufgerufenen Spieler laufen in den Zwischenraum.
- Dort holen sie einen Ball, dribbeln ins eigene Feld zurück und spielen mindestens 3 Pässe mit ihren Mitspielern.
- Anschließend legen sie den Ball wieder im Zwischenraum ab.

Variationen

- Die Spieler bewegen sich ohne Ball in den Feldern und absolvieren koordinative Aufgaben.
- Der aufgerufene Spieler läuft in den Zwischenraum und jongliert den Ball 10-mal.

Hinweise und Coaching

- Nach einigen Durchgängen die Aktion als Wettbewerb durchführen.
- Dribbeln die Spieler aus dem Zwischenraum in ihr Feld zurück, passen sich die Teams mit beiden Bällen gleichzeitig zu.

Torjäger Number One

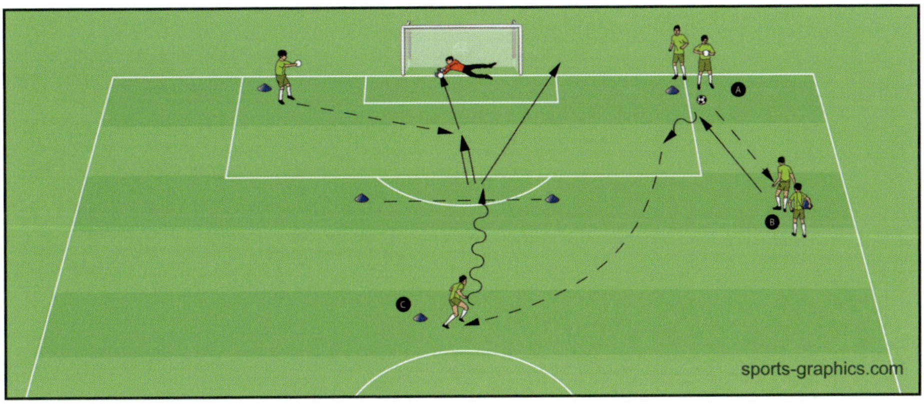

Organisation und Ablauf

- 1 großes Tor mit Torhüter errichten.
- 1 Torschusslinie markieren.
- Positionshütchen aufstellen.
- 1 Zuwerfer benennen.
- Die Spieler besetzen vorgegebene Positionen.
- A wirft per Einwurf zu B, der das Zuspiel kontrolliert und anschließend flach zurückspielt.
- A spielt jetzt einen Flugball zu C, der den Ball in die Bewegung mitnimmt und von der Schusslinie auf das Tor abschließt.
- Jeder Treffer zählt 2 Punkte.
- Gelingt es dem Spieler nicht, einen Treffer zu erzielen, so erhält er einen „Bonuseinwurf" vom Zuwerfer neben dem Tor, den er per Kopf verwerten muss (= 1 Punkt).
- Alle Spieler rücken nach jeder Aktion eine Position weiter.
- Welcher Spieler gewinnt die meisten Punkte?

Variationen

- Den „Bonuseinwurf" durch ein flaches Zuspiel ersetzen.
- Der Torschütze erhält nur im Erfolgsfall ein Bonuszuspiel.

Hinweise und Coaching

- Den Zuwerfer nach jedem kompletten Durchgang wechseln.
- Der Torschuss hat für die Spieler die größte Bedeutung. Dennoch als Trainer auch auf eine korrekte Ausführung aller anderen Techniken achten (Ballan- und -mitnahme, Passspiel usw.).

Torjäger Number Two

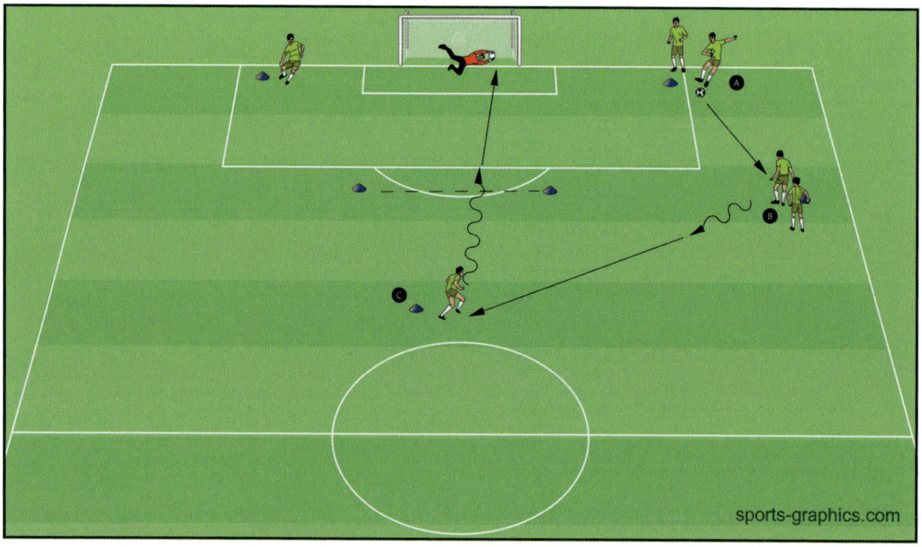

Organisation und Ablauf

- 1 großes Tor mit Torhüter errichten.
- 1 Torschusslinie markieren.
- Positionshütchen aufstellen.
- 1 Anspieler benennen.
- Die Spieler besetzen vorgegebene Positionen.
- A passt zu B, der den Ball in die Bewegung mitnimmt und auf C weiterleitet.
- C nimmt ihn in Richtung Tor mit und schließt entweder von der Schusslinie (= 2 Punkte) oder nach einem „Doppelpass" mit dem Anspieler (= 1 Punkt) auf das Tor ab.
- Nach jeder Aktion rücken alle Spieler eine Position weiter.

Variation

- Wählt der Schütze den Torabschluss von der Schusslinie und sein Versuch misslingt, so wird ihm 1 Punkt abgezogen.

Hinweise und Coaching

- Die Punkte aus Hauptteil 1 „mitnehmen", sodass am Ende dieser Trainingsform ein Gesamtsieger gekürt werden kann.
- Werden dem Schützen bei einem Misserfolg von der Schusslinie Punkte abgezogen (siehe Variation), so gerät zusätzlich die Risikobereitschaft der Spieler in den Mittelpunkt der Übung.

Kombi-Torschuss

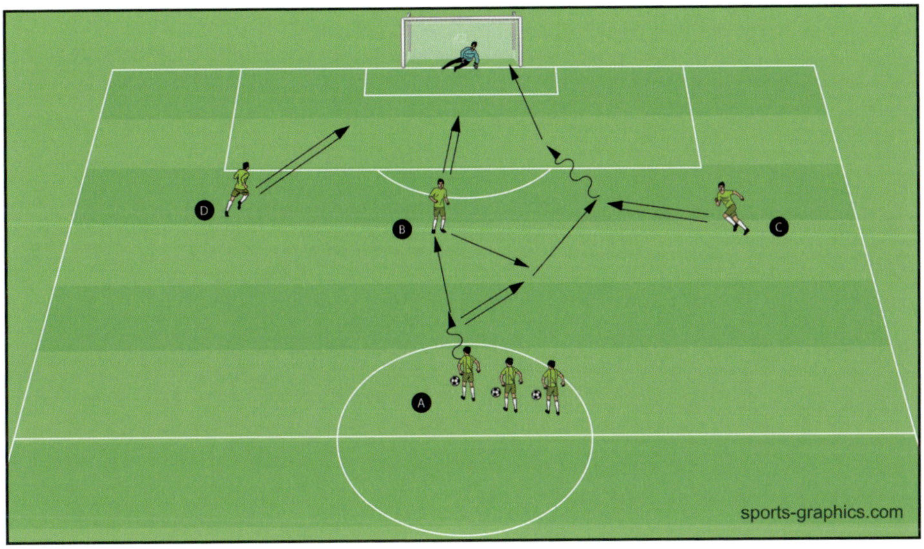

Organisation und Ablauf

- 3 Stangen als Gegenspieler aufstellen – auch mit passiven Gegenspielern möglich.
- Die Spieler aufteilen.
- Spieler A dribbelt an und spielt zu B, der kurz entgegenkommt.
- B lässt den Ball seitlich auf den sich wieder anbietenden Spieler A prallen.
- A spielt entweder direkt oder nach kurzer Ballkontrolle auf C in die Tiefe.
- C dribbelt mit dem Ball nach innen und schließt ab.
- B und D gehen im Rückraum auf den möglichen zweiten Ball mit.
- Die Übung läuft abwechselnd über C und D ab.

Variationen

- Das Zuspiel von A auf B erfolgt mittels eines gehobenen Balls.
- A dribbelt an und spielt den ersten Ball sofort in die Tiefe auf C – C lässt den Ball auf B prallen, der nach kurzem Tempodribbling aus zentraler Position zum Abschluss kommt. Wichtig dabei ist, dass C und D den Raum für den abschließenden Spieler B öffnen.

Hinweise und Coaching

- Passschärfe und -genauigkeit beim Zuspiel in die Tiefe
- Timing beim Prallenlassen von B
- Aktives Ballfordern der beiden Sturmspitzen

1-Minuten-Torschuss

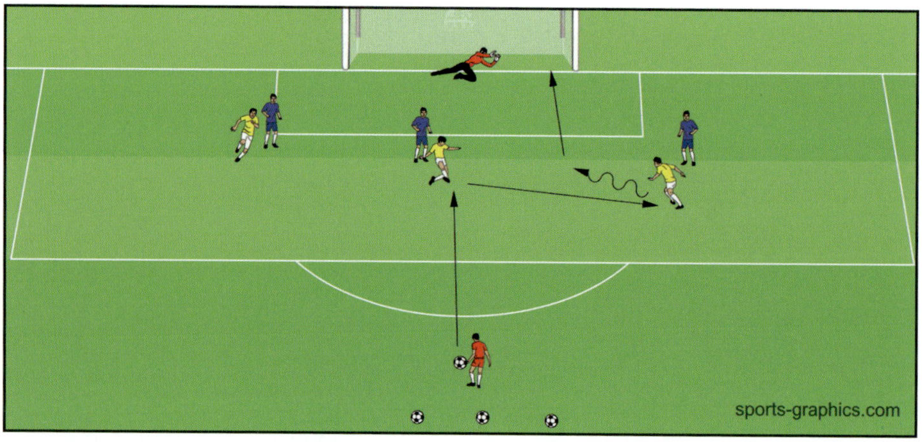

Organisation und Ablauf

- 1 Spielfeld mit 1 großen Tor mit Torhüter markieren.
- 1 neutralen Anspieler benennen.
- 2 Mannschaften bilden.
- 3 gegen 3 auf das Tor mit Torhüter
- Jedes Team erhält für jeweils 1 Minute das Angriffsrecht.
- Die Angreifer können den Anspieler jederzeit in den Spielaufbau einbeziehen.
- Gelingt es den Verteidigern, den Ball zu erobern, so versuchen sie, einen Pass zum Anspieler zu spielen.
- Jedes zweite Zuspiel ergibt 1 Punkt für die Mannschaftswertung.
- Ohne Einwurf spielen: Die Bälle werden jeweils vom Torhüter bzw. vom Anspieler wieder ins Feld gespielt.

Variationen

- Die Verteidiger dürfen mit höchstens 3 Kontakten agieren.
- Der Anspieler muss im Direktspiel agieren.

Hinweise und Coaching

- Nach jeweils 1 Minute die Seiten wechseln.
- Da die Verteidiger durch jedes zweite Zuspiel auf den Anspieler ebenfalls Punkte erzielen können, müssen sich die Angreifer auch auf die Verteidigeraufgabe konzentrieren und schnellstmöglich umschalten.
- Den Anspieler nach jeweils 2 Durchgängen wechseln.
- Gegebenenfalls auch neue Mannschaften bilden.

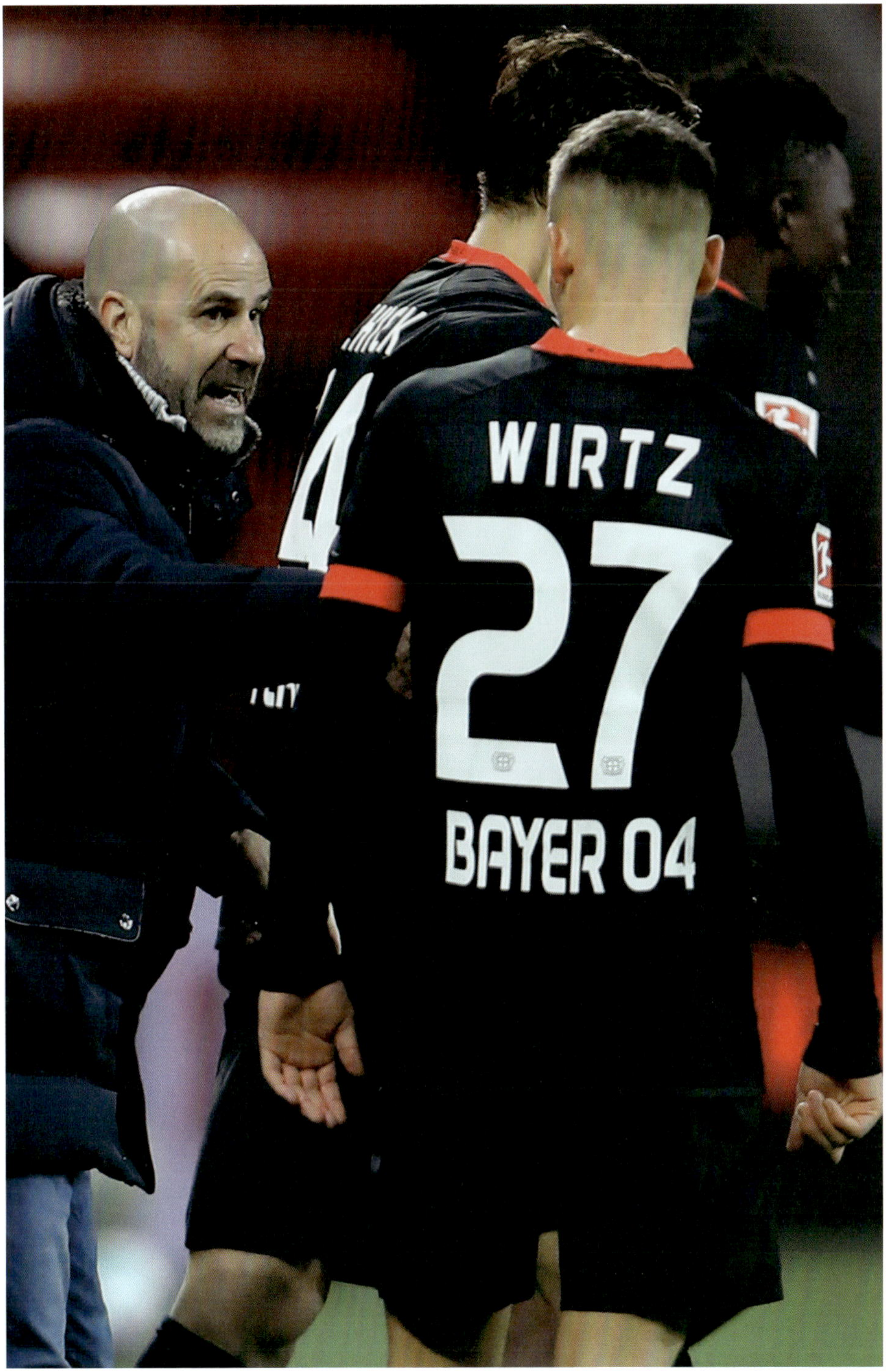
WIRTZ
27
BAYER 04

Torschusswette 1

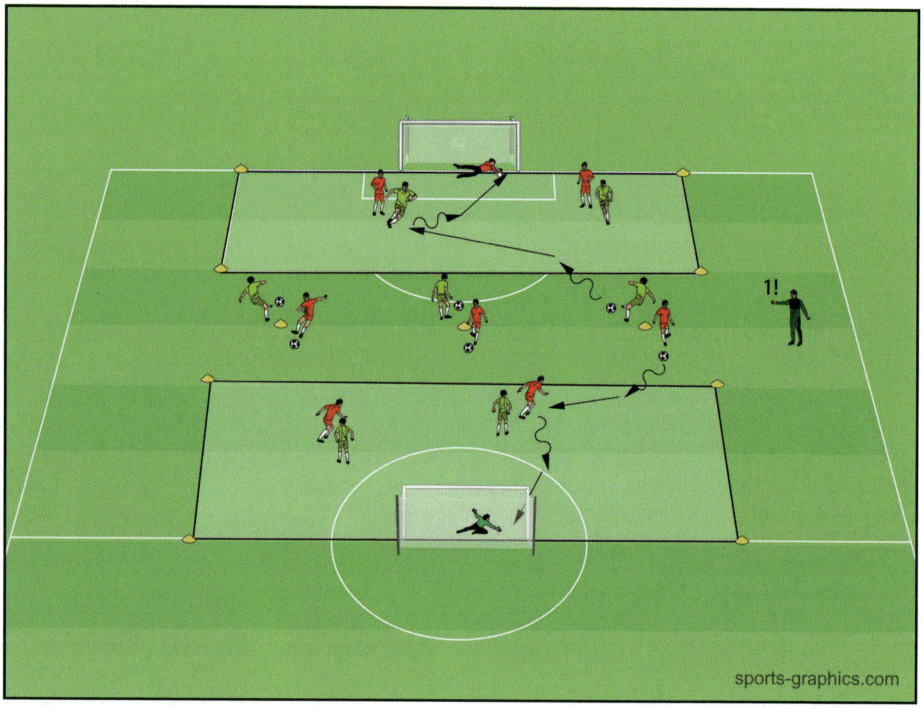

Organisation und Ablauf

- 2 Felder mit jeweils 1 großen Tor errichten.
- Die Tore mit Torhütern besetzen.
- Positionshütchen aufstellen.
- 2 Mannschaften bilden.
- Jedes Team stellt 2 Angreifer, 2 Verteidiger und 3 Auftaktspieler, die sich vor dem Tor bzw. an den Positionshütchen aufstellen.
- Die Auftaktspieler durchnummerieren.
- Der Trainer ruft laut eine Zahl auf.
- Die aufgerufenen Spieler dribbeln jeweils ins Feld und versuchen, im 3 gegen 2 mit den Angreifern auf das Tor mit Torhüter abzuschließen.
- Gelingt es den Verteidigern, den Ball zu erobern, so können sie zu einem der verbleibenden Auftaktspieler außerhalb des Feldes passen (= 1 Punkt).
- Welche Mannschaft gewinnt insgesamt die meisten Punkte?

Variationen

- Die Mannschaft, die zuerst einen Treffer erzielt, erhält 2 Punkte.
- Für jeden Pass der Verteidiger zu einem Auftaktspieler wird der Angriffsmannschaft 1 Punkt abgezogen.

Hinweise und Coaching

- Nach jeder Aktion wechselt einer der beiden Angreifer auf die frei werdende Auftaktposition.
- Darauf achten, dass die Angreifer jeweils zielstrebig abschließen. Gegebenenfalls Zeitvorgaben machen!
- Die Verteidiger jeweils nach 2-3 Minuten austauschen.

Torschusswette 2

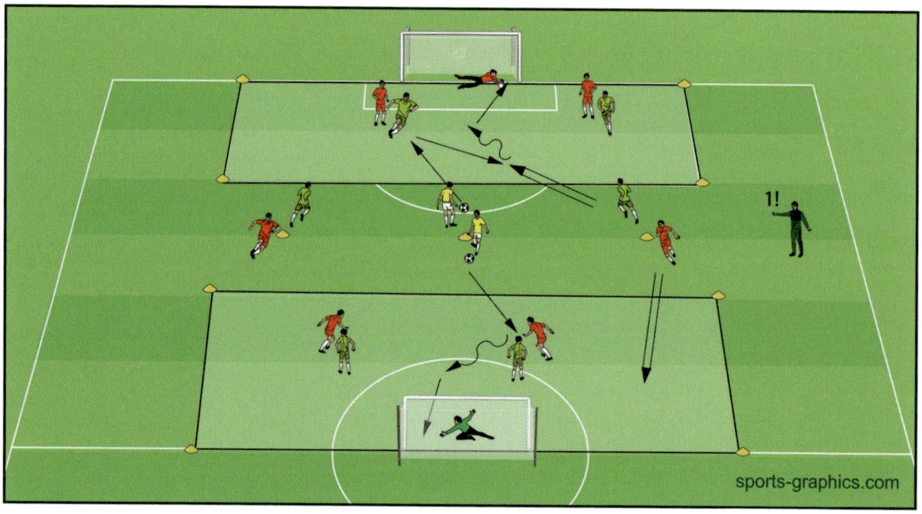

Organisation und Ablauf

- 2 Felder mit jeweils 1 großen Tor errichten.
- Die Tore mit Torhütern besetzen.
- Positionshütchen aufstellen.
- 2 Mannschaften bilden.
- Jedes Team stellt 4 Angreifer, 2 Verteidiger und 1 Anspieler.
- Je 2 Angreifer besetzen die Startpositionen außerhalb des Feldes.
- Die Angreifer jeweils durchnummerieren.
- Der Trainer startet durch Zuruf einer Zahl die Aktion.
- Der Anspieler passt zu einem Angreifer vor das Tor.
- Gleichzeitig startet der aufgerufene Angreifer ins Feld.
- Die Ballbesitzer versuchen, im 3 gegen 2 auf das Tor abzuschließen.

Variationen

- Die Startpositionen der nachrückenden Angreifer variieren.
- Die Angreifer müssen mit höchstens 5 Aktionen zum Abschluss kommen.

Hinweise und Coaching

- Als Angreifer vor den Toren möglichst gestaffelt stehen.
- Da der nachrückende Angreifer per Zuruf festgelegt wird, müssen sich die Angreifer vor den Toren stets auf neue Situationen einstellen.
- Darauf achten, dass die Angreifer möglichst zielstrebig abschließen!

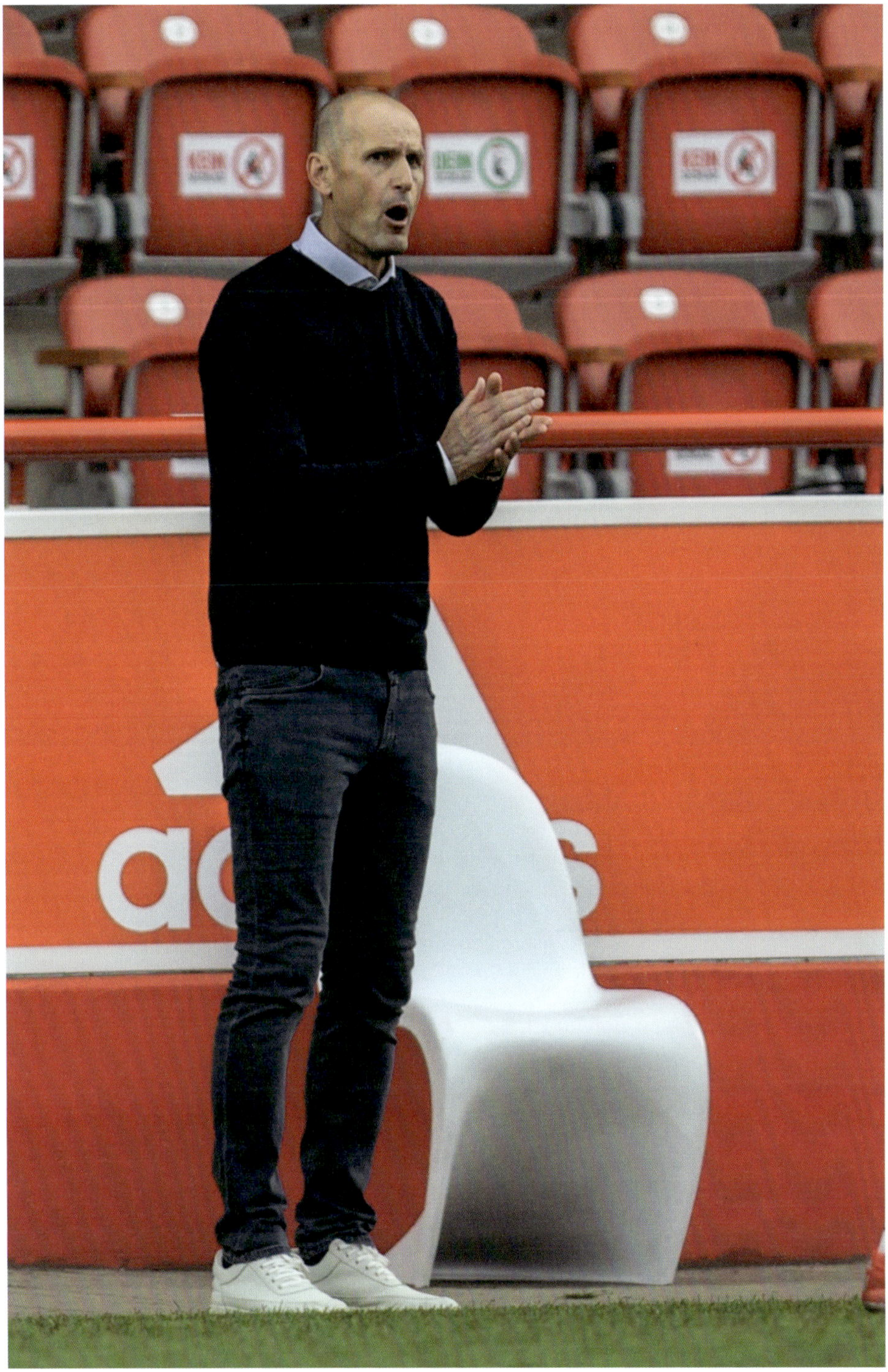

Finten im Zentrum

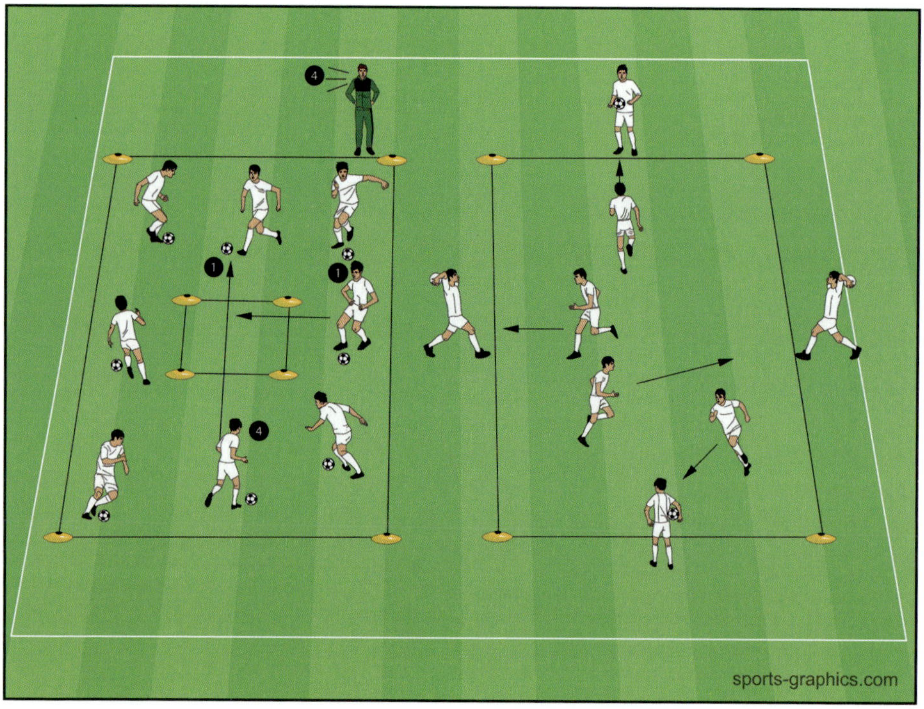

Organisation und Ablauf

- Feld 1: 1 großes und 1 kleines Hütchenrechteck errichten.
- Feld 2: 1 Hütchenrechteck markieren.
- 2 gleich große Gruppen bilden und auf die Felder verteilen.

Feld 1

- Jeder Spieler erhält 1 Ball und 1 Nummer.
- Die Spieler dribbeln frei im Feld.
- Der Trainer ruft laut eine Zahl auf.
- Der aufgerufene Spieler dribbelt ins kleine Hütchenquadrat, führt dort eine frei wählbare Finte aus und dribbelt mit einer Temposteigerung zurück ins äußere Feld.
- Dabei ruft der Spieler laut eine neue Zahl auf.
- Der aufgerufene Spieler dribbelt ebenfalls zur Mitte usw.

Feld 2

- Die Hälfte der Spieler postiert sich mit Ball an den Seiten des Feldes.
- Die übrigen Spieler bewegen sich ohne Ball frei im Feld.
- Die Spieler im Feld fordern durch entsprechendes Freilaufen und Rufen von den Anspielern an den Seiten ein Zuspiel per Einwurf.
- Sie kontrollieren das Zuspiel und versuchen, 5-mal zu jonglieren, ohne dass der Ball zu Boden fällt.
- Gelingt dies, erhalten sie 1 Punkt.
- Welcher Spieler hat nach 5 Minuten die meisten Punkte erzielt?

Variation

- Zeitliche Limitierung einfügen.

Hinweise und Coaching

- In Feld 1 dürfen die Spieler ihre Finten zunächst selbst wählen. Gegebenenfalls später einige Finten vorgeben.
- Darauf achten, dass alle Spieler an die Reihe kommen. Eventuell selbst eingreifen und den nächsten Spieler aufrufen.
- In Feld 2 die Anspieler regelmäßig wechseln.

Fintenrundlauf

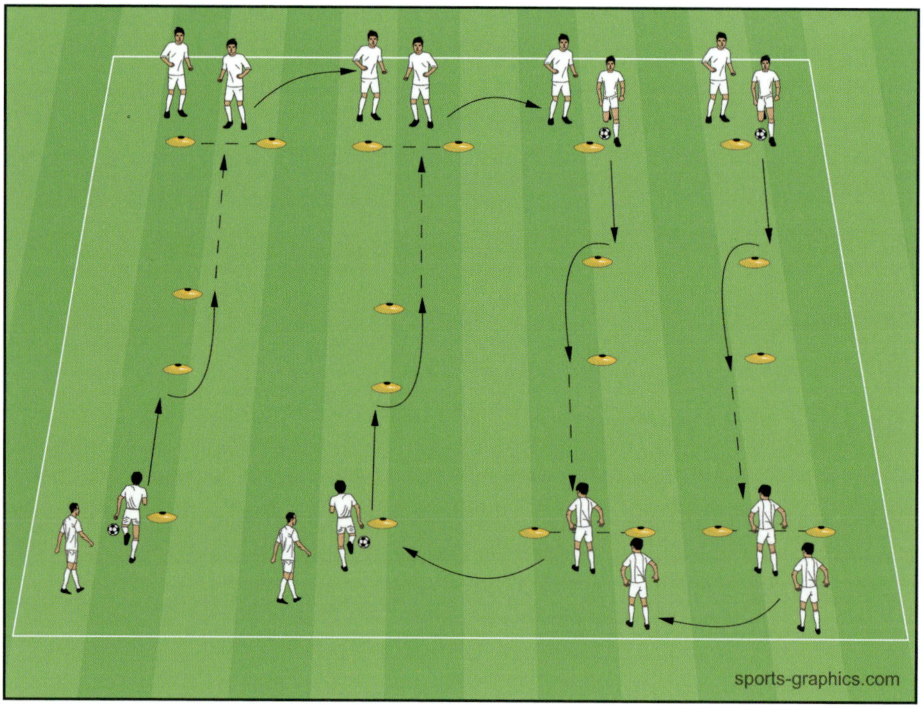

Organisation und Ablauf

- Spielfeld: ca. 25 x 25 m
- Aufbau von zwei Rundläufen parallel nebeneinander.
- Zu Beginn des Rundlaufs spielen sich die Spieler den Ball schräg nach vorne an und führen auf Höhe des Fintierhütchens die demonstrierte Schussfinte (hier mit Mitnahme des Balls nach innen) aus, schießen mit dem Spann oder passen mit der Innenseite hinter einer Linie durch ein Tor zum Partner.
- Nach dem Pass (Spannstoß) wird hinter dem Ball her gestartet, außen um das Tor gelaufen und auf den nächsten Pass/Spannstoß gewartet.
- Die Spieler gegenüber nehmen den Ball an und mit zum nächsten Hütchen und dribbeln mit angesagter Schussfinte auf Höhe des Fintierhütchens.
- So erfolgt ein Rundlaufbetrieb.

Variationen

- Rundlaufwettbewerb: Welche Mannschaft spielt zuerst 15 Pässe durch die Zieltore?
- Tempowettbewerb 1 gegen 1: Zwei Spieler starten gleichzeitig auf Kommando des Trainers. Wer spielt zuerst den Pass durch das Tor zum Partner? Auf dem Rückweg wird ohne Tempodruck agiert.

Hinweise und Coaching

- Schussfinte-Rundlauf mit Anschlussaktion
- Einschleifen der Schussfinte
- Verbesserung der Beidfüßigkeit
- Verbesserung der Pass- und Schusstechnik
- Verbesserung der Grundlagenausdauer

Lokomotive 1

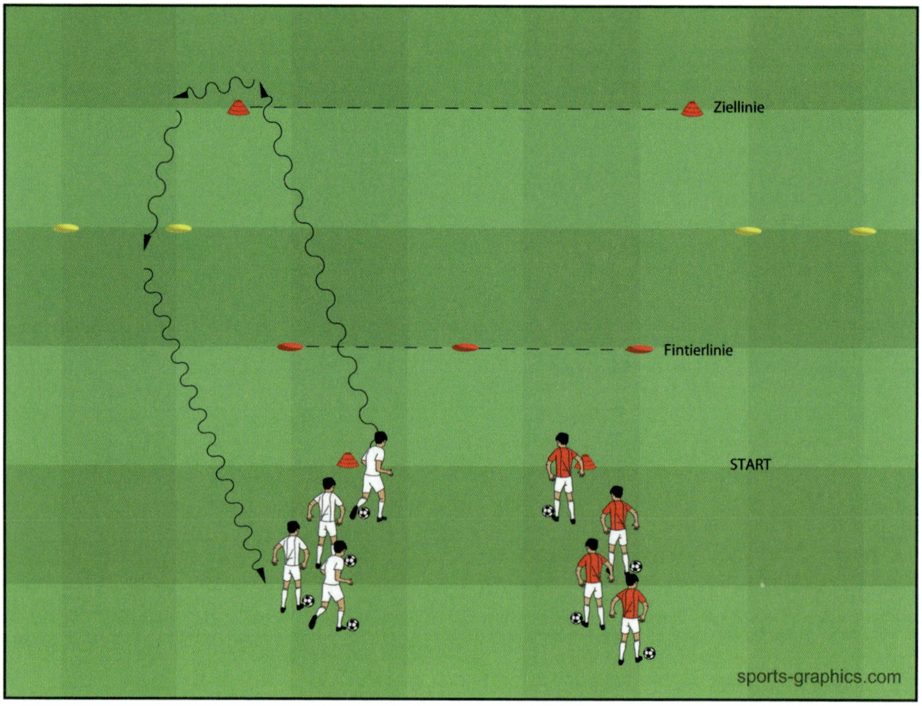

Organisation und Ablauf

- Spielfeld: ca. 15 x 15 m
- Fintiertorlinien 2 m breit
- 6-8 Spieler pro Station
- 1 Ball pro Spieler
- 2 Spieler starten gegeneinander auf Kommando des Trainers mit Ball am Fuß vom Starthütchen, dribbeln zur Fintierlinie und führen dort die Lokomotivbewegung über den Ball aus.
- Welcher Spieler erreicht zuerst die Ziellinie?
- Danach dribbeln sie um ein Hütchen, wiederholen auf dem Rückweg im Fintiertor die Finte und kehren zum Start zurück (Rundlauf).

Variationen

- Einzelwertung: Jedes Pärchen ermittelt einen Sieger. Welcher Spieler hat zuerst insgesamt 3 x gewonnen?
- Mannschaftswertung: Welche Mannschaft hat zuerst 10 Siege eingefahren?

Hinweise und Coaching

- Verbindung der Lokomotive mit Torabschluss und Wettkämpfen
- Einschleifen der Grundbewegung der Lokomotive
- Training der Lokomotive mit Tempo

Lokomotive 2

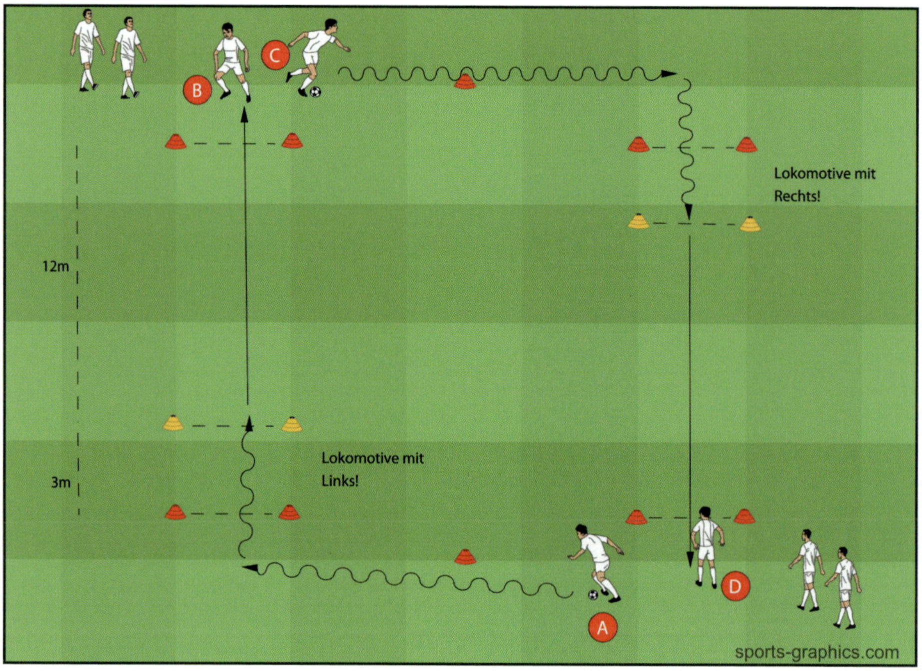

Organisation und Ablauf

- Spielfeld: ca. 15 x 15 m
- Die Spieler starten jeweils diagonal gegenüber mit Ball.
- Auf der Linie des Fintiertores wird die Lokomotivbewegung ausgeführt und nach einer kurzen Dribbelstrecke (hinter der Passlinie) ein Pass zum wartenden Partner gegenüber gespielt.
- Der Partner nimmt den Ball mit um das hintere Hütchen und setzt den Rundlauf fort.
- Gruppe 1 gegen Gruppe 2: Wer spielt zuerst 15 Pässe durch Passtor 1?

Variationen

- Die Dribbelgruppe spielt gegen eine Torschussgruppe: Die Torschussgruppe darf so lange Tore erzielen, bis die Dribbelgruppe 15 Pässe durch Passtor 1 gespielt hat.
- Anschließend Aufgabenwechsel

Hinweise und Coaching

- Techniktraining: Training der Finte (Lokomotive)
- Einschleifen der Lokomotivbewegung rechts und links
- Verbesserung des Passens rechts und links

Mehrfachtorschuss mit Flanke

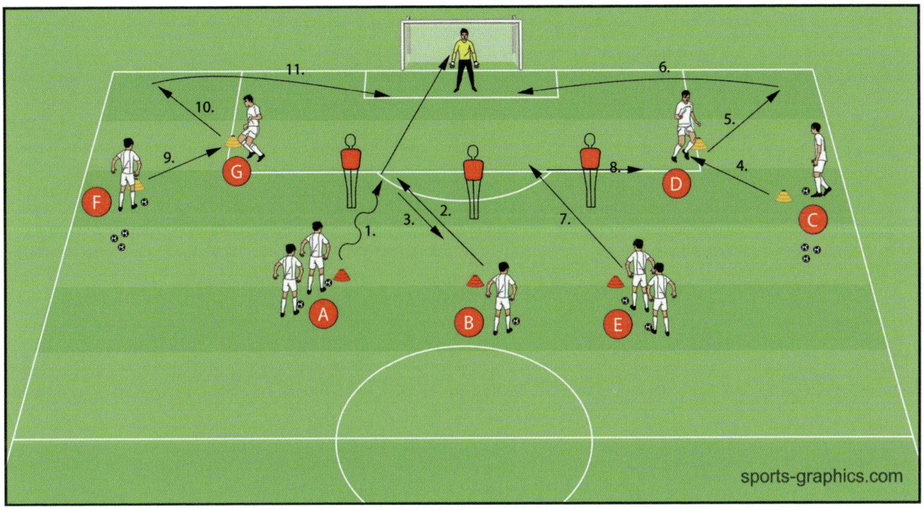

Organisation und Ablauf

- Spieler 1 zieht vor der Hürde nach innen und schließt mit rechts ab.
- Spieler 2 spielt tief auf 1 – dieser lässt klatschen und schließt aus dem Zentrum ab.
- Spieler 3 spielt auf den Mitspieler – dieser lässt in den Raum für die Flanke klatschen.
- Flanke auf 1 und 2 gegen 2 gegen TW
- Spieler 4 spielt tief auf 2, der nach der Flanke umschaltet und den Ball nach außen klatschen lässt.
- (Doppelpass um die Hürde)
- Abschluss aus spitzerem Winkel mit rechts
- Bei Spieler 5 gleicher Ablauf wie bei 3
- Jetzt Flanke mit links auf alle 3

Variationen

- Kopfballtore zählen doppelt.
- Volleytore zählen dreifach.

Hinweise und Coaching

- Die Außenspieler beibehalten.
- Die 3 Spieler in der Mitte werden durch die übrigen Spieler ersetzt.
- Finten mit Tempowechsel
- Das Fußgelenk wird fixiert beim Torschuss.
- Die Schusstechnik coachen.

Mit Tiefe

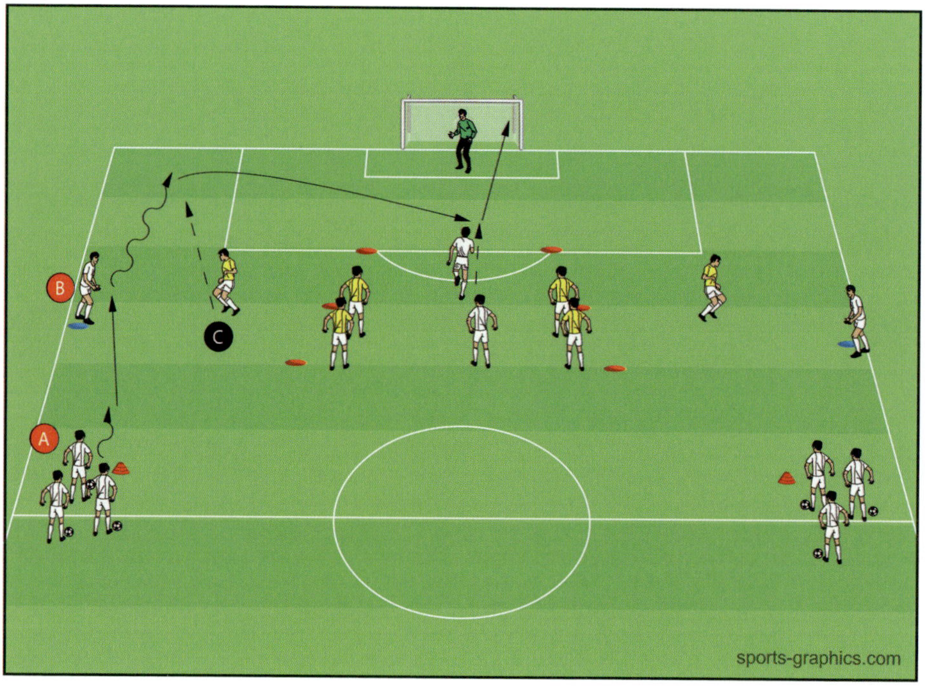

Organisation und Ablauf

- 2 Gruppen einteilen.
- 1 Torhüter ins Großtor
- 1 Zone im Zentrum markieren.
- A leitet die Aktion mit einem Dribbling ein.
- B versucht, sich durch eine Lauffinte von C zu lösen und im 1 gegen 1 loszubrechen.
- Gelingt der Durchbruch, schießt B oder spielt in die Spitze.
- Nach einem Durchgang startet der Ablauf auf der anderen Seite.

Variationen

- Kopfballtore zählen doppelt.
- Volleytore zählen dreifach.

Hinweise und Coaching

- Kombinationsspiel beherzigen.
- Passspiel fördern und fordern.
- Flügelspiel präzise und genau

Passfolgen im Rechteck

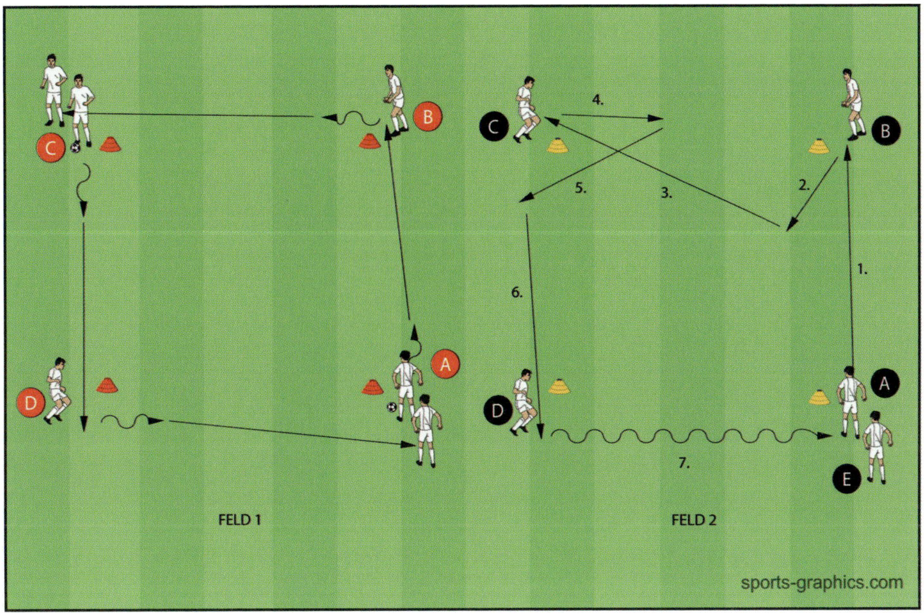

Organisation und Ablauf

- 1 etwa 30 x 20 m großes Rechteck aufbauen und 8 Spieler auf die Hütchen verteilen.
- An den Startpositionen A und C je einen Ball ablegen.
- Auf ein Trainerkommando dribbeln A und C gleichzeitig an, passen zu B bzw. D und laufen ihren Zuspielern nach.
- B und D haben sich zuvor nach hinten abgesetzt, um das Zuspiel sofort seitlich mitnehmen und mit dem zweiten Kontakt weiterleiten zu können.
- An den Startpositionen erneut im Dribbling in die Tiefe stoßen und erst dann abspielen (siehe Grafik linkes Feld).

Variationen

- Das Ganze auf Zeit spielen.
- Richtungswechsel beim nächsten Durchgang

Hinweise und Coaching

- Verbesserung der Passtechnik und der Ballmitnahme
- Automatisieren der Abläufe im Spielaufbau
- Beidfüßiges Passen

Pass-Rundlauf

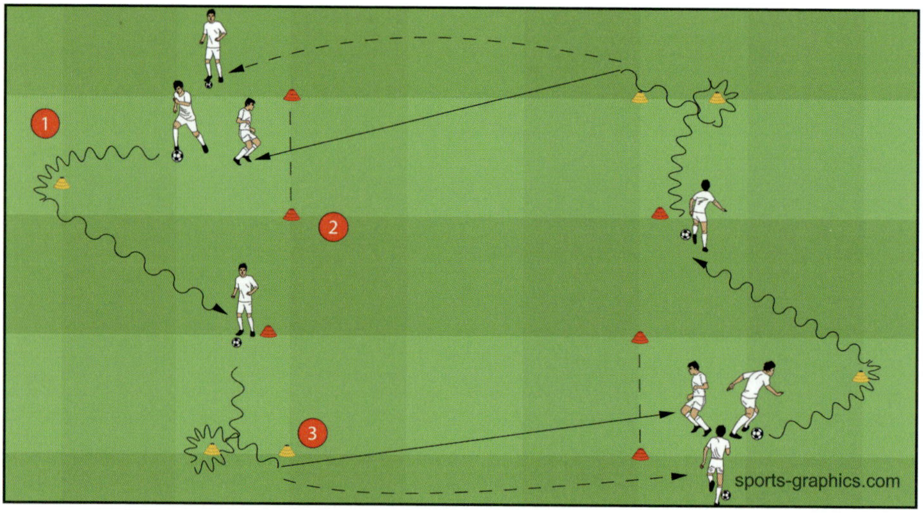

Organisation und Ablauf

- Spielfeld: ca. 10 x 20 m
- Entfernungen zwischen Hütchen ca. 4 m
- Passentfernung ca. 12 m
- Die Spieler dribbeln an den Hütchen 1, 2 und 3 mit vorgeschriebenen 90°-Richtungsänderungen und passen den Ball an der Ecke zum Partner schräg gegenüber.
- Der nimmt den Ball nach hinten mit und umdribbelt die Hütchen, wie demonstriert.
- Nach dem Pass startet jeder Spieler hinterher und wechselt die Seite.
- Arten der Richtungsänderungen: (1) 2 Kontakte mit der Außenseite des (hier) linken Fußes, (2) mit der Sohle des (hier) linken Fußes nach innen, (3) am Hütchen vorbei, den Ball mit der rechten Sohle hinter das Standbein zurückziehen und mit dem rechten inneren Fußballen den Ball nach vorne spielen.

Variation

- Mannschaftswettbewerb: Jeder Pass durch das Linientor wird gezählt, welche Gruppe hat zuerst 15 Pässe durch das Linientor gespielt?

Hinweise und Coaching

- Verbesserung der Dribbelgeschicklichkeit im Pass-Rundlauf
- Verbesserung der Dribbeltechnik
- Verbesserung der Grundlagenausdauer
- Verbesserung des Passens und der Ballan- und -mitnahme flach

Passspiel im Dreieck

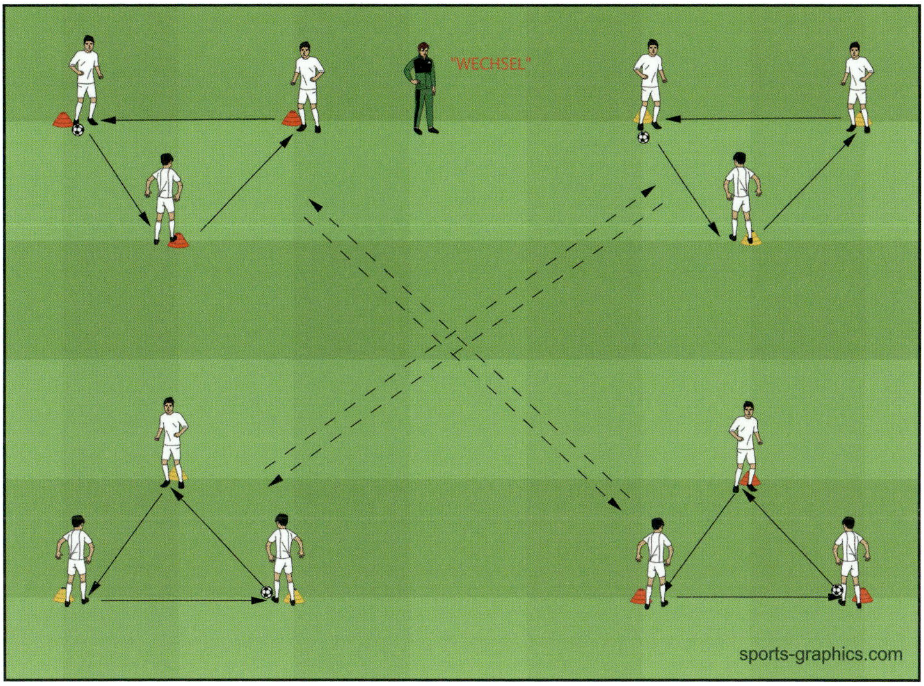

Organisation und Ablauf

- 4 10-m-Hütchendreiecke im Quadrat nebeneinander markieren.
- Die Spieler an die Hütchen der Dreiecke verteilen.
- Jeweils 1 Spieler in jedem Dreieck hat einen Ball.
- Die Spieler passen sich in jedem Dreieck frei zu.
- Auf ein Trainerkommando „Wechsel" wechseln die Spieler diagonal in das andere Dreieck.

Variationen

- Nur mit rechts/links passen.
- Nur mit 3, 2 Kontakten oder direkt passen.
- Die Dreiecke im/gegen den Uhrzeigersinn wechseln.
- Mit/ohne Ball in das andere Dreieck wechseln.

Hinweise und Coaching

- Das Fußgelenk fixieren beim Passspiel.
- Auf dem Fußballen aktiv bleiben.

Passspiel mit 3 Teams

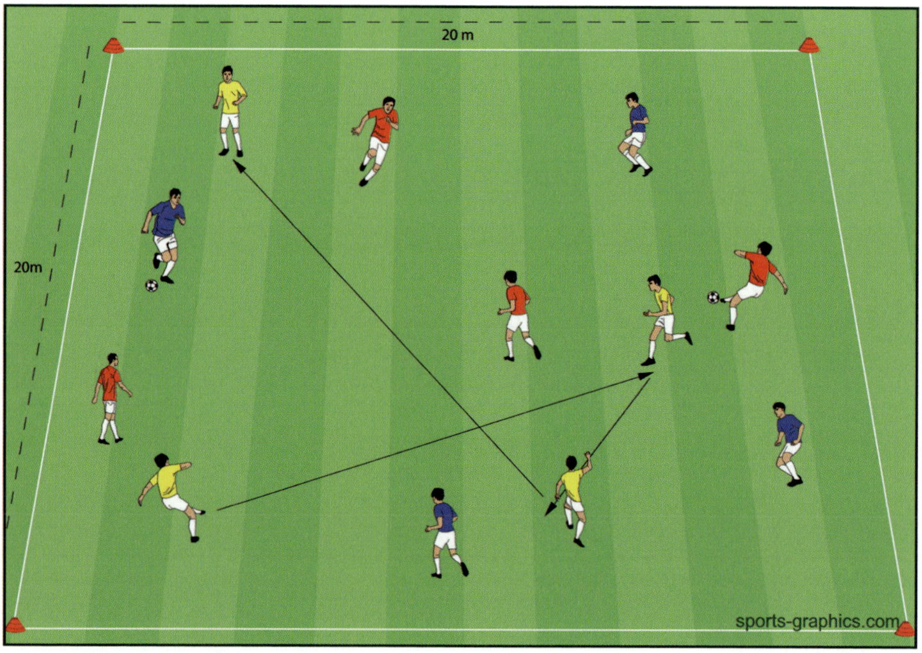

Organisation und Ablauf

- 3 Teams werden gebildet, bestehend aus 4 Spielern, die mit 3 verschiedenen Leibchenfarben (rot, blau und gelb) markiert sind.
- Die 3 Teams agieren allerdings als eine Mannschaft. Das Spielfeld (20 x 20 m) wird mit 4 Hütchen markiert.
- Innerhalb der 3 Teams erfolgt das Passspiel im Spielfeld.
- Dabei bekommt jedes Team eine Aufgabe zugeteilt: Das blaue Team hat freies Passspiel, das rote Team hat 2 Ballkontakte beim Passspiel und das gelbe Team nur 3 Ballkontakte. Nach 5 Minuten werden die Aufgaben innerhalb der Teams gewechselt.

Variation

- Die 3 Teams mit ihren Aufgaben bleiben bestehen. Allerdings dürfen die gelben nur zu den roten Spielern passen, die roten nur zu den blauen Spielern und die blauen Spieler nur zu den gelben Spielern.

Hinweise und Coaching

- Vor einem Passpiel müssen sowohl der Vorname des anzuspielenden Spielers als auch seine „Farbe" laut gerufen werden.

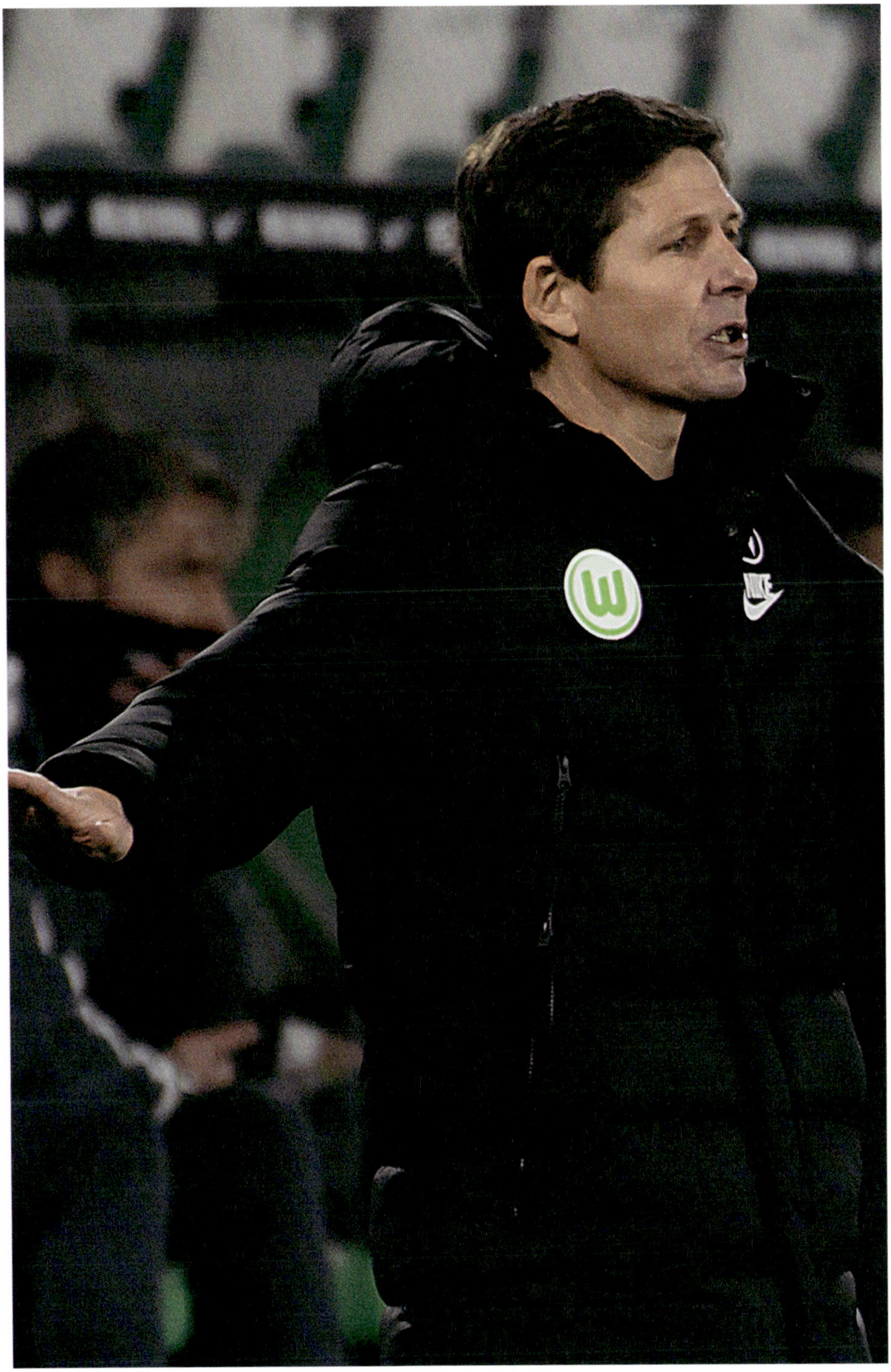

Platzsuche

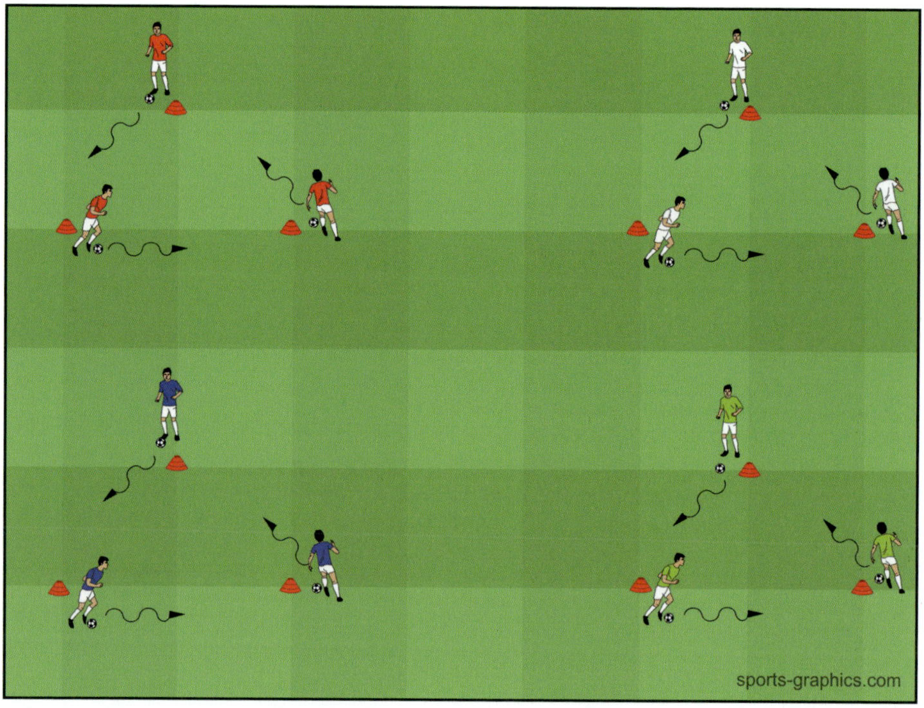

Organisation und Ablauf

- Jedes Dreieck mit 5 m Seitenlänge
- 2-4 Spieler pro Dreieck
- Zusätzlich 3 Leibchen in Farbe 4
- Die Spieler dribbeln mit vorgeschriebenen Richtungsänderungen an den Ecken eines Dreiecks.
- Nach 2 Runden wird jeweils die Richtung gewechselt.
- Während der Übungsrundläufe wird das Spiel „Platzsuche" gespielt: Auf Kommando des Trainers („mit der Uhr", „gegen die Uhr", „diagonal") wechseln die Spieler zu einem anderen Dreieck und besetzen die Ecken.
- Nach einigen Übungsrunden um das Dreieck startet der Trainer Tempowettbewerbe. Mögliche Richtungsänderungen um ein Dreieck:
  - Innenseite: Dribbling mit dem „dreieckfernen" Bein
  - Außenseite: Dribbling mit dem „dreiecknahen" Bein
  - Mit der Sohle nach innen: Dribbling mit dem „dreieckfernen" Bein

- Zurückziehen hinter das Standbein: Dribbling mit dem „dreieckfernen" Bein (Hütchenecke deutlich überholen, den Ball zurückziehen und ihn mit dem Großzehenballen hinter das Standbein drücken)

Variationen

- Zidane-Drehung: Dribbling mit dem „dreiecknahen" Bein (Abdruck mit dem anderen Bein, 2 schnelle, aufeinanderfolgende Kontakte auf dem Ball, erster Kontakt auf dem Ball mit dem Dribbelbein, Drehung mit dem Rücken zum Dreieck)
- Auf Kommando starten die Spieler an je einer Ecke.
- Welcher Spieler steht nach 2 Runden zuerst am Starthütchen?

Hinweise und Coaching

- Verbesserung der Dribbelgeschicklichkeit
- Verbesserung der Orientierungsfähigkeit

Zuspiel im Halbfeld

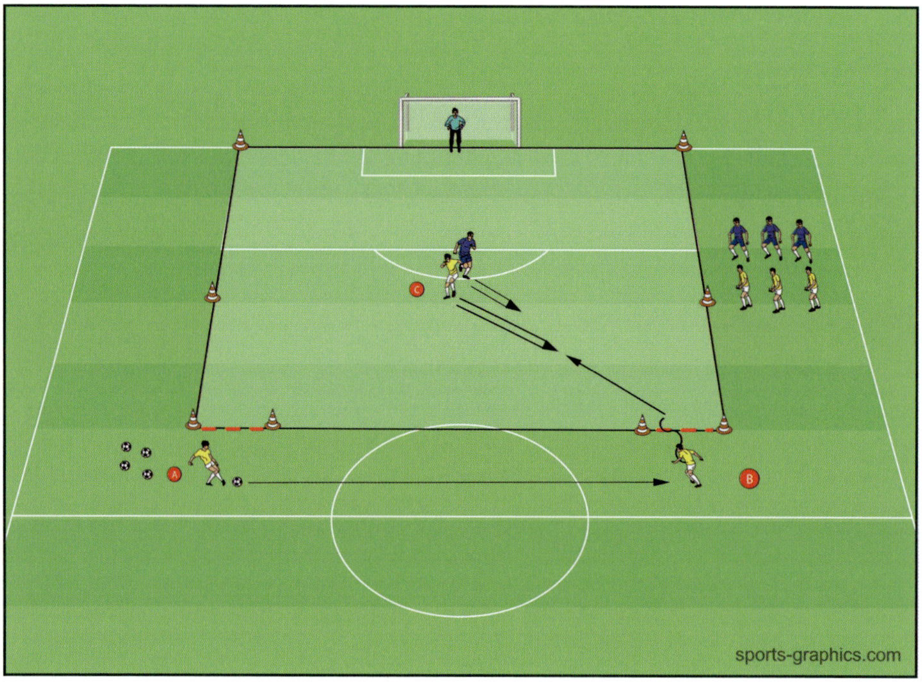

Organisation und Ablauf

- 1 Torwart in 1 Großtor
- 2 Dribbeltore
- Verlängerter 16-m-Raum als Spielfeld
- A leitet die Aktion mit einem Pass zu B ein, der das Zuspiel kurz nach vorne mitnimmt und zu C weiterleitet.
- Der Verteidiger nimmt eine überlappende Stellung im Rücken des Angreifers ein und fängt, je nach Situation, bereits das Zuspiel ab oder agiert im Rücken von C.
- Farbe 1 kontert auf eines der Passtore.

Variationen

- 2 Zuspiele hintereinander.
- Beide Seiten besetzen und bespielen.

Hinweise und Coaching

- Präzises Passspiel
- 1 gegen 1 im Rücken beachten.

Torhüterzuspiel

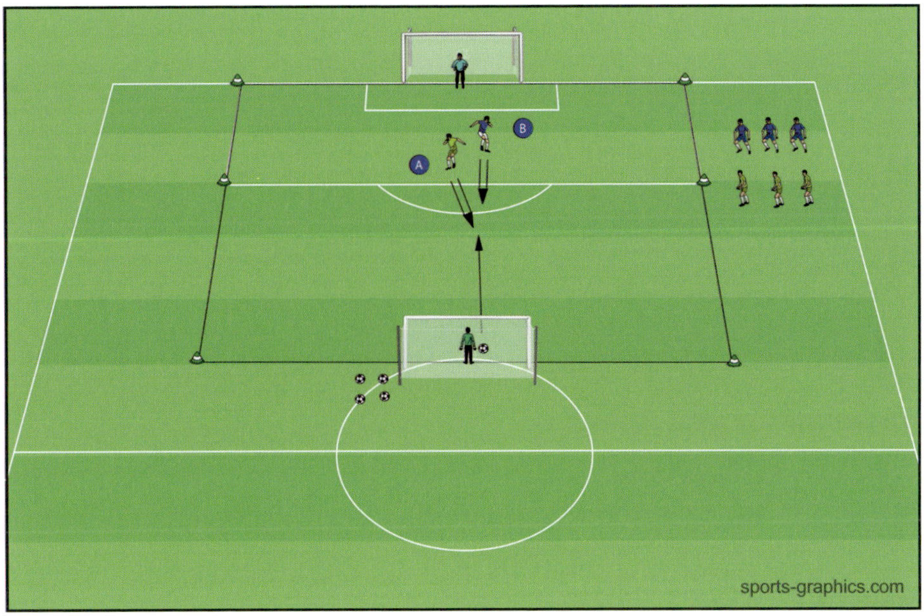

Organisation und Ablauf

- Feldgröße: Einen doppelten 16-m-Raum markieren, 2 große Tore mit Torwart.
- Team A und B positionieren ihre Spieler an der Mittellinie.
- Bälle bei Torwart A (grün) positionieren.
- Jeweils 1 Spieler jeder Mannschaft im Feld zentral positionieren.
- A leitet die Aktion durch eine Auftaktbewegung ein.
- B lässt das Anspiel zu, tritt mit dem Pass des Torhüters heraus und stellt den Angreifer mit dem Rücken zur Spielrichtung.
- 1 gegen 1 bis zum Torabschluss

Variationen

- Torhüter werfen die Bälle an.
- Torhüter spielen einen „Zufallsball".

Hinweise und Coaching

- Angreifer am Aufdrehen hindern/stören, um Torabschlüsse zu vermeiden.
- Abwehrfinten einsetzen.
- Der Verteidiger agiert auf dem Fußballen.

Rauten-Zuspiel

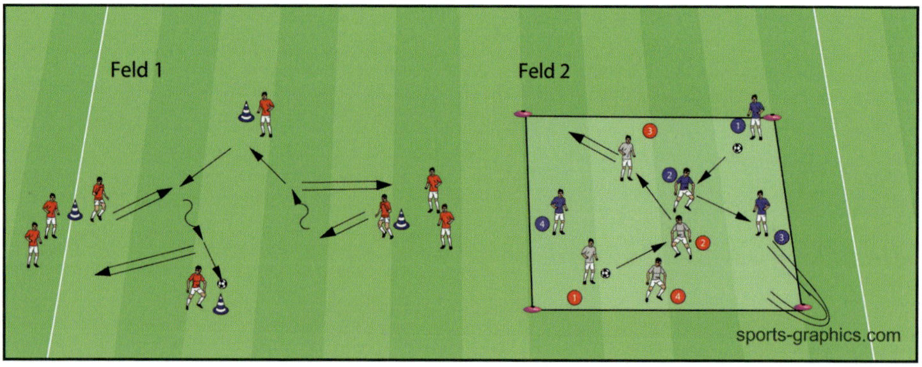

Organisation und Ablauf

- Feld 1: 1 Raute markieren.
- Feld 2: 1 Bewegungsraum errichten.
- 2 Gruppen bilden und auf die Felder verteilen.

Feld 1

- 2 Anspieler bestimmen und mit Bällen an den Starthütchen postieren.
- Von beiden Seiten gleichzeitig üben.
- Die Anspieler werfen per Einwurf halbhoch zu ihren Mitspielern.
- Diese kontrollieren das Zuspiel mit der Brust, nehmen den Ball in der Bewegung an und mit und passen zum Anspieler auf der anderen Seite.
- Nach jeweils 1 Minute die Anspieler wechseln.

Feld 2

- 2 Gruppen bilden, und die Spieler jeweils durchnummerieren.
- Die Spieler bewegen sich im Feld und werfen sich in der Reihenfolge zu.
- Der Empfänger des jeweils dritten Zuspiels sprintet um eines der Eckhütchen (= 1 Punkt) und startet anschließend die nächste Aktion.
- Welches Team erzielt in 2 Minuten die meisten Punkte?

Hinweise und Coaching

- In Feld 1 kann alternativ auf ein Trainerkommando gestartet werden, sodass die Aktionen gleichzeitig ablaufen.
- Nach einigen Durchgängen sollen die Spieler nach der Ballan- und -mitnahme versuchen, möglichst in die Arme der Anspieler zu lupfen.
- Auf einen flüssigen Ablauf achten, um die Pausen möglichst kurz zu halten.

Felder-Passjagd

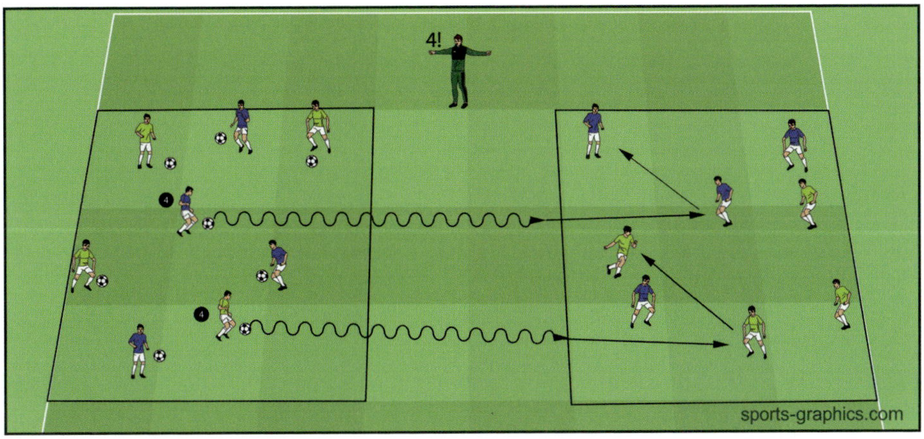

Organisation und Ablauf

- 2 Hütchenquadrate errichten.
- 2 Mannschaften bilden.
- Die Teams jeweils in 2 Gruppen teilen und den Feldern zuweisen.
- Die Spieler in Feld 1 erhalten jeweils 1 Nummer und 1 Ball.
- Die Spieler dribbeln/laufen frei in ihren Feldern.
- Der Trainer ruft laut eine Zahl auf und startet so die Aktion.
- Die aufgerufenen Spieler dribbeln in Feld 2 und passen sich dort mit ihren Mitspielern schnellstmöglich 4-mal in den eigenen Reihen zu.
- Der Empfänger des vierten Passes dribbelt in Feld 1 zurück.
- Der Spieler, der zuerst das Ausgangsfeld erreicht, erhält 1 Punkt für die Mannschaftswertung.

Variationen

- Die Spieler in Feld 1 führen vorgegebene Finten aus.
- Die Spieler in Feld 2 führen vorgegebene Bewegungen aus dem Lauf-ABC aus (z. B. Skippings, Anfersen usw.).

Hinweise und Coaching

- In Feld 2 darf der Passempfänger nicht einfach auf den Passgeber prallen lassen, sondern er muss zu einem anderen Mitspieler weiterleiten.
- Der aufgerufene Spieler darf den ersten Pass erst spielen, wenn er Feld 2 erreicht hat.
- Nach 2 Minuten tauschen die Gruppen die Felder.
- Zum Schluss die Punkte der Gruppen jeweils zusammenzählen und ein Siegerteam küren.

Dribblingteam

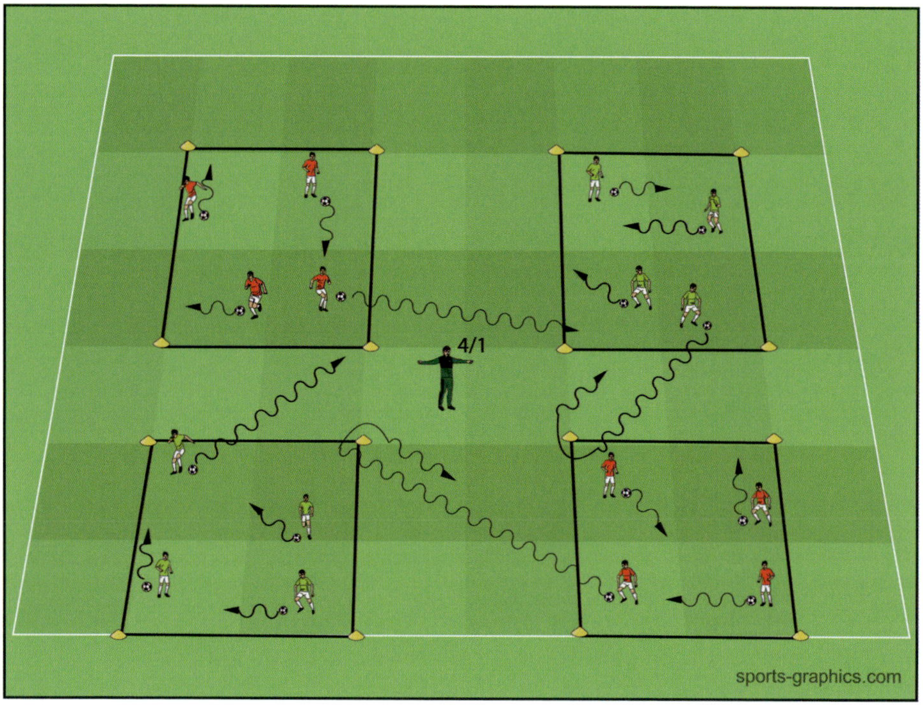

Organisation und Ablauf

- 4 Hütchenquadrate errichten.
- 4 Gruppen bilden und den Hütchenquadraten zuweisen.
- Die Spieler jeweils durchnummerieren.
- Pro Spieler 1 Ball. Die Spieler dribbeln frei im Feld.
- Jetzt ruft der Trainer 2 Zahlen auf und startet so die Aktion.
- Die erste Zahl bestimmt die Spieler, die um jeweils ein „inneres Hütchen" der 4 Quadrate dribbeln müssen.
- Die zweite Zahl gibt im Uhrzeigersinn das Hütchen vor, das umdribbelt werden muss (z. B. „2" = die Spieler umdribbeln das im Uhrzeigersinn übernächste Hütchen).
- Anschließend dribbeln die Spieler ins Ausgangsfeld zurück.
- Welcher Spieler absolviert die Aufgabe zuerst (= 1 Punkt für die Mannschaftswertung)?

Variationen

- Nur mit rechts/links um die Hütchen dribbeln.
- Vor dem Umdribbeln der „inneren" Hütchen eine frei wählbare Finte ausführen.
- Die Spieler dürfen im „inneren" Quadrat versuchen, die Bälle der gegnerischen Spieler wegzuschießen.

Hinweise und Coaching

- Die Aktion läuft als Teamwettbewerb ab: Welche Mannschaft erzielt in 5 Minuten die meisten Punkte?
- Jedes Team bestimmt einen Kapitän, der die Punkte seiner Mannschaft laut mitzählt.
- Sollten sich die Dribbelwege der Spieler kreuzen, können sie jeweils versuchen, die Gegner durch ein geschicktes Dribbling zu stören.

Dribblingziel

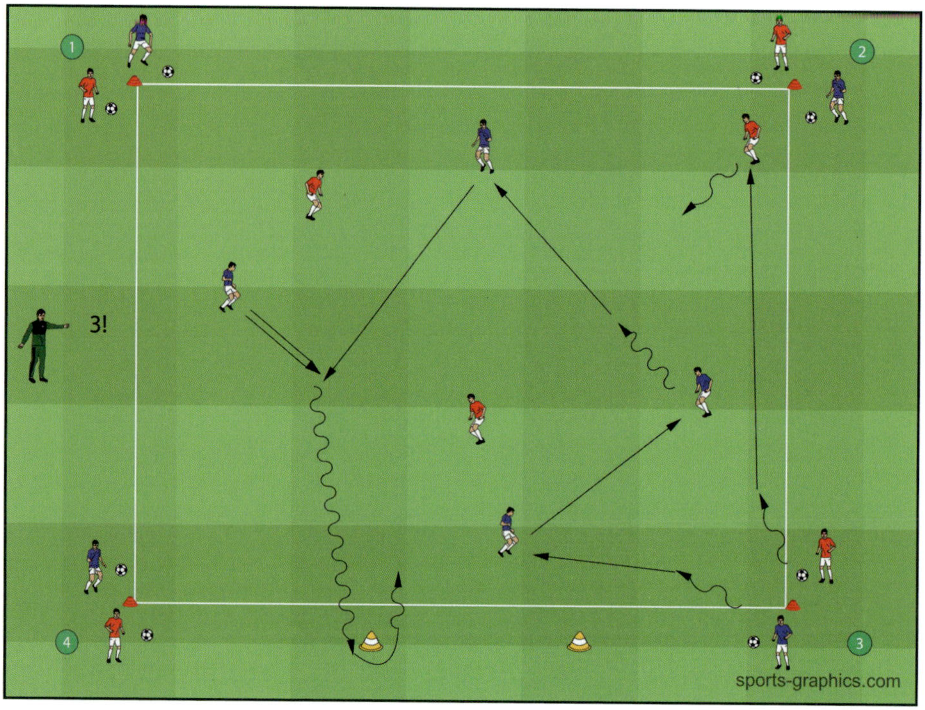

Organisation und Ablauf

- 1 Hütchenquadrat aufstellen.
- Jede Gruppe stellt 4 nummerierte Startspieler, die sich jeweils an den Eckhütchen postieren.
- Zusätzlich 2 Zielhütchen aufstellen.
- Der Trainer startet durch Zuruf einer Zahl die Aktion.
- Die aufgerufenen Startspieler dribbeln ins Feld und passen zu einem Mitspieler.
- Anschließend passen sich die Spieler so in ihrer Gruppe zu, dass jeder Spieler mindestens ein Zuspiel erhält.
- Der Empfänger des letzten Passes dribbelt aus dem Feld, um eines der Zielhütchen und dann ins Feld zurück.
- Der Spieler, der das Feld zuerst erreicht, erhält 1 Punkt für die Mannschaftswertung.

Variationen

- Der Empfänger des dritten Passes dribbelt aus dem Feld.
- Auf dem Weg zum Zielhütchen müssen die Spieler eine Finte ins Dribbling einbauen.

Hinweise und Coaching

- Die Aktion läuft von Beginn an als Wettspiel ab.
- Der Spieler, der das Zielhütchen umdribbelt hat, wechselt anschließend mit dem aufgerufenen Startspieler Position und Aufgabe.
- Die Spieler dürfen jeweils nicht das gleiche Zielhütchen umdribbeln.

Zielkombi

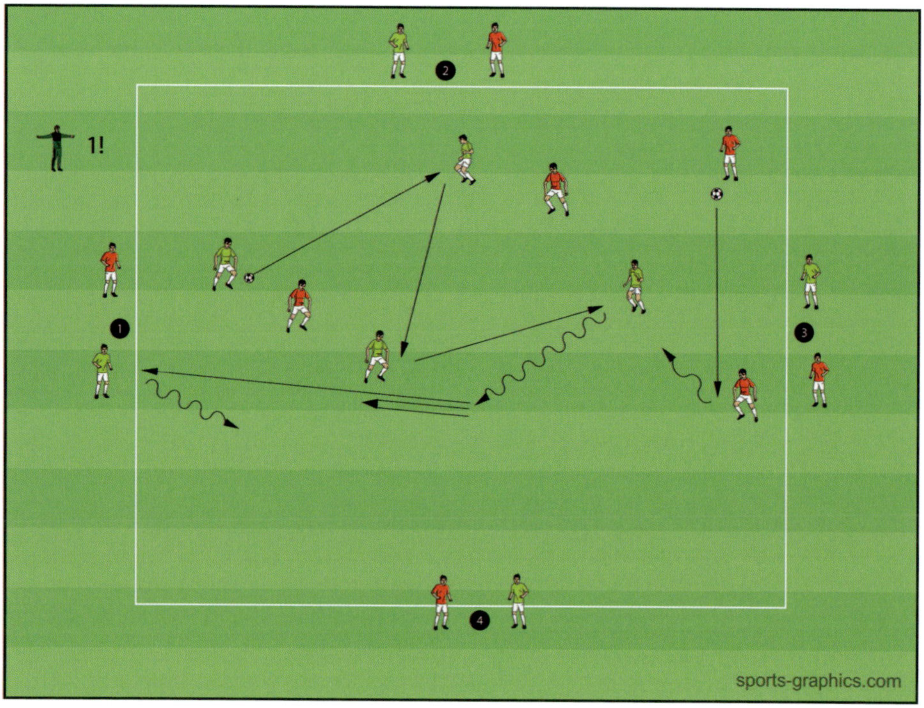

Organisation und Ablauf

- 1 Hütchenquadrat errichten und 2 Gruppen bilden.
- Jede Gruppe stellt 4 nummerierte Außenspieler.
- Alle übrigen Spieler im Feld postieren.
- Die Spieler passen sich zunächst frei in ihrer Gruppe zu.
- Der Trainer startet durch Zuruf einer Zahl die Aktion.
- Jetzt passen sich die Spieler so in den eigenen Reihen zu, dass jeder Spieler mindestens 1 Zuspiel erhält.
- Anschließend spielt der Empfänger des letzten Passes zum aufgerufenen Außenspieler.
- Der Außenspieler nimmt den Pass ins Feld an und mit und tauscht mit dem Passgeber Position und Aufgabe.

Variationen

- Mit genau 2 Kontakten zuspielen (annehmen, passen).
- 2 Außenspieler sofort nacheinander aufrufen.
- Einen Wettbewerb durchführen: Welche Gruppe passt zuerst zu ihrem Außenspieler (= 1 Punkt für die Mannschaftswertung)?

Hinweise und Coaching

- Zunächst mit normalem Tempo „locker" einspielen, ehe der Trainer einen Wettbewerb startet.
- Darauf achten, dass alle Spieler stets in Bewegung bleiben.
- Dem Zuspiel nach Blickkontakt aktiv entgegenstarten.

Passziele

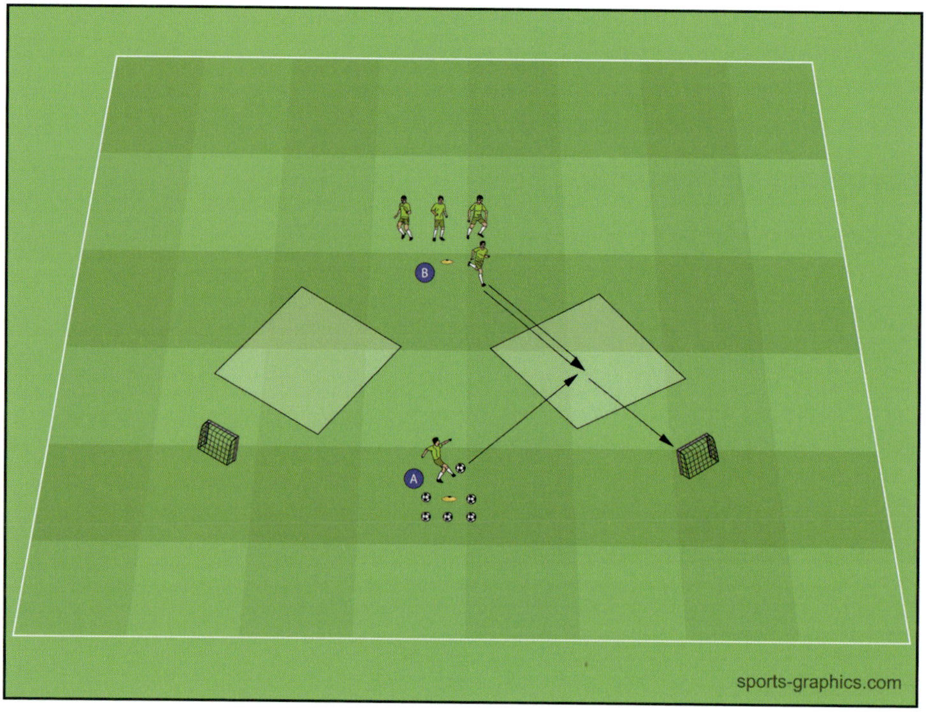

Organisation und Ablauf

- 2 quadratische Hütchenfelder mit 2 Minitoren außerhalb markieren.
- A und B an Hütchen jeweils oben und unten gemäß Abbildung aufstellen.
- A spielt den Ball in die markierten Felder.
- B passt den Ball aus der Bewegung erst links ins Tor und dann rechts ins Tor.
- Danach erfolgt ein Aufgabenwechsel.

Variationen

- Nur mit der Innenseite schießen.
- Nur mit der Außenseite schießen.
- Volles Risiko = Spannstoß

Hinweise und Coaching

- Trainieren von direkten Pässen in der Bewegung
- Das Fußgelenk fixieren beim Passspiel.
- Das Schussbein in Zielrichtung durchschwingen.

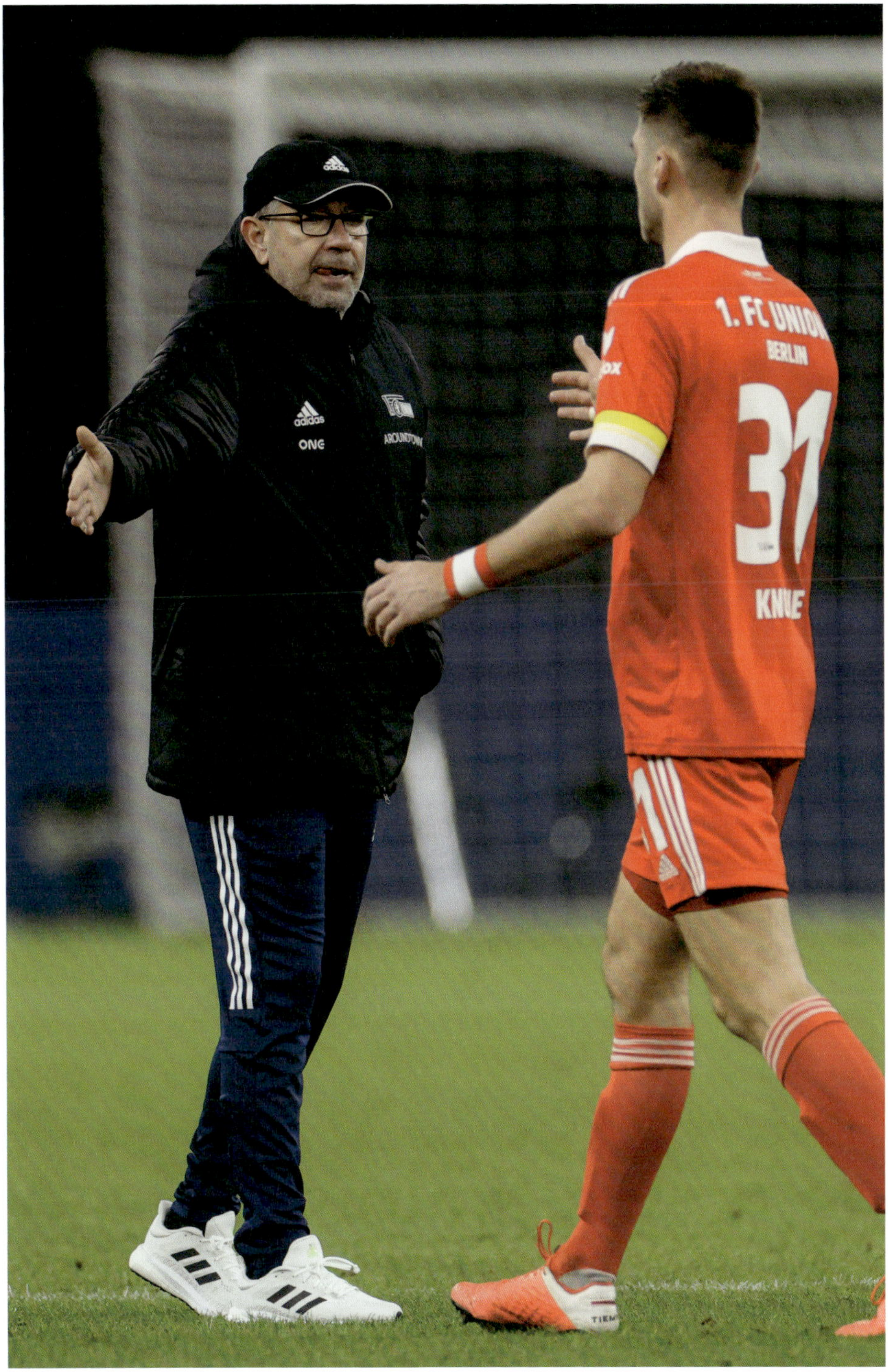
1. FC UNION
BERLIN

Zonen freihalten

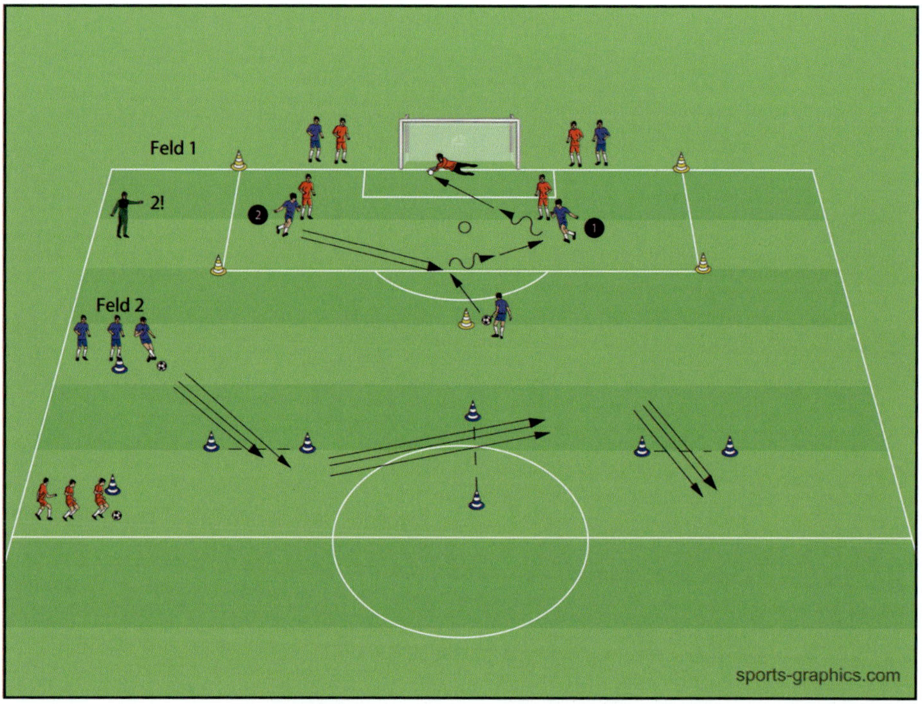

Organisation und Ablauf

- Feld 1: 1 großes Tor mit Torhüter und Positionshütchen aufstellen.
- Feld 2: 3 Hütchentore gemäß Abbildung errichten.
- 2 Gruppen bilden und den Feldern zuweisen.

Feld 1

- In der Verteidigungszone 2 Angreifer und 2 Verteidiger postieren.
- Die Angreifer nummerieren.
- Außerhalb des Feldes 1 Anspieler postieren.
- Der Trainer bestimmt durch Zuruf einen Angreifer, der sich außerhalb der Verteidigungszone zum Zuspiel anbietet.
- Anschließend muss dieser versuchen, im 1 gegen 1 ins Feld zu gelangen, um dort gemeinsam mit dem anderen Angreifer gegen die beiden Verteidiger zum Torabschluss zu kommen.
- Erobert der Verteidiger den Ball, so passt er zum Anspieler zurück.

Feld 2

- Die Spieler treten paarweise zum „Fußballgolf" an. Sie müssen versuchen, mit möglichst wenig Pässen durch die Hütchentore zu spielen.
- Der Ball darf nur aus einer ruhenden Position gespielt werden.
- Die Spieler üben abwechselnd. Sobald der erste Spieler das erste Hütchentor durchspielt hat, kann der nächste Spieler starten.

Hinweise und Coaching

- Die Verteidiger in Feld 1 haben das Ziel, die Angreifer vom Tor wegzuhalten.
- Sie müssen stets aufpassen, dass der Angreifer sich nicht durch einen kurzen Antritt einen Bewegungsvorsprung verschafft, um sich in eine frontale Stellung zu bringen.
- Immer konzentriert agieren und keine unnötigen Fouls provozieren.
- Da die 1-gegen-1-Situationen sehr belastungsintensiv sind, stellt das „Fußballgolf" in Feld 2 ein spielerisches und erholsames Kontrastprogramm dar.

Wettlauf-Torschuss

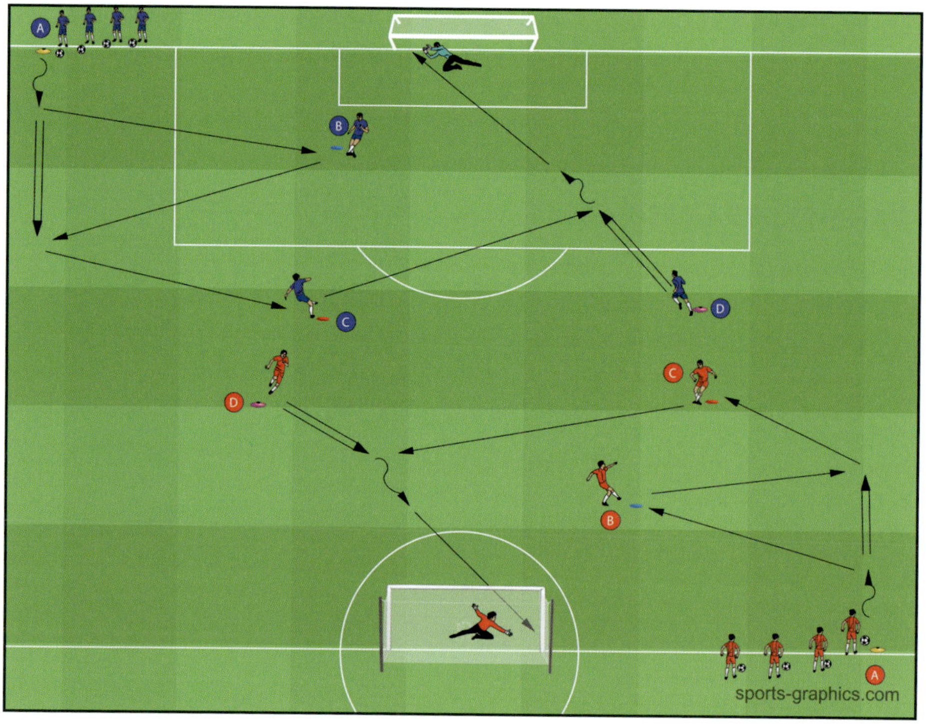

Organisation und Ablauf

- 1 Spielfeld mit 2 großen Toren mit Torhütern markieren.
- Vor jedem Tor 3 Positionshütchen aufstellen.
- 2 Mannschaften bilden und gemäß Abbildung aufstellen.
- Die Spieler an den Eckhütchen haben die Bälle.
- Auf ein Trainerkommando spielt A mit B einen Doppelpass und passt anschließend zu C, der in den Lauf von D ablegt.
- Anschließend legt C in den Lauf von D auf, der in Richtung Tor an- und mitnimmt und abschließt.
- Jeder Treffer ergibt 1 Punkt für die Mannschaftswertung.
- Die Mannschaft, die zuerst einen Treffer erzielt, erhält 1 Zusatzpunkt.
- Nach jeder Aktion rücken alle Spieler eine Position weiter, und der nächste Startspieler dribbelt durch den Slalomparcours usw.

Variationen

- Vor dem Torabschluss spielt D mit B einen weiteren Doppelpass.
- D versucht, den Torhüter im 1 gegen 1 auszuspielen.
- Die Spieler müssen in der Gruppe abwechselnd direkt und mit 2 Kontakten passen.

Hinweise und Coaching

- Als zusätzlichen Anreiz kann jede Mannschaft pro Durchgang einen Joker setzen: Im Falle eines Torerfolgs werden die erzielten Punkte dieses Spielers verdoppelt.
- Nach einer Weile die Torhüter wechseln, damit diese auch auf die Tore schießen können.

Wettspiel-Torschuss

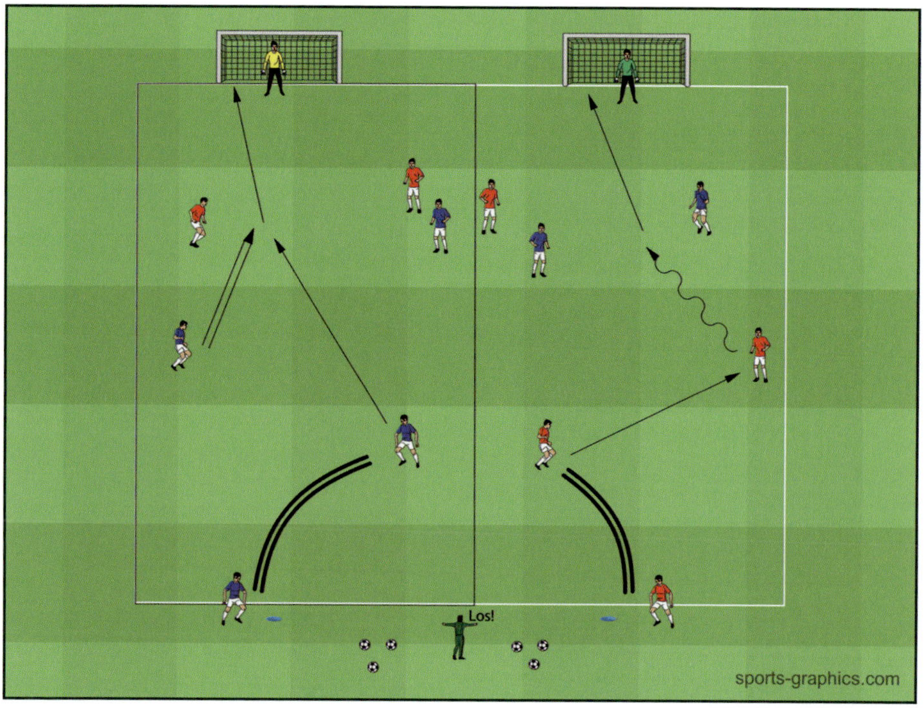

Organisation und Ablauf

- 2 Felder mit je 1 Tor mit Torhüter errichten.
- 2 Mannschaften benennen.
- Je Team 1 Anspieler, 3 Angreifer und 2 Verteidiger benennen.
- Auf ein Trainerkommando passt der Anspieler per Einwurf zu einem Mitspieler ins Feld.
- Die Angreifer müssen nun schnellstmöglich im 3 gegen 2 zum Torabschluss kommen.
- Die Mannschaft, die zuerst einen Treffer erzielt, erhält 1 Punkt.

Variationen

- Auf Zeit spielen: Welches Team erzielt in 2 Minuten die meisten Treffer?
- Mit mindestens 2 Kontakten agieren! Nur der Torschuss darf direkt erfolgen.

Hinweise und Coaching

- Die Aktion läuft zunächst so lange, bis eine Mannschaft einen Treffer erzielt hat.
- Geht der Ball ins Aus, so kann der Anspieler einen neuen Ball ins Spiel bringen.
- Die Anspieler dürfen jederzeit ins Aufbauspiel einbezogen werden. Sie dürfen jedoch selbst keine Treffer erzielen.
- Nach jeweils 4 Minuten die Aufgaben innerhalb der Mannschaften tauschen.

Torschuss-Übersteiger

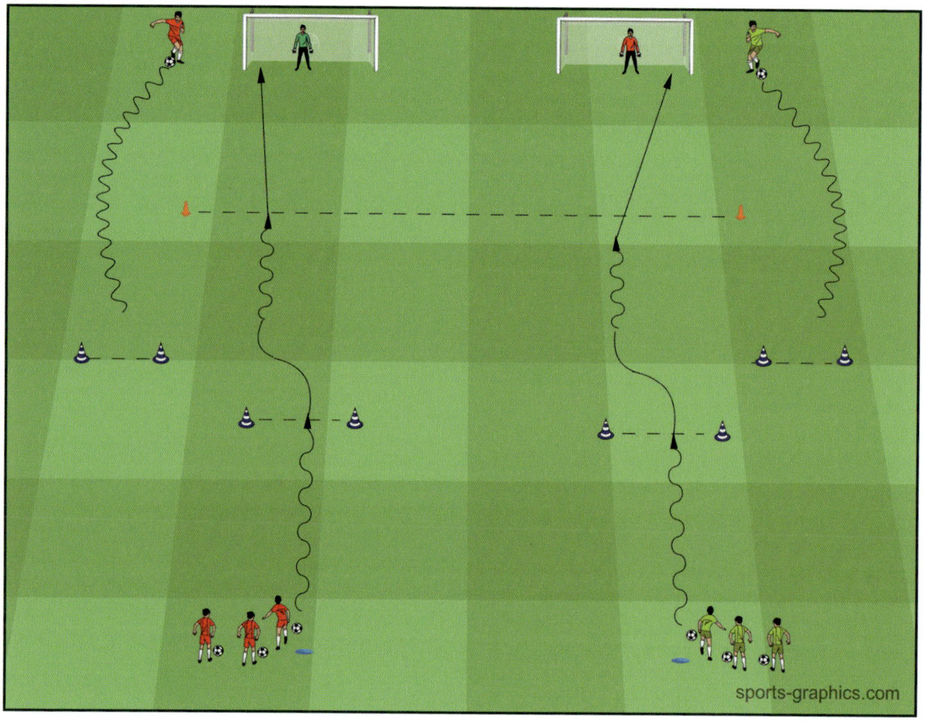

Organisation und Ablauf

- 1 Ball pro Spieler bereitlegen und 2 Tore nebeneinander aufbauen.
- Spielfeld: ca. 15 x 15 m und Fintiertorlinien: 2 m breit
- 5-6 Spielerpaare pro Station
- 2 Spieler starten gegeneinander auf Kommando des Trainers mit Ball am Fuß vom Starthütchen.
- Sie dribbeln zum Fintierlinientor und führen dort einen Übersteiger mit dem Dribbelbein über den Ball aus.
- Der Ball wird dann mit dem Außenspann des anderen Beins mitgenommen.
- Hinter einer Dribbellinie wird auf ein Tor mit Torwart geschossen.
- Welcher Spieler erzielt zuerst das Tor?
- Danach dribbeln die Spieler auf dem Rückweg durch ein Hütchentor, dribbeln schräg neben ein Hütchen, führen dort einen Übersteiger aus und kehren zum Start zurück.
- Der Spieler, der zuerst auf das Tor schießt, erhält den ersten Punkt.

Variationen

- Einzelwertung: Jedes Pärchen ermittelt einen Sieger.
- Welcher Spieler hat zuerst insgesamt 5 Punkte gewonnen?
- Mannschaftswertung: Welche Mannschaft hat zuerst 10 Siege eingefahren?

Hinweise und Coaching

- Verbindung des Übersteigers mit Torabschluss und Wettkämpfen
- Einschleifen der Grundbewegung des Übersteigers
- Training des Übersteigers mit Tempo

Kopfballwettkampf

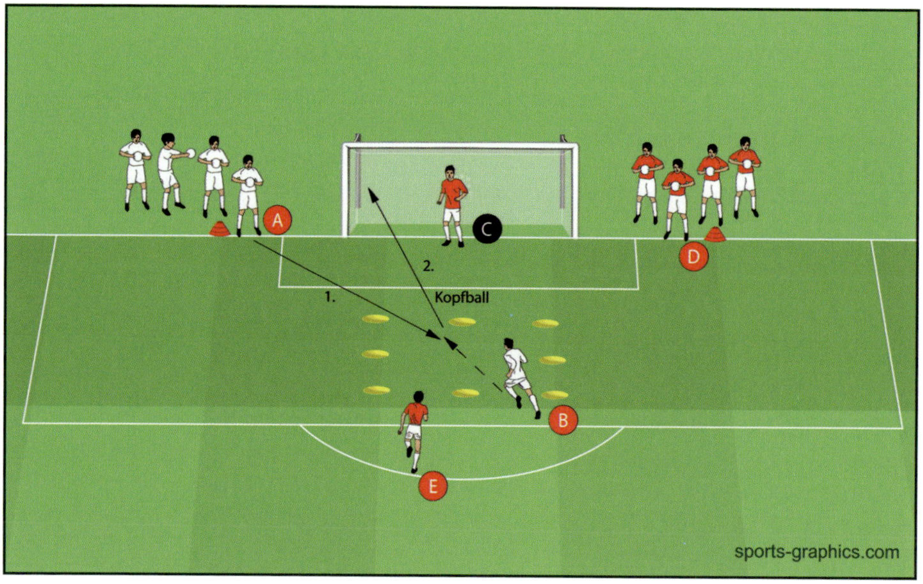

Organisation und Ablauf

- 8 x Hütchen und viele Bälle
- 2 gleich große Teams erstellen.
- Um den 11-m-Punkt ein 4 x 4 m großes Viereck aufstellen.
- Die Teams stellen sich neben die Tore und haben den Ball in der Hand. Ein Spieler (C) von Team Rot geht ins Tor und ein anderer (E) stellt sich am Halbkreis des 16-m-Raums, wo auch ein Spieler von Team Weiß (B) steht.
- Team Weiß beginnt, Spieler B läuft in das Viereck, Spieler A wirft ihm den Ball zu und Spieler B muss ein Tor mit dem Kopf erzielen.
- Nach dem Kopfball läuft Spieler B ins Tor, Spieler E läuft in das Viereck, bekommt den Ball von Spieler D und muss den Ball ins Tor köpfen.
- Positionswechsel: Spieler A und D wechseln nach dem Werfen, zum Halbkreis des 16-m-Raums, der Spieler, der geköpft hat, muss ins Tor und Spieler C, der im Tor war, stellt sich hinter seine Gruppe.

Variation

- Das Viereck weg. Nur jeweils ein Hütchen 2 m links und rechts neben dem 11-m-Punkt aufstellen. Vom 16-m-Raum (Team Weiß: am linken Hütchen starten) und zum rechten Hütchen neben dem 11-m-Punkt laufen und dann im 5-m-Raum zum Kopfball gehen.

Hinweise und Coaching

- Sehr wichtig: das Umschaltspiel
- Kommunikation untereinander
- Auf das Timing achten.
- Korrekte Ausführung um die Hütchen (Variation)

Torschuss mit Überzahl und Unterzahl und Flanke

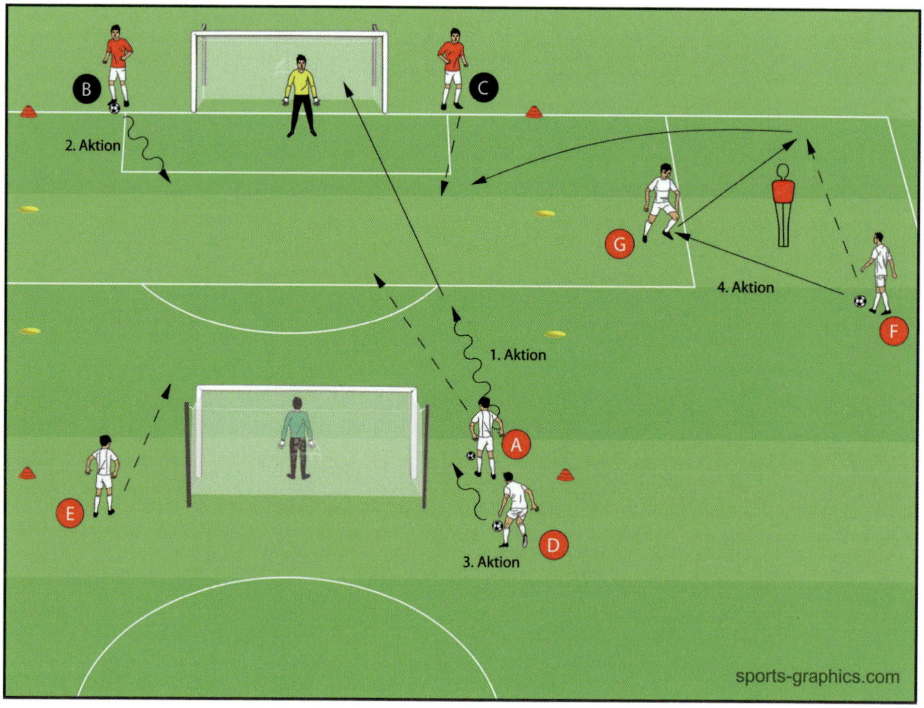

Organisation und Ablauf

- Ein zweites Tor auf Höhe doppelter 16-m-Raum stellen und ein schmales Feld markieren (5 m neben der 5-m-Linie).
- Rechts auf dem Flügel einen Dummy aufstellen (mittig zwischen 16-m-Linie und Außenlinie).
- Die Spieler positionieren sich links und rechts neben die Tore (A-E).
- Zwei Spieler stehen außen (F und G).
- Es werden 4 Aktionen durchgeführt.
- 1. Aktion: Spieler A dribbelt an und schießt auf das Tor.
- 2. Aktion: Spieler B dribbelt an und geht zusammen mit Spieler C in ein 2 gegen 1 gegen Spieler A und sie versuchen, auf das untere Tor einen Treffer zu erzielen.
- 3. Aktion: Nach der Aktion dribbelt Spieler D ins Feld und spielt mit Spieler A und E ein 3 gegen 2 gegen Spieler B und C.
- 4. Aktion: Nach der dritten Aktion dribbelt Spieler F außen an, spielt mit Spieler G einen Doppelpass am Dummy vorbei und bringt die Flanke in die Mitte.

Variationen

- Seitenwechsel
- Außen muss Spieler F ins 1 gegen 1 gegen Spieler G.

Hinweise und Coaching

- Konzentration und Zielstrebigkeit beim Abschluss
- Schnelles Umschaltspiel

Torschuss über Außen

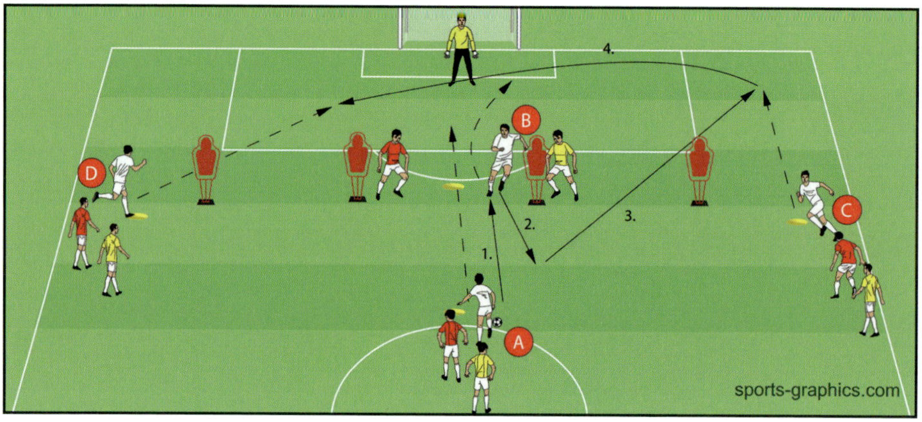

Organisation und Ablauf

- 4 x Dummys als Viererkette vor dem 16-m-Raum aufstellen.
- 4 x gelbe Hütchen (Startpunkte der Spieler: am linken und rechten Flügel, am Mittelkreis und zwischen den IV Dummys)
- 3 Teams (weiß, rot und gelb) à 4 Spieler aufteilen.
- Spieler A spielt den Ball (1.) auf Spieler B, der entgegenkommt und klatschen lässt, und dann spielt Spieler A den Ball nach rechts zur Grundlinie in die Tiefe zwischen den IV und AV zu Spieler C.
- Spieler C nimmt den Ball an und flankt in die Mitte.
- Bei der Flanke laufen die anderen 3 Spieler in die Box rein: Spieler B auf den kurzen Pfosten, Spieler D auf den langen Pfosten und Spieler A in den Rückraum (zwischen 11-m-Punkt und 16-m-Raum).
- Dann kommt der Torerfolg.

Variationen

- Wechsel auf die linke Seite
- Lange Bälle nach außen spielen.
- Der Flügelspieler darf nur mit dem ersten Kontakt flanken.

Hinweise und Coaching

- Druckpässe/Passschärfe
- Genaue Bälle in die Tiefe
- Scharfe Flanken
- Kommunikation untereinander
- Auf das Positionsspiel im 16-m-Raum achten (kurz, lang, Rückraum).

Ballan- und -mitnahme 1

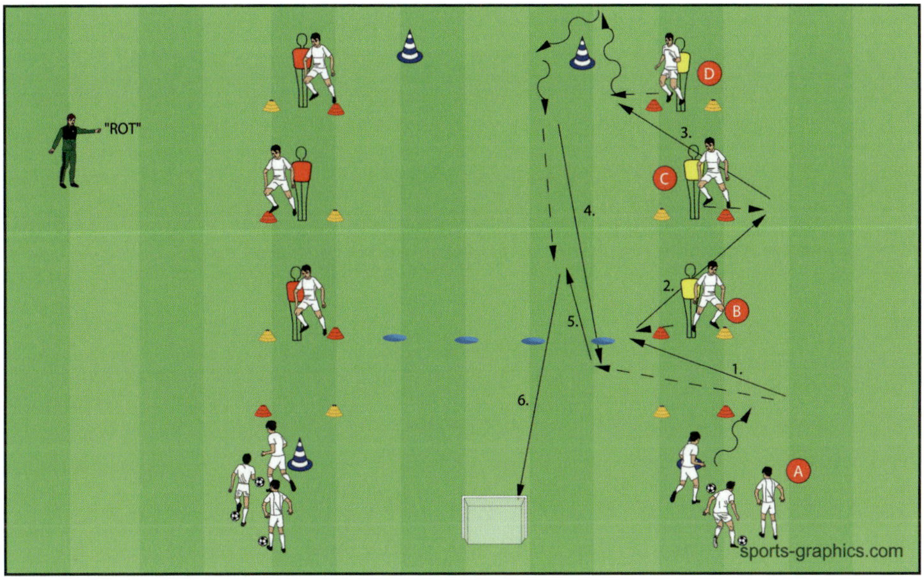

Organisation und Ablauf

- Der Abstand in der Tiefe zwischen den Dummys beträgt jeweils 8 m, vom blauen Hütchen zur ersten Hütchenreihe = 4 m.
- 2 Teams einteilen mit gleich starker Spieleranzahl.
- Der Trainer sagt die Farbe an.
- Spieler A dribbelt um das erste Hütchen, alle Spieler vor dem Ball setzen sich diagonal auf Winkel und seitlich ab. A passt zu B, der sich seitlich absetzt. B zu C. C zu D. D nimmt den Ball nach vorne mit und dribbelt um das Endhütchen. Vor dem Abschluss auf das Minitor wird ein Doppelpass/Wandspiel mit A gespielt.
- Welche Gruppe erzielt als Erste das Tor?
- Alternativ über die „gelbe" Seite dribbeln und spielen.

Variation

- Der Trainer hält die jeweilige Farbe hoch (optisches Signal).

Hinweise und Coaching

- Am Start schnelle Reaktion, mit enger Ballführung gepaart, um eng am ersten Hütchen vorbeizukommen und mit gutem Winkel weiterzuspielen.
- Sich absetzen so breit wie nötig, so tief wie möglich mit Vororientierung
- Erster Ballkontakt in der offenen Stellung offensiv

Ballan- und -mitnahme 2

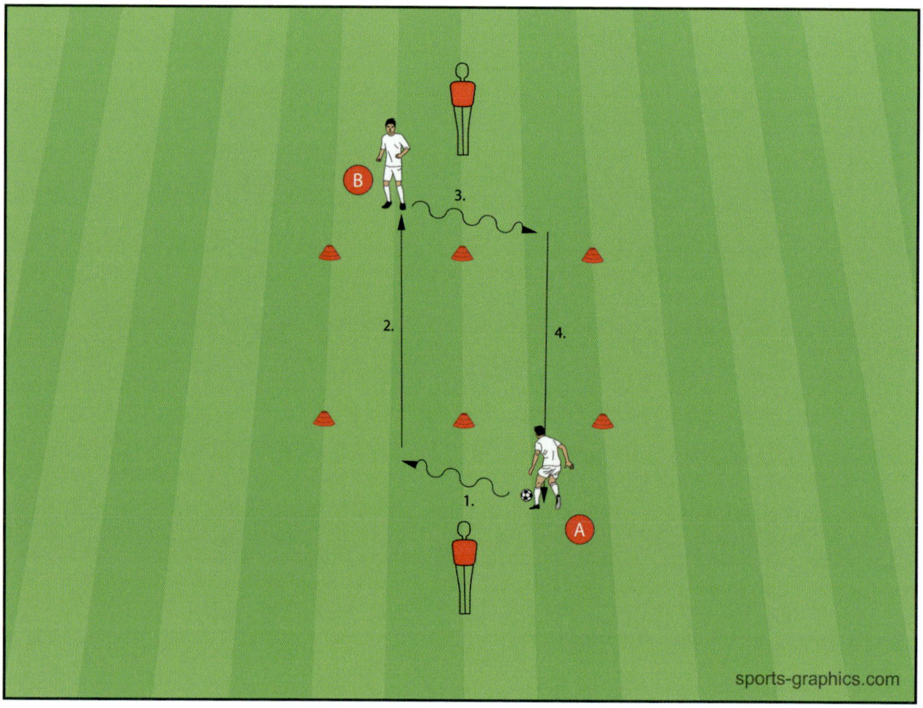

Organisation und Ablauf

- Übung laut Skizze aufbauen. 2-Doppelhütchentore zu 3 x 3 m jeweils (gesamt = 6 m) in einem Abstand von 8-10 m Tiefe positionieren. Der jeweilige Abstand vom zentralen Hütchen zum Dummy beträgt 8 m.
- Spieler A nimmt seinen ersten Kontakt diagonal seitlich mit (1) und spielt den Ball durch die gegenüberliegende Öffnung durch das Hütchentor auf B. Dieser nimmt seinen Ball ebenfalls mit dem ersten Kontakt diagonal seitlich nach vorne mit, und spielt den Ball wieder zurück.

Variationen

- Seitenwechsel und die Schwerpunktfüße werden gewechselt.
- Ballannahme zunächst mit der Innenseite, später mit dem Außenspann oder sogar mit der Sohle
- Zusätzliche Aufdrehaktionen mit einbauen, sobald der Mitspieler Kommando „Dreh" gibt. Der Spieler dreht dann auf, dribbelt um seinen Dummy herum und die Übung wird normal fortgesetzt.

Hinweise und Coaching

- Sich mit etwas Abstand nach hinten vom Hütchentor anbieten, sodass eine Annahme stets diagonal nach vorne erfolgen kann und nicht zu seitlich.
- Den ersten Ballkontakt nicht zu seitlich mitnehmen, damit im Anschlusspass nicht zu sehr über das Standbein gespielt werden muss. Ballan- und -mitnahme immer offen und diagonal nach vorne.
- Je weiter der Ball nach außen gespielt wird, desto weiter die Annahme, um den Passweg wieder zu öffnen.
- Aktive Ballerwartungshaltung mit Körperspannung

Ballan- und -mitnahme 3

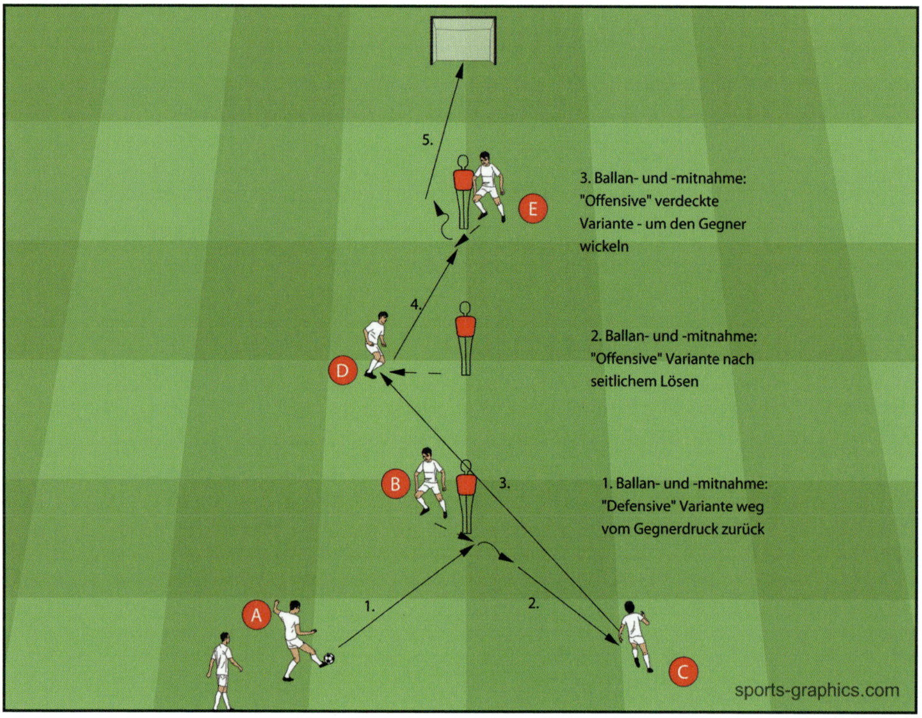

Organisation und Ablauf

- 3 Dummys im Abstand von 10 m aufstellen, zusätzlich 1 Minitor ebenfalls im Abstand von 10 m dahinter positionieren. In der Übung werden verschiedene Ballan- und -mitnahmen geschult und trainiert.
- A spielt auf B, der im richtigen Moment eine Verbindung zum Passgeber aufbaut und sich vor den Dummy schiebt. Sein erster Ballkontakt geht weg vom Gegner. Anschließend spielt er auf C. C spielt den Ball auf D, der sich seitlich von seinem Dummy auf Schulterhöhe des Dummys löst. D nimmt den Ball offensiv mit und spielt auf E. E kommt im richtigen Moment nach einer Auftaktbewegung vor seinen Dummy/Gegenspieler und wickelt sich mit dem ersten Ballkontakt um den Dummy herum. Anschließend beendet er die Aktion mit einem Pass ins Passtor.

Variation

- Die Passstafette über die andere Seite starten.

Hinweise und Coaching

- Auf richtiges Timing achten: Keinen Ball aus dem Stand fordern oder spielen, bedeutet, neben dem richtigen Timing im Lösen vom Gegner, auch am Start kurz andribbeln.
- Das Anbieten mit einer Auftaktbewegung verbinden.
- Seitliches Lösen nach dem Prinzip: so breit wie nötig, so tief wie möglich
- Räume vor dem ersten Ballkontakt zunächst „scannen".

Ballan- und -mitnahme 4

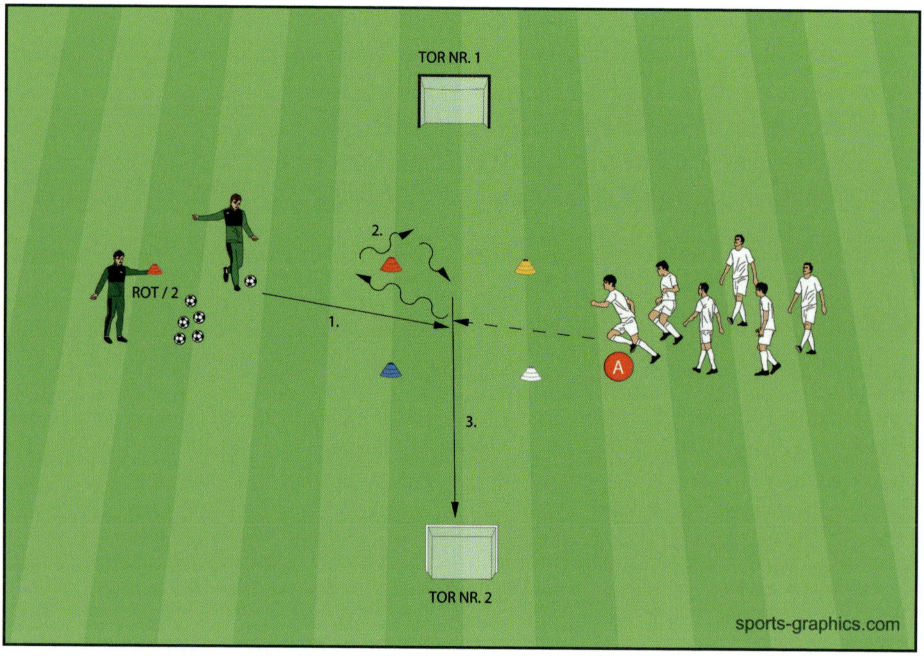

Organisation und Ablauf

- Im Zentrum wird 1 Viereck (4 x 4 m) mit vier unterschiedlichen Farben aufgebaut. Zudem werden 2 Passtore auf beiden Seiten im Abstand von 10 m aufgestellt, die Tore werden mit 1 und 2 nummeriert.
- Der Trainer oder ein Spieler passt den Ball zu Spieler A in das Viereck und nennt zugleich eine Farbe und eine Tornummer.
- Spieler A nimmt den ersten Kontakt zur jeweiligen Hütchenfarbe mit, umdribbelt dieses und passt im Anschluss in das Tor mit der jeweiligen Nummer.

Variationen

- Es müssen 2 oder 3 Hütchen umdribbelt werden.
- Vor dem Abschluss findet eine Abkappbewegung mit Schussfinte statt, und es wird in das andere Passtor abgeschlossen.

Hinweise und Coaching

- Zur Orientierung muss der Spieler jederzeit alle vier Farben im Blick haben und kennen (Vororientierung).
- Den ersten Ballkontakt in die Zielrichtung des Hütchens mitnehmen.

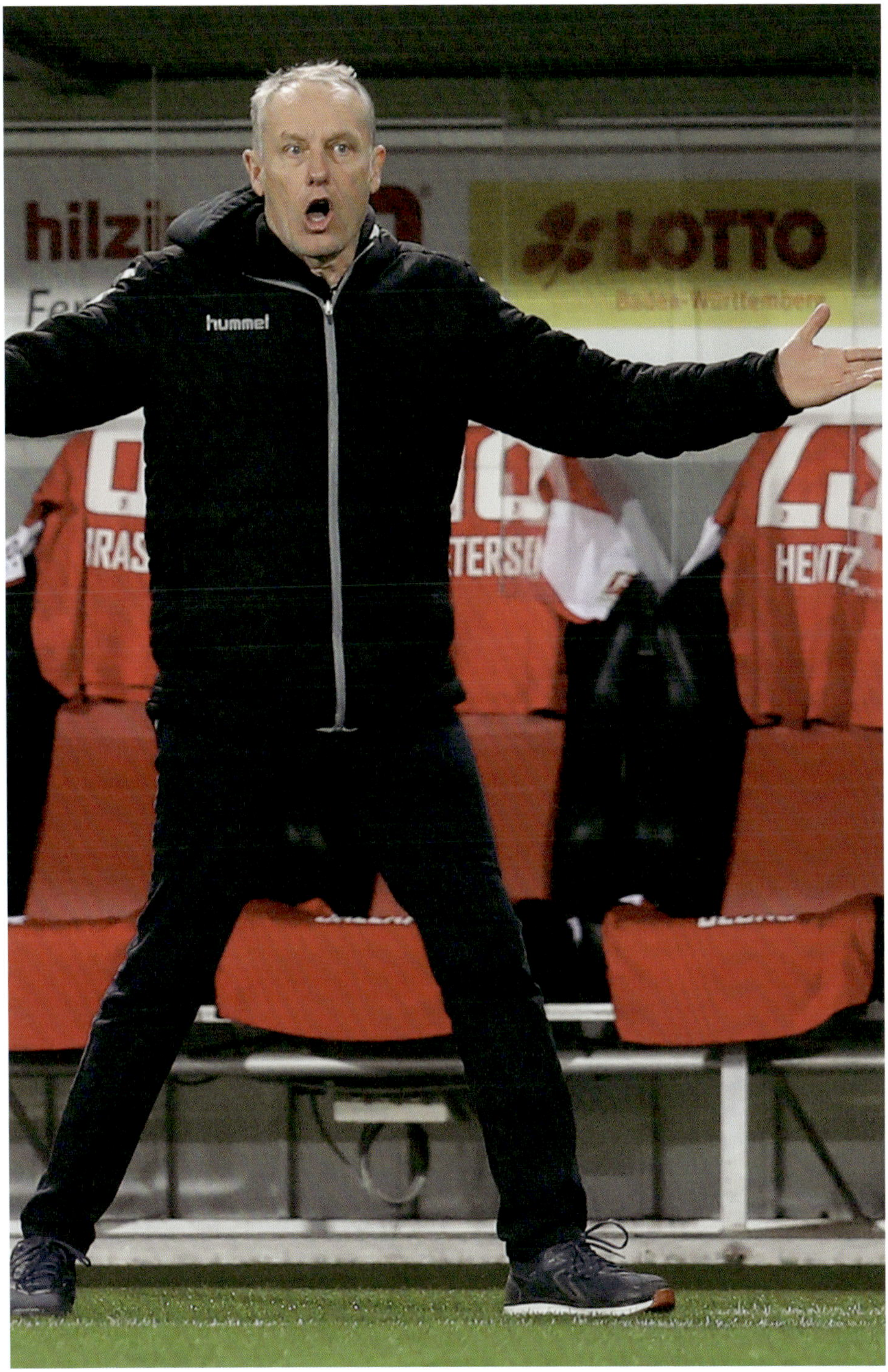
LOTTO
Baden-Württemberg
hummel
HEITZ

Ballan- und -mitnahme 5

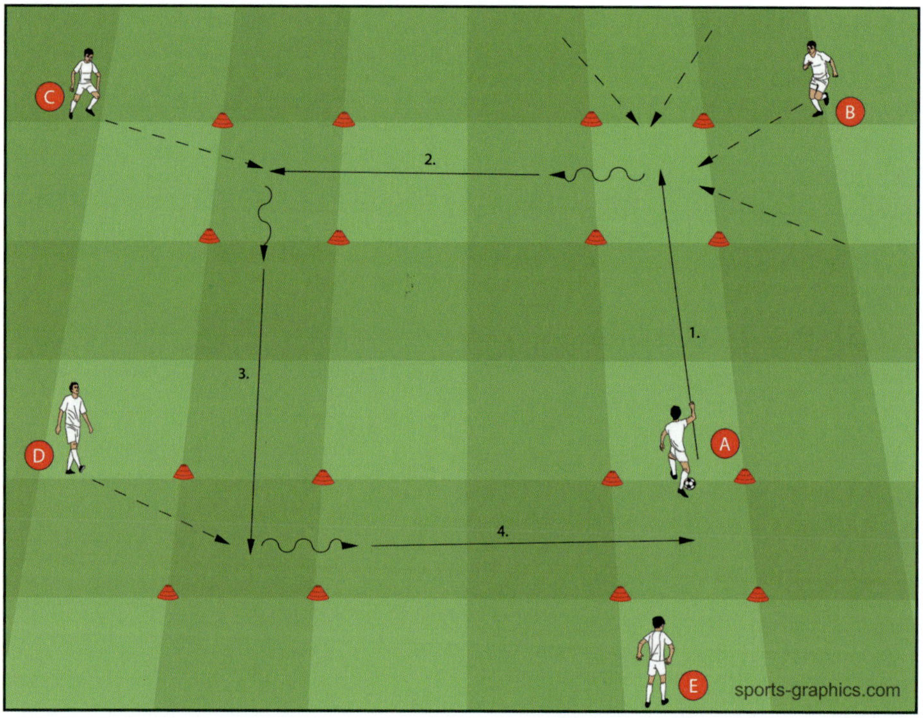

Organisation und Ablauf

- Es werden 4 Vierecke (4 x 4 m) im Abstand von 12 m (Mittelpunkt zu Mittelpunkt) aufgebaut. A startet mit einem Pass ins das „nächste" Viereck. Spieler B läuft dieses an. Er kann dabei bei seiner Auftaktbewegung variieren, aus welchem Raum er startet (vier Möglichkeiten). B nimmt den ersten Kontakt raumgreifend mit, sodass er das Viereck verlässt und in die Bewegung kommt. Anschließend spielt er zu C, der sich ebenfalls wieder mit Tempo ins Viereck löst usw.

Variationen

- Richtungswechsel
- Nach jeder Ballannahme im Feld einen Doppelpass mit dem Spieler spielen, von dem der Pass kam (A und B).
- Spiel über den Dritten (A spielt zu B, Doppelpass, A spielt zu C ...)

Hinweise und Coaching

- Aus unterschiedlichen Diagonalen ins Viereck laufen, um unterschiedliche Winkel im ersten Ballkontakt zu provozieren.
- Den ersten Ballkontakt in die Bewegung aus dem Feld nehmen, allerdings so dosiert, dass jederzeit Kontrolle herrscht.
- Blickkontakt zwischen Passgeber und Passempfänger aufbauen.
- Das Timing so gestalten, dass kein Ball aus dem Stand gespielt oder an- und mitgenommen wird.

Dribbling 1

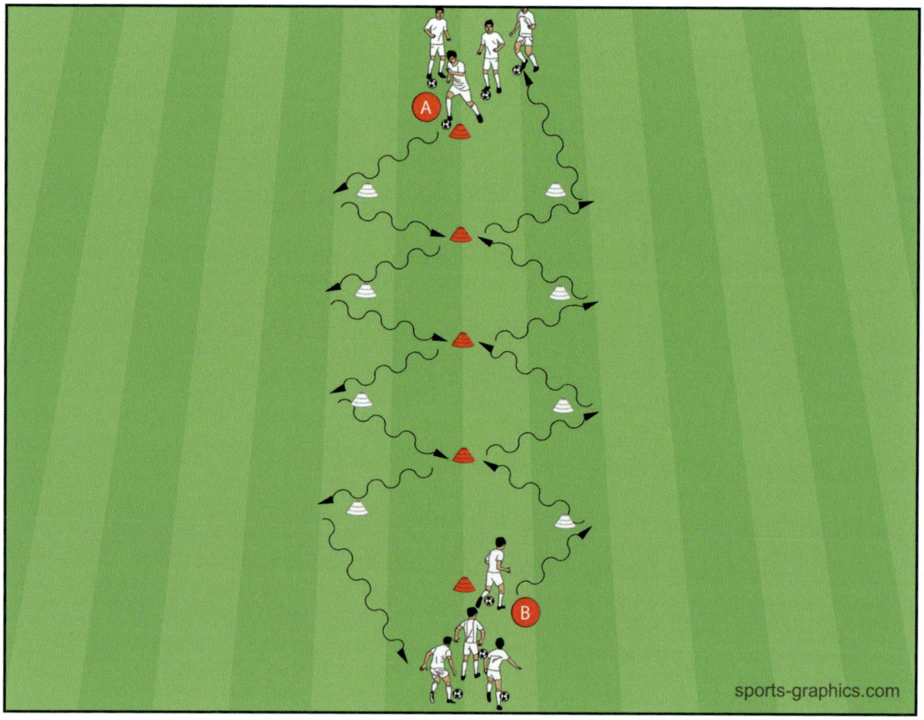

Organisation und Ablauf

- 1 Feld (18 x 6 m) mit 3 Vierecken (6 x 6 m) aufstellen (weiße Hütchen) und in jedes Viereck jeweils 1 rotes Hütchen stellen.
- 2 Startpunkte jeweils 6 m vor dem ersten roten Hütchen festlegen.
- 8 Spieler, aufgeteilt auf die beiden Startpunkte.
- Beim Start dribbeln die ersten Spieler (A und B) zum rechten weißen Hütchen an, dribbeln um das Hütchen, dribbeln dann um das rote Hütchen und danach wieder zum nächsten weißen Hütchen, bis der Spieler auf der anderen Seite ankommt.

Variationen

- Richtungswechsel
- Einen Wettbewerb starten – welches Team ist schneller auf der anderen Seite und wieder zurück?
- Zu jedem roten Hütchen rückwärtslaufen und den Ball mit der Sohle mitnehmen.

Hinweise und Coaching

- Durchführung im hohen Tempo
- Saubere Ballführung (den Ball am Fuß halten)
- Mit den richtigen Füßen um die Hütchen dribbeln.

Dribbling 2

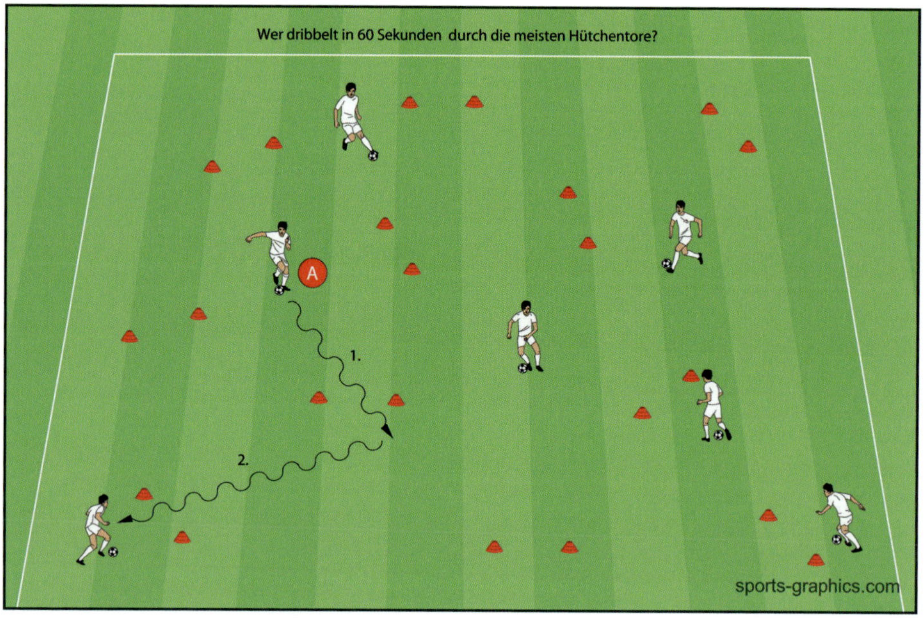

Organisation und Ablauf

- In einem abgesteckten Viereck (die Größe variiert nach Spieleranzahl und Qualität) werden jeweils Dribbeltore (1-2 m Abstand) aufgebaut.
- Die Spieler dribbeln im Viereck zu verschiedenen Technikaufgaben (nur rechter Fuß, nur linker Fuß, nur mit der Sohle, nur Pendeln zwischen den Beinen), um sich an den Ball und das Feld zu gewöhnen.
- Das Ziel hierbei ist es schon, immer wieder Dribbeltore zu durchdribbeln. Im Anschluss als Wettkampf: Wer schafft es in 60 Sekunden, die meisten Dribbeltore zu durchdribbeln?

Variation

- Die Zeitspanne verlängern oder verkürzen.

Hinweise und Coaching

- Variation zwischen enger Ballführung (passiver Gegnerdruck durch Mit-/Störspieler) oder in engen Räumen und bei Richtungswechseln, raumgreifendes Dribbling mit weiterer Ballführung (im Dreierkontakt – drei Schritte bis zum Kontakt) in größeren Räumen.
- Möglichst beidfüßig dribbeln (bei Aufgaben ohne Kontaktvorgabe), um Zeitgewinn und bessere Kontrolle zu erlangen.

Dribbling 3

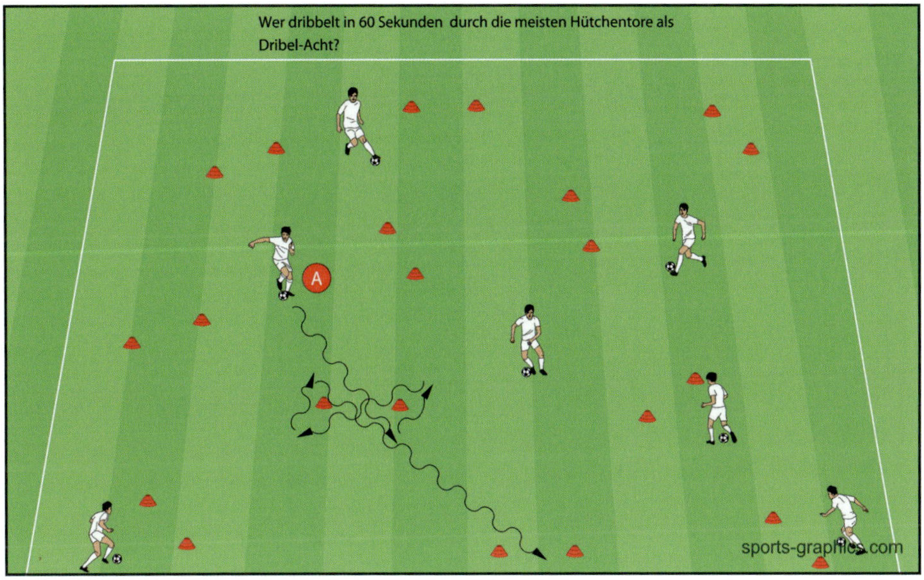

Organisation und Ablauf

- 1 40 x 40 m großes Viereck aufbauen und ca. 12-14 Hütchentore (2 m) aufstellen.
- Spieleranzahl 7-12 Spieler (= dementsprechend die Anzahl der Hütchentore bestimmen)
- Jeder Spieler hat 1 Ball und dribbelt im hohen Tempo durch ein Hütchentor als DRIBBEL-ACHT und dribbelt dann zum nächsten Hütchentor.

Variationen

- Die Hütchentore rückwärts mit der Sohle umdribbeln.
- Wettbewerb starten: Wer hat in einer angegebenen Zeit (beispielsweise 60 Sekunden) die meisten Tore umdribbelt?
- Verschiedene Hütchenfarben (rot, blau und gelb) benutzen und ansagen, durch welche Farbe gedribbelt werden soll.

Hinweise und Coaching

- Die Spieler sollen sich ständig orientieren, welches Hütchentor sie als Nächstes andribbeln können.
- Im hohen Tempo dribbeln und den Ball eng am Fuß haben.
- Darauf achten, dass die Spieler das hohe Tempo über die vorgegebene Zeit durchhalten.

Dribbling 4

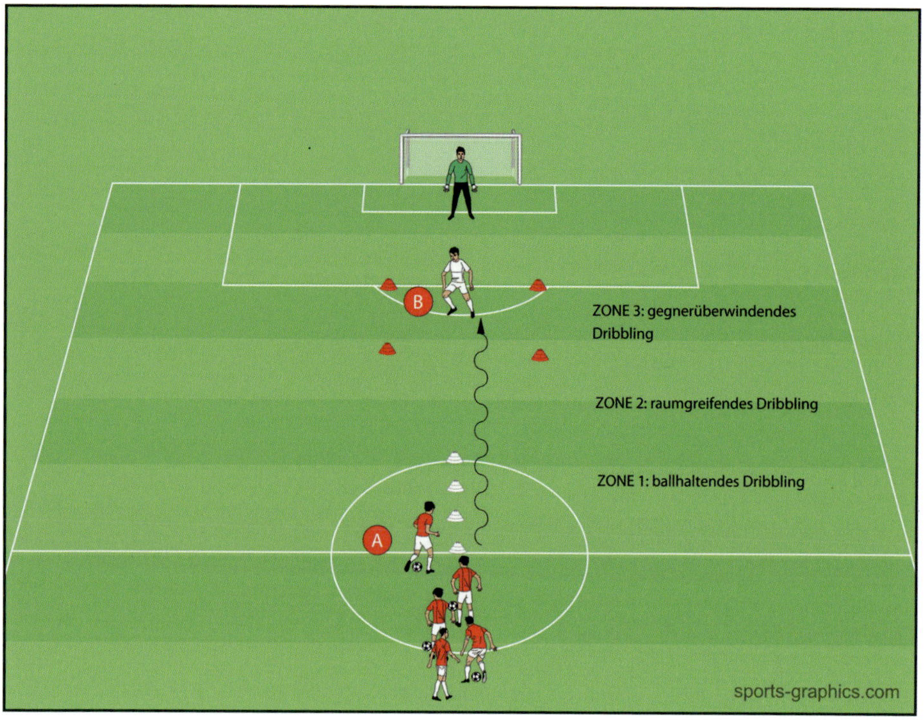

Organisation und Ablauf

- Spieler A startet an der Mittellinie mit einem freien Dribbling (Zone 1) durch die 4 weißen Hütchen (Abstand jeweils 1-2 m).
- Anschließend überwindet er die Zone 2 mit einem raumgreifenden Dribbling. In Zone 3 spielt Spieler A offensiv gegen Spieler B und versucht, über die 16-m-Linie zu dribbeln und zum Torabschuss zu kommen.
- Anschließend wechselt die Aufgabe und A wird zum Verteidiger.

Variation

- Verschiedene Technikaufgaben für die Hütchendribblings vorgeben (nur mit rechts, nur mit links, rechts innen-außen, links innen-außen, direkter Fußwechsel innen und außen, nur mit der Sohle, pendeln usw.).

Hinweise und Coaching

- In Zone 1 mit vielen Kontakten arbeiten, um immer Kontrolle über den Ball zu haben und Richtungswechsel in jedem Moment ausführen zu können (Prinzip: 1 Kontakt) – jeder Schritt eine Ballberührung.
- In Zone 2 mit weniger Kontakten dribbeln, um den Raum schnellstmöglich zu überbrücken. Hier gilt das Prinzip: Dreierkontakt. Jeden dritten Schritt einen Ballkontakt wählen.
- In Zone 3 – Tempo halten und steigern. Je näher am Gegner, desto höher das Tempo. Mit einer Körpertäuschung und ohne Tempoverlust zielstrebig sich im 1 gegen 1 durchsetzen. Möglichst beidfüßig agieren, um für den Gegner nicht ausrechenbar zu sein.

Dribbling 5

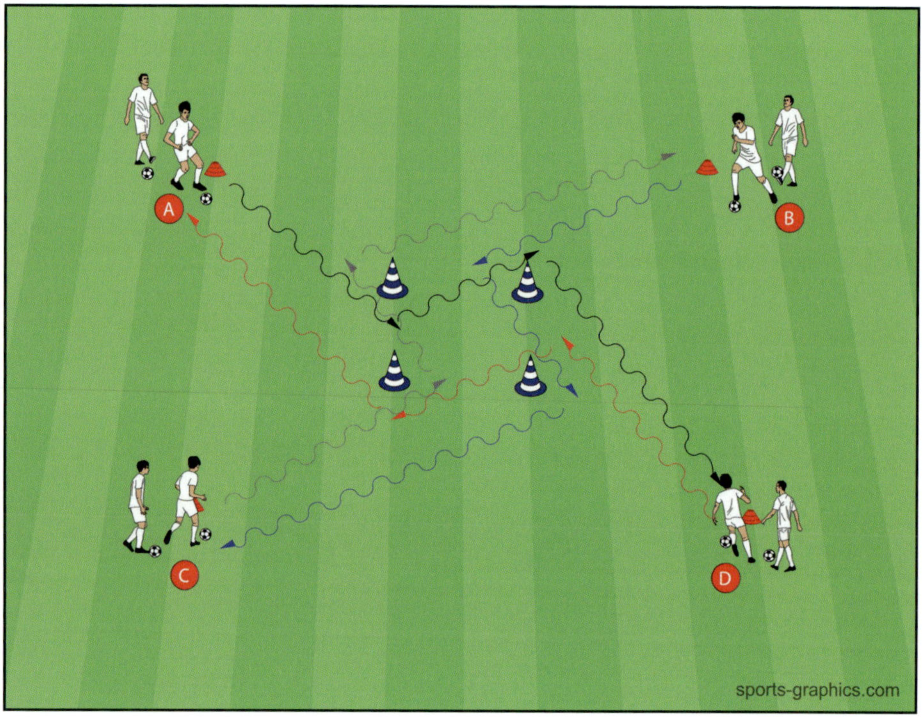

Organisation und Ablauf

- 2 Vierecke, ein großes (25 x 25 m) und ein kleines (5 x 5 m), aufbauen, mindestens acht 8 werden eingeteilt.
- Alle 4 Spieler starten von außen gleichzeitig und führen verschiedene Dribbelformen durch. Die Spieler starten gleichzeitig und dribbeln auf das jeweils vor ihnen liegende Hütchen zu. Vor dem Hütchen wird auf verschiedene Art und Weise abgekappt (Sohle, hinter dem Standbein mit der Innenseite oder mit dem Außenspann). Anschließend stellen sie sich am gleichen Hütchen wieder an.
- Die Spieler pendeln den Ball zwischen den Beinen nach vorne bis zum Hütchen und wieder zurück zur Startposition. Die Spieler dribbeln den Ball im Wechsel mit ihrem Außenspann und Innenseite (gleicher Fuß), kappen am Hütchen wieder ab und führen den Ball gleichermaßen zurück.

Variationen

- Wie zuvor, nur wird der Fuß immer sofort gewechselt (außen rechts, innen rechts, außen links, innen links).
- Die Spieler dribbeln das Hütchen vor ihnen an und gehen mit einer Übersteigerbewegung vor dem Hütchen nach links weg und schließen sich dem anderen Hütchen an (z. B. D zu C usw).
- Wie zuvor, nur wird nun eine Scherbewegung, ein Rivelino, ausgeführt.
- Wie in der Zeichnung zu sehen ist, dribbeln alle Spieler das vor ihnen liegende Hütchen rechts an und gehen hinter dem Hütchen nach links weg und umkurven dieses von der linken Seite. Anschließend stellen sich alle Spieler auf der jeweils anderen Seite wieder an.

Hinweise und Coaching

- Der erste Ballkontakt erfolgt jeweils mit der Innenseite (größte Trefferfläche) oder mit der Sohle, um dann auf den Außenspann zu gehen, um die entsprechende Dynamik zu erzeugen.
- Den Blick vom Ball lösen, um immer wieder ein Gefühl für den Gesamtraum zu bekommen.
- Gerade in den Zentrumsaktionen mit passivem Gegenerdruck ist eine enge Ballführung wichtig, um jederzeit die Richtung und Ballführung anpassen zu können.
- Genauigkeit vor Tempo
- Immer beide Füße trainieren, dementsprechend den Schwerpunktfuß wechseln.

Passspiel 1

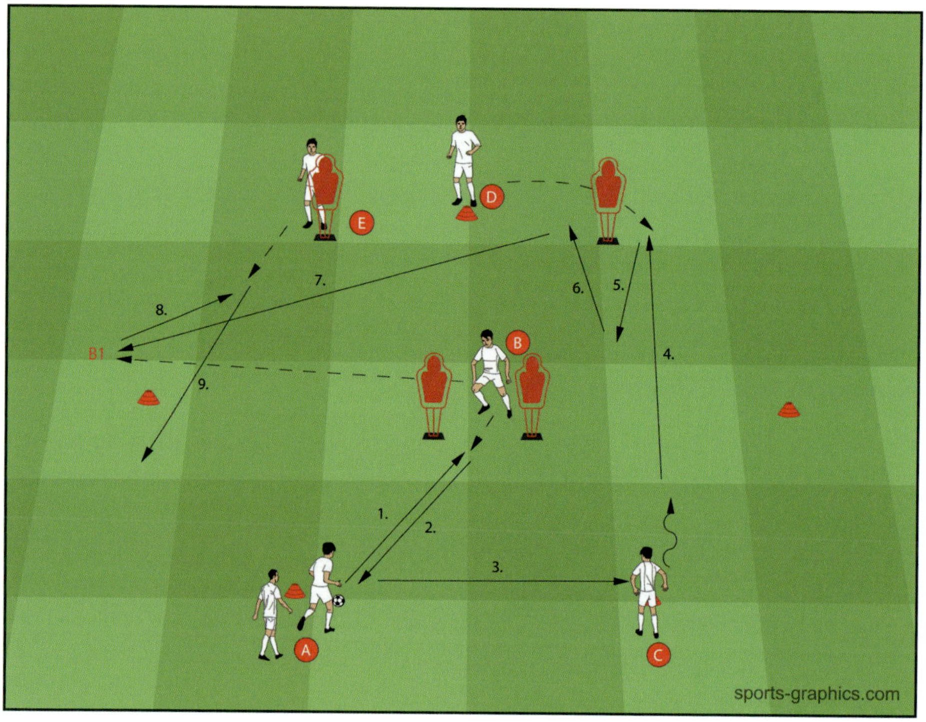

Organisation und Ablauf

- A passt zu B, der als Wandspieler agiert und den Ball auf A zurückprallen lässt. B löst sich sofort zum roten Hütchen (B1). A spielt die Verlagerung auf C, der andribbelt und auf D in die Tiefe spielt.
- D löst sich aus dem Deckungsschatten raus und spielt mit C mit einem Doppelpass den Dummy aus.
- Anschließend spielt D auf B (bzw. B1) einen öffnenden Pass. E hängt sich dahinter und spielt einen Doppelpass mit B in die Tiefe. B1 dribbelt zum Starthütchen zurück.

Variation

- B spielt den Ball direkt auf C weiter, situativ mit 1 oder 2 Ballkontakten.

Hinweise und Coaching

- Vor allen Pässen Blickkontakt miteinander aufnehmen.
- Druckvariation je nach Länge: Kurze Pässe – eher Druck rausnehmen, öffnende Pässe – mit viel Druck spielen.
- Genauigkeit vor Tempo
- Das Anspiel auf den richtigen – gegnerentfernten – Fuß spielen.
- Alle Spieler haben jederzeit den Ball im Auge (u. a. beim Lösen nach außen).

Passspiel – Flugbälle

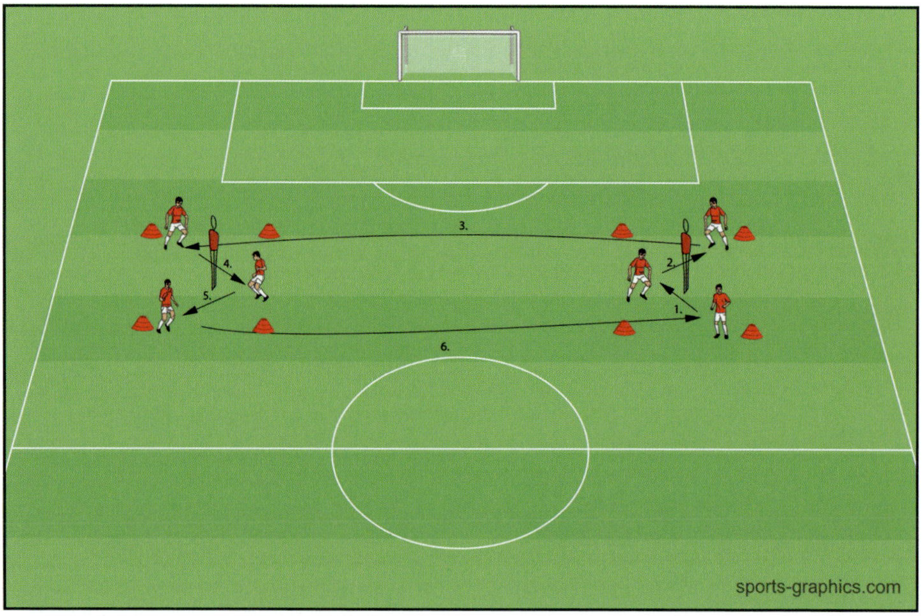

Organisation und Ablauf

- Im Abstand von ca. 30-35 m jeweils 8 x 8 m Vierecke mit 1 Dummy in der Mitte positionieren.
- Nach einer Dreieckskombination von A über B auf C wird der Ball als Flugball auf die andere Seite gespielt. D kontrolliert den Ball, spielt sofort auf E, der auf F prallen lässt, um den nächsten Flugball zu spielen.
- Die 3 Spieler rotieren nach jedem Flugball (A auf B, B auf C, C auf A). Wer schafft es von 20 Durchgängen, die meisten Flugbälle in das Feld zu spielen?

Variationen

- Die Seite und den Schwerpunktfuß wechseln.
- Die Abstände vergrößern und verkleinern.
- Die Pässe flach mit dem abkippenden Vollspann spielen.

Hinweise und Coaching

- In der Ablage vor dem Flugball den Druck etwas rausnehmen, ansonsten einen Zusatzkontakt vor dem Flugball nutzen.
- Den Flugball „flach" spielen, kurze Dauer in der Luft, sodass im Spiel dem Gegner weniger Zeit bleibt, um zum Ball zu schieben, und mehr Zeit für meinen Mitspieler bleibt.

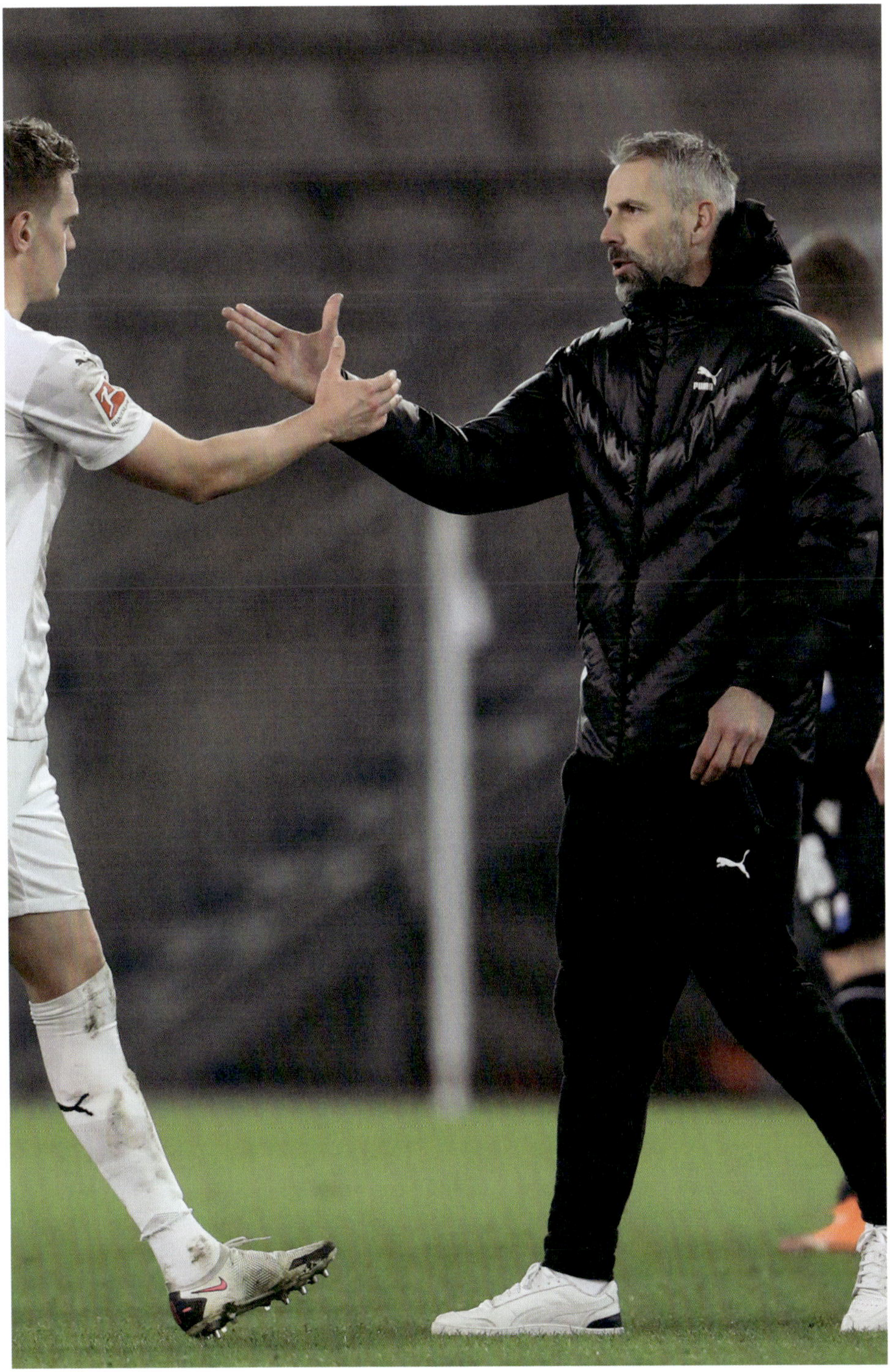

Passspiel 2

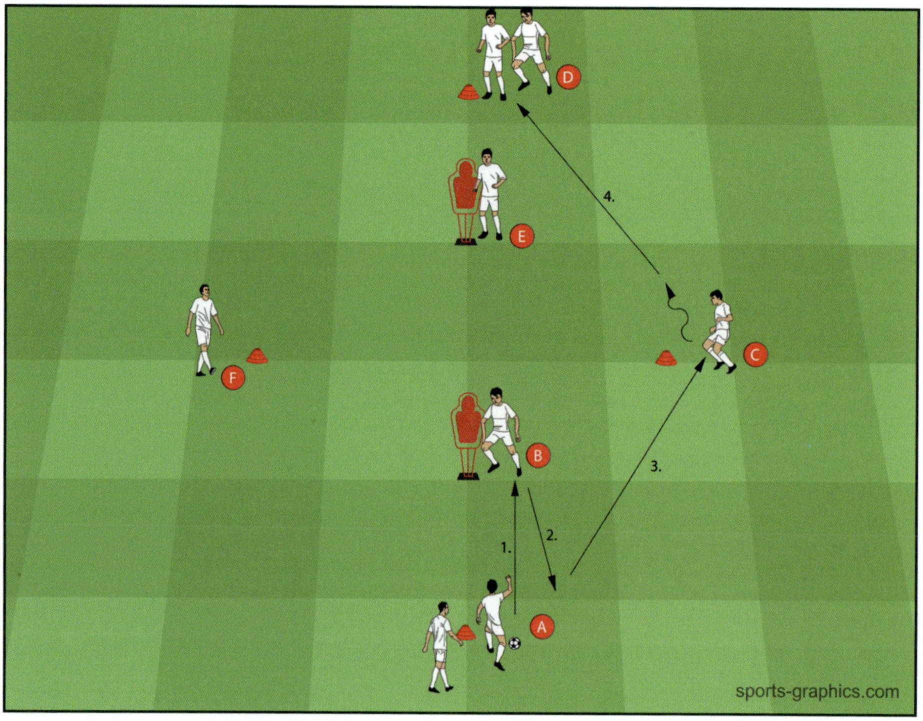

Organisation und Ablauf

- 40 m Tiefe von A bis D (nach 10 m 1 Dummy, nach 30 m der zweite Dummy, nach 40 m das Endhütchen), breites rotes Hütchen auf ca. 20 m und 8 m Breite aus dem Zentrum
- A passt zu B, der seitlich rückwärts prallen lässt zu A. A spielt einen öffnenden Ball mit Winkel zu C, der sich nach hinten vom Hütchen absetzt. Dieser nimmt den ersten Kontakt nach innen mit und dribbelt, um den Passabstand zu verkürzen, ehe er zu D weiterspielt. Wechselverhalten: A zu B, B zu C und C zu D. Anschließend erfolgt die gleiche Aktion über die andere Seite.

Variationen

- Gleicher Ablauf, nur dass in diesem Fall B mit C einen weiteren Doppelpass spielt.
- Gleicher Ablauf, nur dass in diesem Fall C mit E einen weiteren Doppelpass spielt.

Hinweise und Coaching

- Aktives Einfordern des Zuspiels
- Offene Spielstellung
- Ballan- und -mitnahme mit dem korrekten Fuß

Passspiel 3

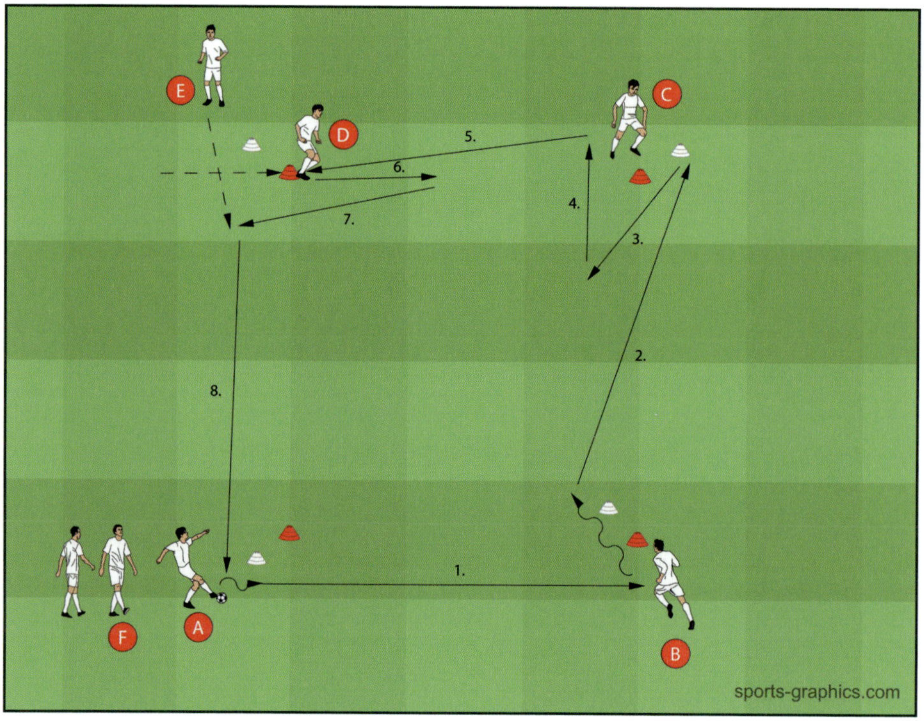

Organisation und Ablauf

- 1 Viereck im Abstand von 15 x 15 m mit roten Hütchen markieren. 2 m diagonal nach außen (3 x) und 1 x 2 m diagonal nach innen, jeweils wie auf der Zeichnung zu sehen, 1 weißes Hütchen positionieren.
- A spielt zu B, der den Ball nach innen mitnimmt, und den Ball auf C spielt. C löst sich seitlich raus und spielt mit einem Doppelpass mit B das Hütchen aus. C spielt auf D, der entgegenkommt und eine Verbindung aufbaut. D lässt den Ball auf C prallen, während E hinter D in die Tiefe weggeht. E bekommt den Ball und spielt weiter auf F.
- Der Vorgang startet von neu. Wechselverhalten gegen den Uhrzeigersinn. A auf B, B auf C usw.

Variation

- Richtungswechsel

Hinweise und Coaching

- Kommunikation untereinander
- Druckpässe/Passschärfe
- Saubere Ballan- und -mitnahme
- Durchführung im hohen Tempo

Passspiel 4

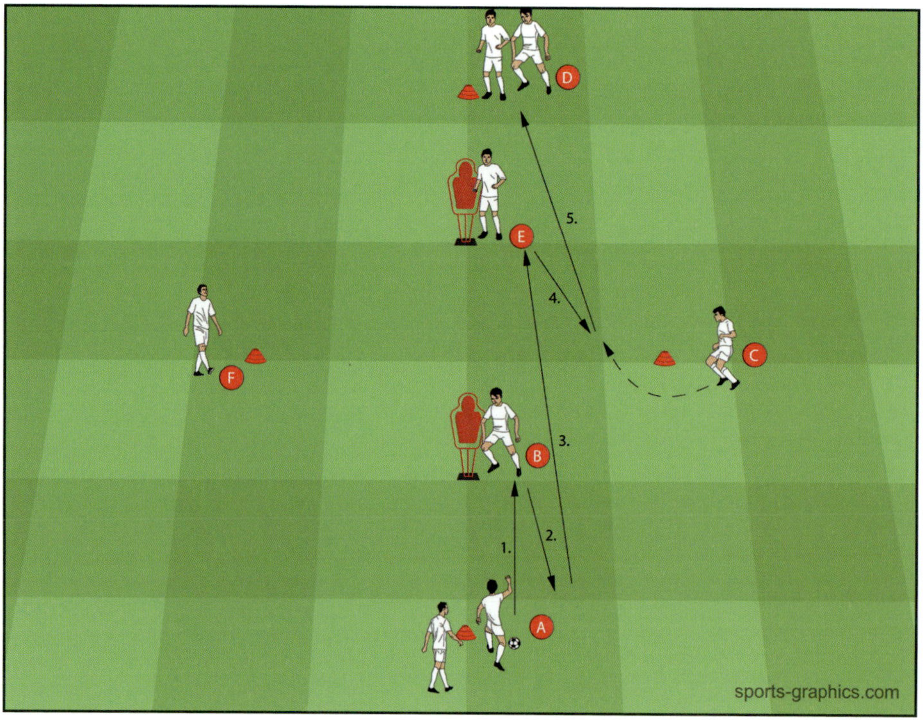

Organisation und Ablauf

- 40 m Tiefe von A bis D (nach 10 m 1 Dummy, nach 30 m der zweite Dummy, nach 40 m das Endhütchen), 1 breites rotes Hütchen auf ca. 20 m und 8 m Breite aus dem Zentrum stellen.
- A spielt auf B, B lässt auf A prallen und A überspielt B und direkt auf E, der Außenspieler von C schafft eine Verbindung, läuft nach innen und hängt sich hinter E, der den Ball auf ihn prallen lässt. C spielt mit dem ersten Kontakt weiter auf D in die Tiefe, anschließend die gleiche Aktion über die andere Seite. Wechselverhalten: A zu B, B zu C, C zu D – E bleibt für die nächste Aktion stehen und wechselt erst dann nach F.

Variationen

- Gleicher Ablauf, nur dass in diesem Fall B mit A einen weiteren Doppelpass spielt.
- Gleicher Ablauf, nur dass in diesem Fall A mit E einen weiteren Doppelpass spielt.

Hinweise und Coaching

- Keinen Ball aus dem Stand fordern oder spielen (Auftaktbewegung).
- Beim Spiel in die Tiefe den Druck variieren (Druck im Klatschenlassen rausnehmen – Druck beim tiefen Ball erzeugen).
- Der einlaufende Spieler soll auf gutes Timing achten.
- Genauigkeit vor Tempo
- Siehe Coachingpunkte bei Passspiel 1

Aufwärm-Passspiel

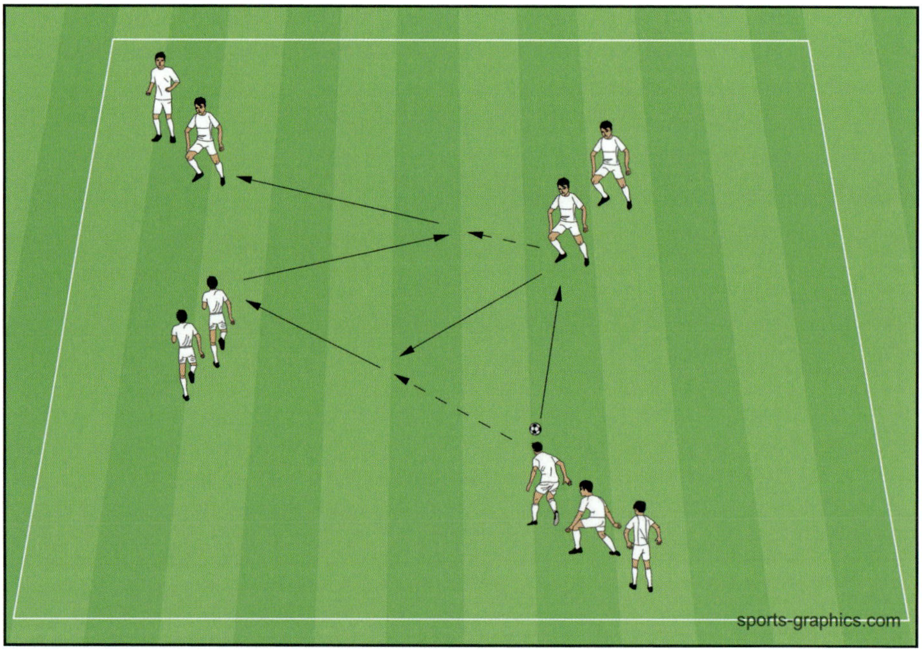

Organisation und Ablauf

- IV spielt auf 6, legt den Ball ab auf IV – IV spielt weiter in die nächste Linie auf 8 – 8 lässt nochmals auf 6 prallen – 6 spielt in die Tiefe auf 10 bzw. 9.
- Jeder Spieler wechselt eine Position weiter.

Variationen

- IV überspielt die Pos 6 und spielt direkt auf 8 – 8 lässt den Ball auf 6 prallen und 6 spielt direkt in die Tiefe auf 10 bzw. 9.
- IV spielt auf 6 – der Spieler auf der Pos 8 wird zum aktiven Gegenspieler – Ziel ist, dass der Ball in die Tiefe auf 10 bzw. 9 weitergespielt wird: Lösungsmöglichkeiten => 6 löst mit dem IV diese 2-gegen-1-Situation oder der Spieler auf der 10 bzw. 9 löst sich so schnell aus dem Deckungsschatten, dass 6 sofort in die Tiefe spielt.

Hinweise und Coaching

- Zu Beginn den methodischen Aufbau mit einfachen Pässen von Position zu Position umsetzen.
- Hierbei auf die Passschärfe und -präzision sowie auf eine offene Körperposition in Spielrichtung achten.

Torschuss mit Flanken

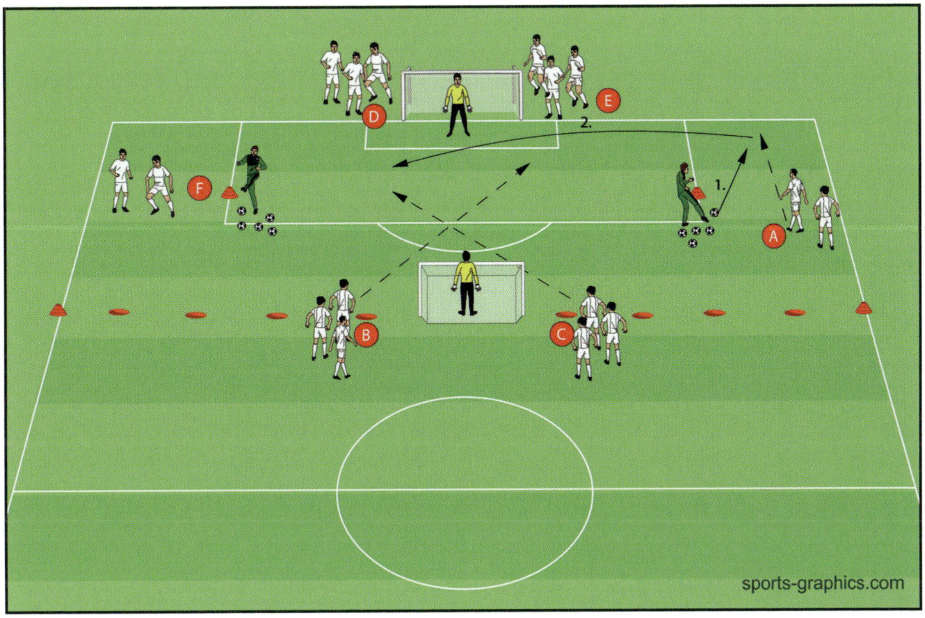

Organisation und Ablauf

- 25 m Tiefe, Positionierung von Zweierteams hinter den Toren, Bälle auf die 16-m-Linie auf 12 m legen – die Außenspieler positionieren sich außen.
- Der Trainer spielt dem Spieler A den Ball in den Lauf, dieser flankt ins Zentrum, wo B und C einlaufen, die Laufwege kreuzen und zum Torabschluss kommen. B und C wechseln auf die andere Seite hinters Tor. Anschließend gleicher Ablauf über die andere Seite: F Flanke, D und E laufen ein und kreuzen. Welches Zweierteam erzielt die meisten Tore?

Variationen

- Die Flanken kommen nun auf das andere Tor (zum Tor hin).
- Die Zuspiele erfolgen nur flach in den Rückraum.

Hinweise und Coaching

- Der Druck kommt aus der Eingabe, nicht aus dem Abschluss.
- Die Endpositionen in höchstem Tempo belaufen und auf das Timing achten.
- Die Eingaben in den ersten Raum und in den Rückraum sind immer flach.
- Die Flanken auf den zweiten Pfosten sind jeweils hoch.
- Das Zentrum beobachten und den „richtigen" Ball spielen.

Ballbesitzspiel 1

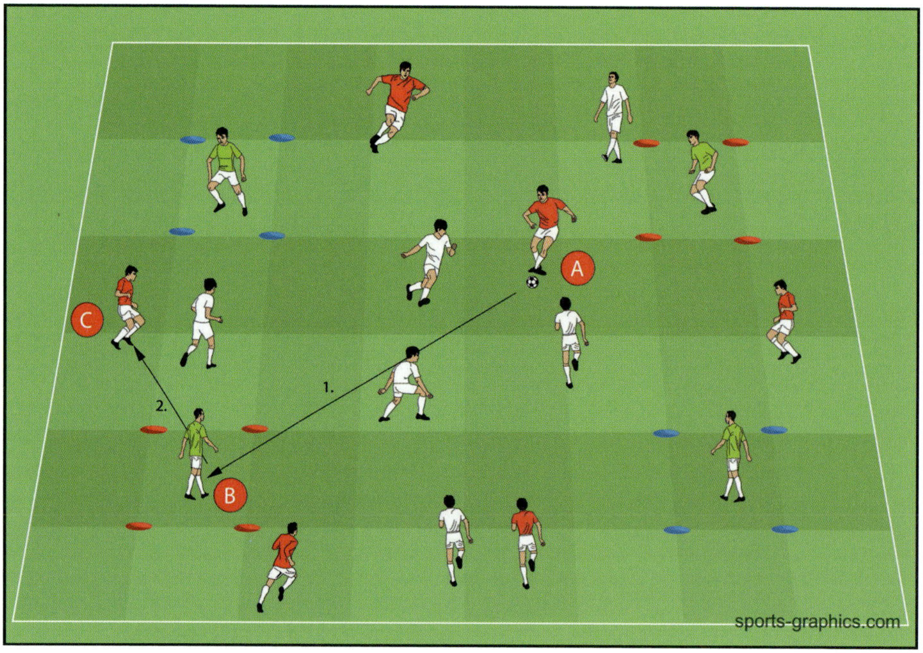

Organisation und Ablauf

- 35 x 35 bis 40 x 40 m – Spielfeld + 4 x kleine Vierecke à 5 x 5 m, eingerückt jeweils 5 m von den Außenlinien
- 6 gegen 6 + 4 neutrale Spieler auf Ballhalten spielen lassen (die Neutralen dürfen das Feld nicht verlassen).
- Tore über Dreiecksspiel (A auf B auf C) – Dreiecksspiel nur mit einem Kontakt – Rest freie Kontakte

Variationen

- Torerfolg ebenfalls bei 10 Pässen in Ballbesitz
- Torerfolg bei 2 x Dreiecksspiel in diagonalen Räumen (blau/blau oder rot/rot)

Hinweise und Coaching

- Staffelung von Dreiecken und Rauten um die neutralen Spieler herum
- Anschluss finden über Sprints nach öffnenden Pässen und Verbindung aufbauen.
- Offene Position der neutralen Spieler zur Spielfortsetzung (möglichst viel vom Spielfeld wahrnehmen). Bsp. Torerfolg = A auf B, der mit dem ersten Kontakt auf C prallen lässt.

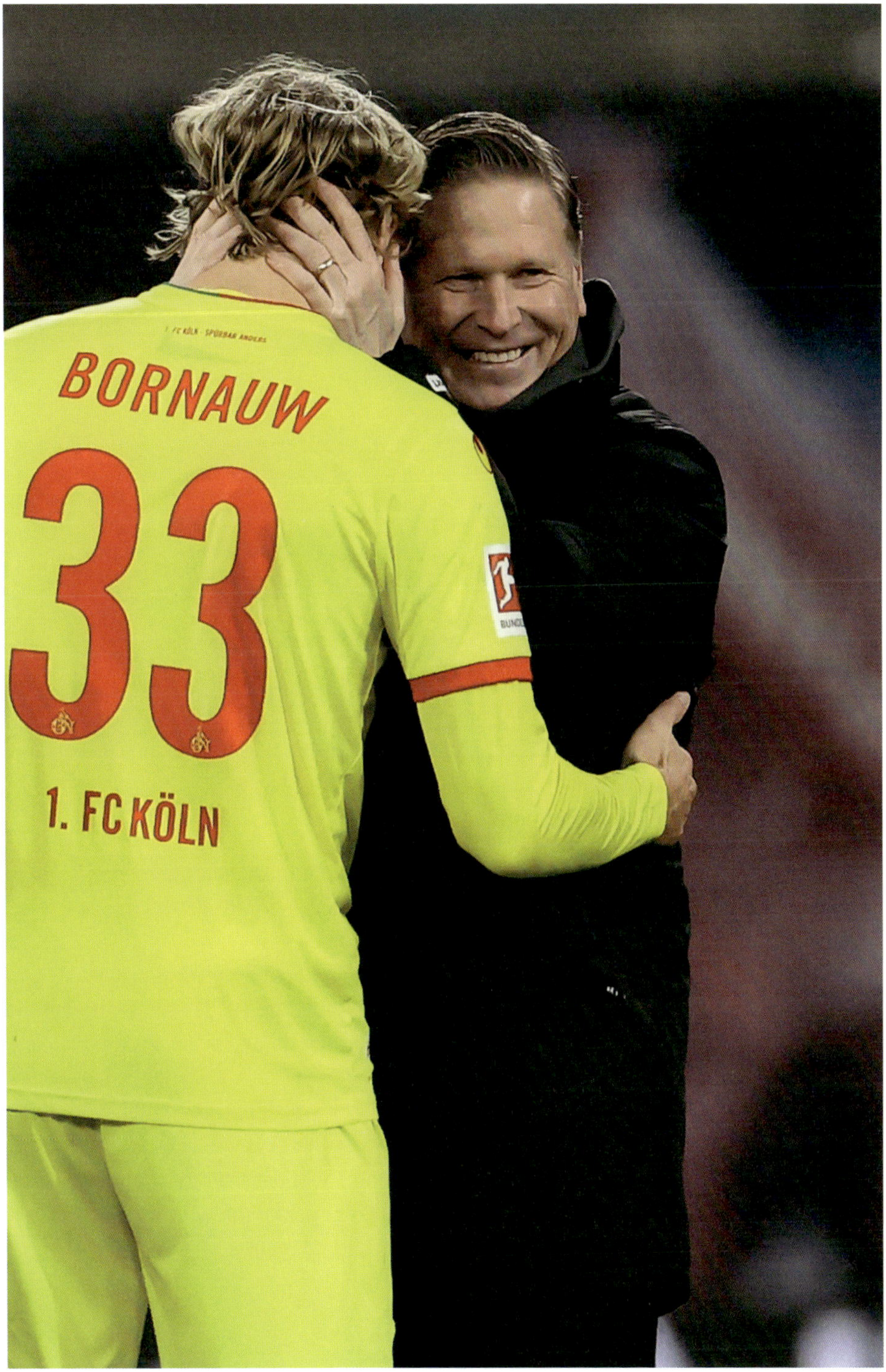
BORNAUW
33
1. FC KÖLN

Ballbesitzspiel 2

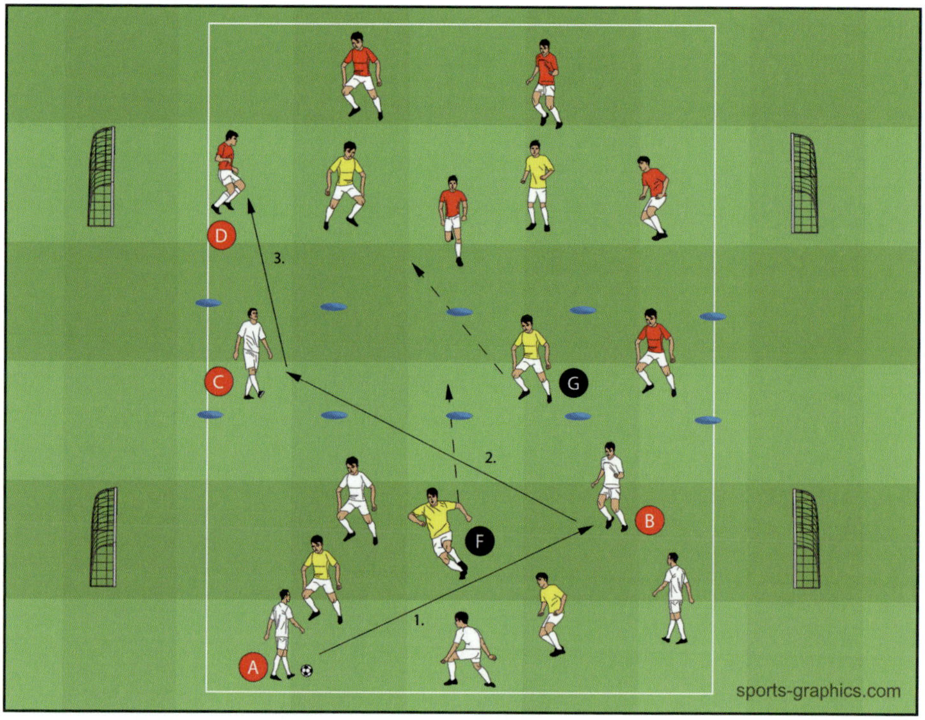

Organisation und Ablauf

- 18 Spieler in 3 Teams/Farben zu je 6 Spielern aufteilen, Spielfeldgröße 15 x 35 m in 3 Zonen aufteilen; 15 x 15 / 5 x 15 / 15 x 15 m mit einer Mittelzone
- Weiß spielt mit Rot über 3 Zonen auf Ballbesitz.
- 5 weiße Spieler spielen auf Ballbesitz gegen 3 gelbe Spieler mit 2 Ballkontakten in Zone 1, das Spiel darf über die Mittelzone (sowohl über die weißen als auch über die roten Spieler) jederzeit verlagert werden, dabei hat der gelbe Spieler die Möglichkeit, den Ball abzufangen.
- Schafft Weiß die Spielverlagerung, schiebt der Zonenspieler aus dem Zentrum durch zum 5:3 von Rot gegen Gelb in der Endzone.
- Gewinnt Gelb den Ball 3 x negativ (sprich Ausball), geht die Mannschaft rein, die den letzten Fehler gemacht hat. Gewinnt Gelb den Ball in einer der Endzonen und erzielt ein Tor in eines der Minitore als Passtor, ist sofortiger Wechsel.

Variationen

- Erst nach 5 Pässen darf verlagert werden.
- Die Mittelzone darf sofort überspielt werden, allerdings nur im Prinzip-Steil-Klatsch, sodass ein Spieler aus der Mittelzone den abgelegten Ball wieder sofort tief spielt.

Hinweise und Coaching

- Aktives Anbieten für den tiefen Ball
- Lautstarke Kommandos geben.
- Die Mittelzone sollte im Idealfall flach durchspielt werden.

Ballbesitzspiel 3

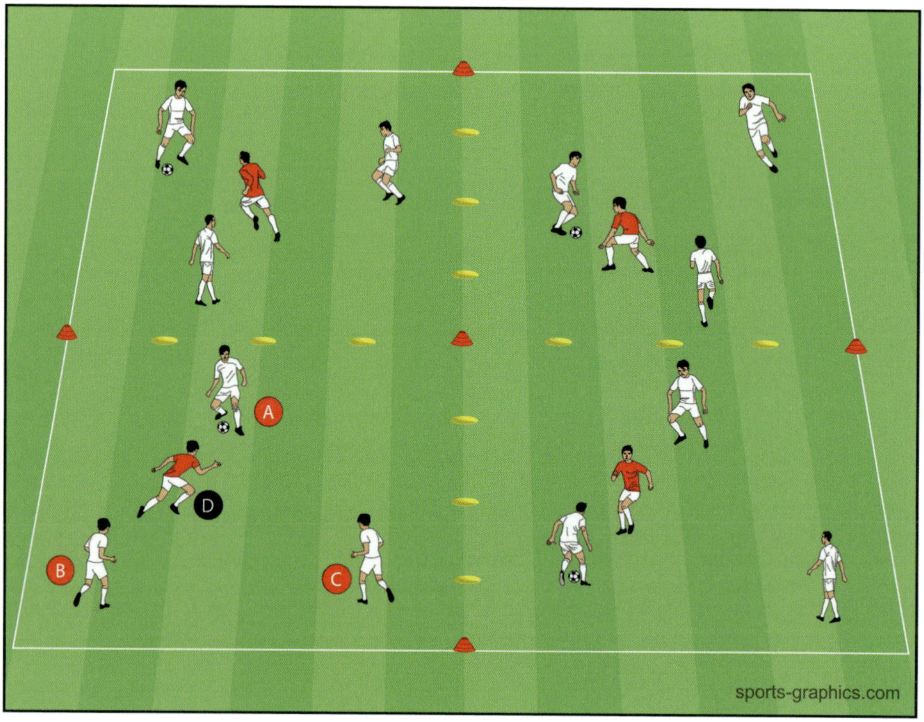

Organisation und Ablauf

- Spielfeld 20 x 20 m, in 4 gleich große Vierecke aufteilen, mit jeweils 10 x 10 m Größe, in jedes Viereck gehen 4 Spieler.
- Isoliert wird in jedem Viereck (A, B, C, D) ein 3 gegen 1 auf Ballhalten mit 2 Kontakten gespielt. Der Spieler, der den Fehler macht, geht in die Mitte. Die Spieler müssen in ihren Feldern und Räumen bleiben und können dort immer eine Überzahl ausspielen. Die Spieler haben zunächst 2 Ballkontakte, später wird alles direkt gespielt (je nach Leistungsniveau). Die vier Verteidiger versuchen, 1 Minute so viele Bälle wie möglich zu gewinnen. Anschließend gibt es einen Wechsel. Welches Team gewinnt die meisten Bälle?

Variationen

- Direktspiel anstatt 2 Ballkontakte
- Zeitliche Begrenzungen setzen für eine bestimmte Anzahl an Kontakten innerhalb des Teams.

Hinweise und Coaching

- Den Deckungsschatten verlassen und anspielbar sein.
- Dreiecke bilden.
- Im 12 gegen 4 öffnende Pässe vorbereiten.

Ballbesitzspiel 4

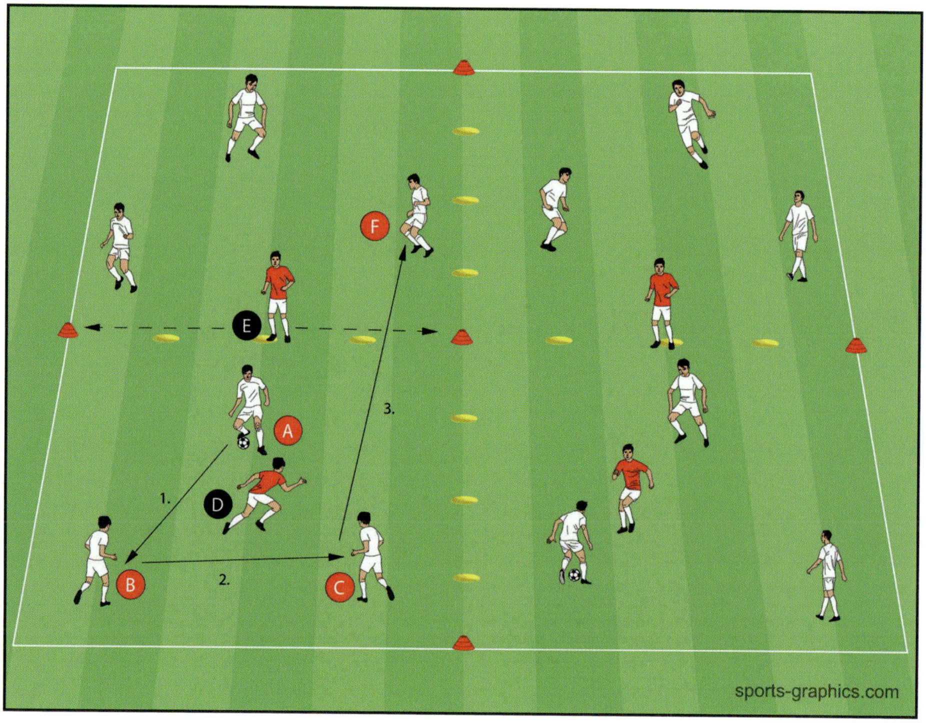

Organisation und Ablauf

- Spielfeld 20 x 20 m, in 4 gleich große Vierecke aufteilen, mit jeweils 10 x 10 m Größe, in jedes Viereck gehen 4 Spieler.
- Es wird jeweils ein 3 gegen 1 + 3 gegen 1 gespielt. Der eine Verteidiger geht auf „Balldruck" und jagt den Ball im Feld, der andere Verteidiger versucht, die Linie auf „Raumdruck" zu halten und den Pass abzufangen. Die ballbesitzende Mannschaft darf nach 4 Pässen die Seite verlagern. Anschließend wechseln die beiden Defensivspieler sofort die Aufgabe. Gewinnt ein Verteidiger den Ball, sofortiger Wechsel – wie beim normalen Eckspiel / 5 gegen 2. In der letzten Form wird ein 12 gegen 4 gespielt auf alle 4 Vierecke gespielt. Die Spieler müssen in ihren Feldern und Räumen bleiben und können dort immer eine Überzahl ausspielen. Die Spieler haben zunächst 2 Ballkontakte, später wird alles direkt gespielt (je nach Leistungsniveau). Die 4 Verteidiger versuchen, 1 Minute so viele Bälle wie möglich zu gewinnen. Anschließend gibt es einen Wechsel. Welches Team gewinnt die meisten Bälle?

Variationen

- Direktspiel anstatt zwei Ballkontakte
- Zeitliche Begrenzungen setzen für eine bestimmte Anzahl an Kontakten innerhalb des Teams.

Hinweise und Coaching

- Den Deckungsschatten verlassen und anspielbar sein.
- Dreiecke bilden.
- Im 12 gegen 4 öffnende Pässe vorbereiten.

Ballbesitzspiel 5

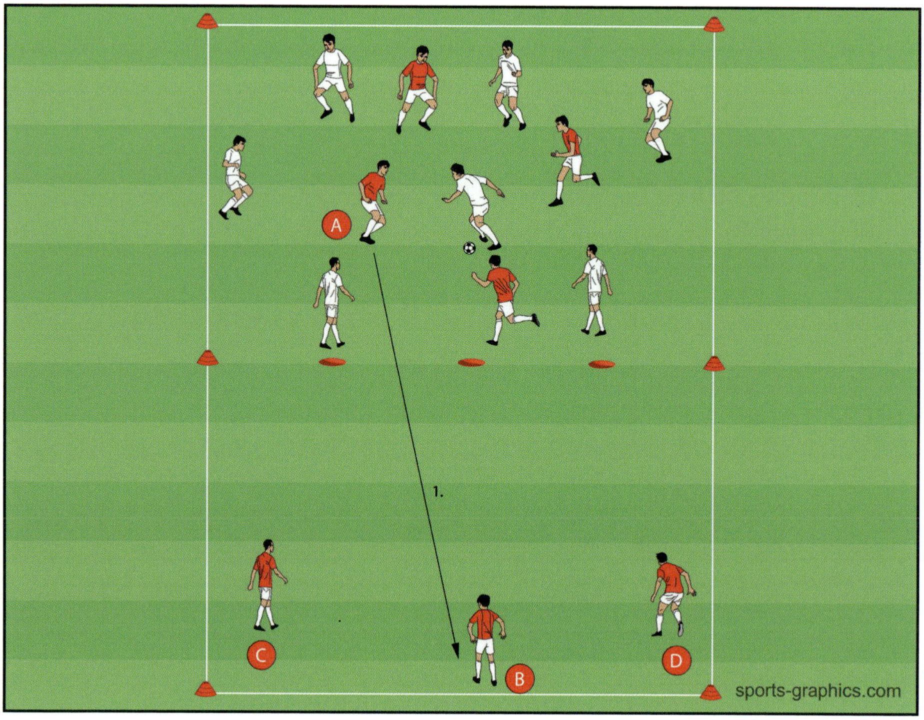

Organisation und Ablauf

- 1 Gesamtspielfeld 20 x 40 m in 2 gleich große Vierecke à 20 x 20 m einteilen.
- 2 Teams zu je 7 Spieler farblich markieren.
- Auf der einen Hälfte wird ein 7 gegen 4 auf Ballbesitz gespielt (hier Weiß gegen Rot). Für 10 erzielte Pässe untereinander gibt es 1 Punkt.
- Bei Ballgewinn der roten Mannschaft, hier z. B. durch (A), wird ein öffnender Pass in die andere Hälfte des Spielfelds auf einen der 3 Mitspieler (B, C, D) gespielt. Die 4 roten Spieler rücken nach und unterstützen ihre Spieler im Ballbesitz. Gleichzeitig rücken die 4 ballnächsten Spieler der weißen Mannschaft nach und versuchen, den Ball erneut aktiv zu erobern.
- Welches Team erzielt die meisten Punkte? Spielzeit: 3 x 4-6 Minuten

Variation

- Dieses Mal Überzahl im 7 gegen 3, jeweils bei 7 Pässen gibt es für die Mannschaft am Ball 1 Punkt und es rückt ein weiterer Spieler aus der Defensivmannschaft nach und erhöht den Ball- und Raumdruck, um den Ball aktiv zu gewinnen (7 gegen 3, 7 gegen 4, 7 gegen 5 usw.).

Hinweise und Coaching

- Die Mannschaft in Ballbesitz muss auf ein gutes „Auffächern" in Ballbesitz in Tiefe und Breite achten.
- Beim „Auffächern" ebenfalls das Zentrum (mindestens einfach, besser doppelt oder dreifach) besetzen, um Dreiecke und Rauten zu besetzen.
- Den Gegner über kurze Pässe immer wieder binden, und dann mit einem öffnenden Pass den Gegner auf die andere Seite bringen.
- Bei Ballgewinn und Verlagerung der Defensivmannschaft den tiefsten Spieler suchen, um möglichst viel Zeit zum Nachrücken und weite Anlaufwege für den Gegner zu schaffen.
- Nach Ballverlust die ballnächsten Spieler der Defensivmannschaft sofort ins andere Feld jagen und den Moment der „Unordnung" ausnutzen.

Verdoppeltes Torschussspiel

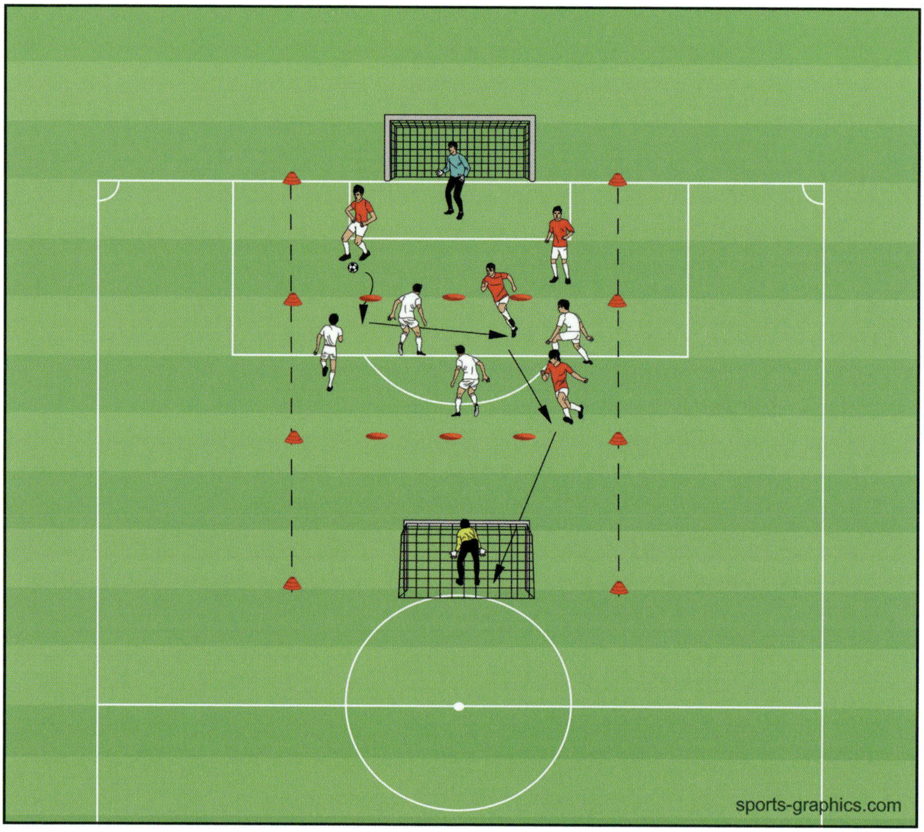

Organisation und Ablauf

- 1 30 x 20 m großes Feld mit 2 Jugendtoren und 10 x 20 m großen Torzonen aufbauen.
- 2 Teams einteilen.
- Spiel 4 gegen 4 + TW
- Treffer außerhalb der Torzonen zählen doppelt.

Variationen

- Kopfballtore zählen dreifach.
- Volleytore zählen vierfach.

Hinweise und Coaching

- Schnellstmöglich die Zonen überbrücken.
- Tiefe Läufe provozieren.

3-Tore-Kreis-Spiel

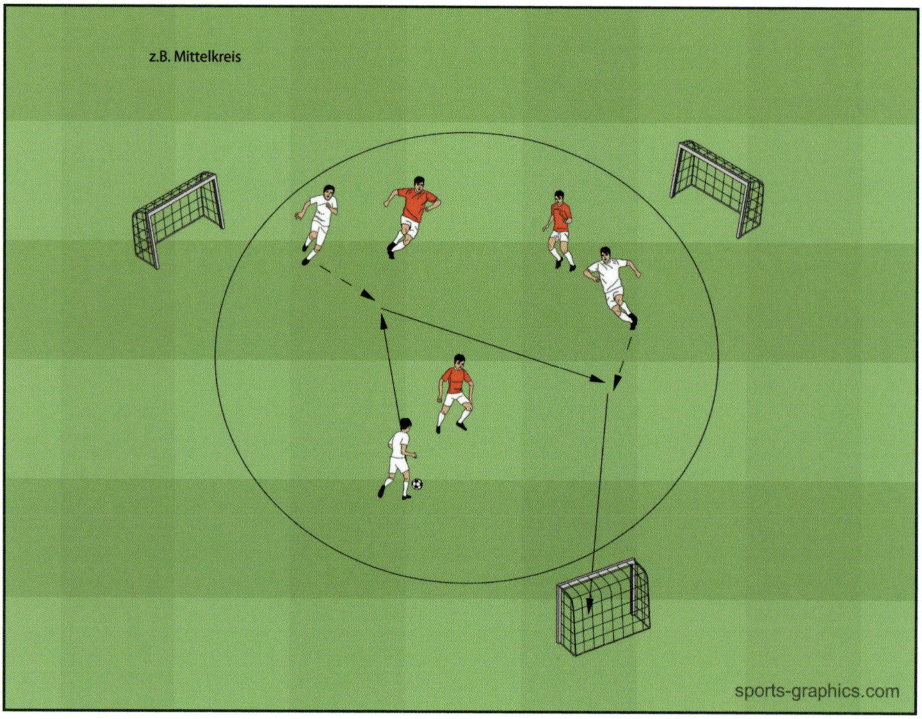

Organisation und Ablauf

- Einen Kreis mit 15 m Durchmesser mit 3 Minitoren aufbauen.
- 2 Teams einteilen.
- Spiel 3 gegen 3 im Kreis auf alle 3 Tore.

Variationen

- Tore nach 5 Pässen zählen doppelt.
- Tore nach 10 Pässen zählen dreifach.

Hinweise und Coaching

- Freie Räume belaufen.
- Freie Räume bespielen.

3-Tore-Konter-Rondo

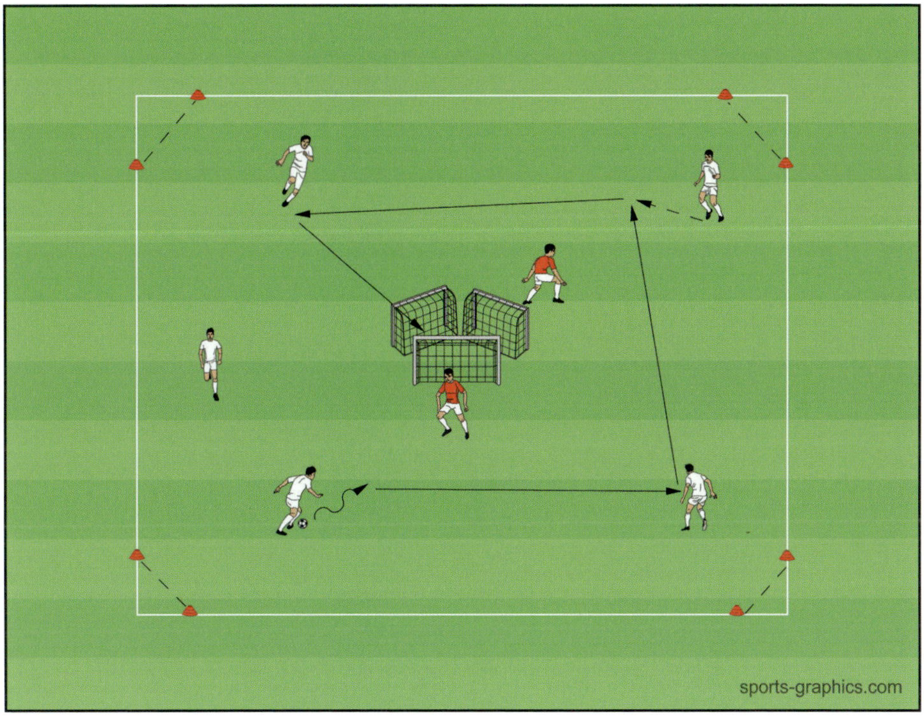

Organisation und Ablauf

- 1 15 x 15 m großes Feld mit 3 Minitoren in der Mitte aufbauen.
- Spiel 5 gegen 2 auf die Minitore
- Bei Balleroberung kontern die 2 Spieler auf die Ecktore.

Variationen

- 1 Minute auf Zeit. Wie oft erobert Gelb den Ball?
- Wette einbauen. Wie viele Tore schießt Schwarz in 1 Minute?

Hinweise und Coaching

- Lautstarke Kommandos
- Scharfe, flache Pässe

Dribbeltor-Zweierduell

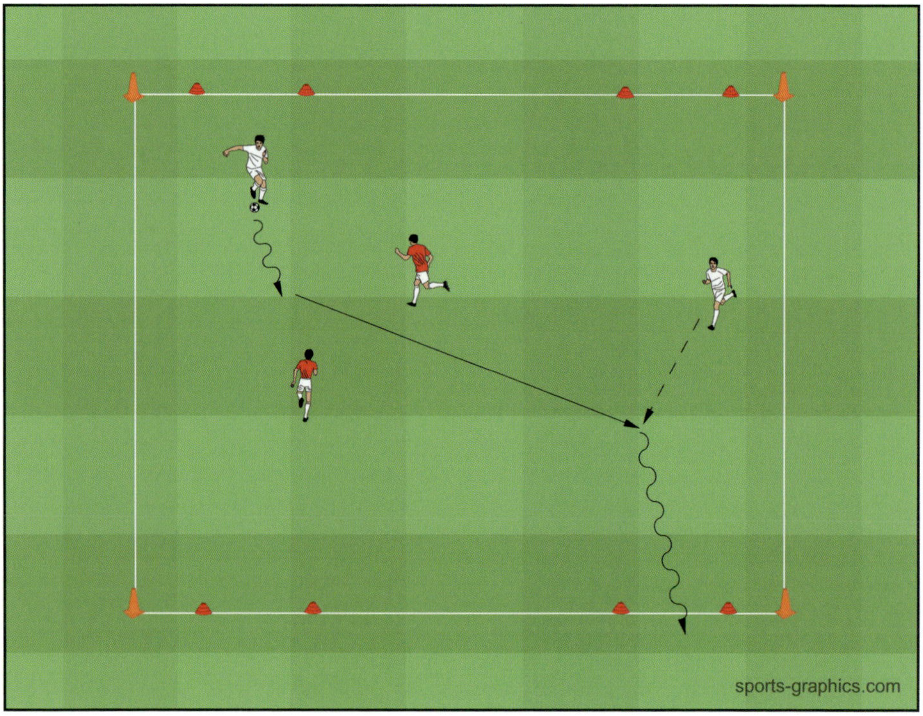

Organisation und Ablauf

- 1 15 x 15 m großes Feld mit 4 Hütchentoren aufbauen.
- 2 Teams einteilen.
- Spiel 2 gegen 2 auf jeweils 2 Tore, durch die gedribbelt werden muss.

Variationen

- Nur vorwärts spielen.
- Wenn der Ball seitwärts oder rückwärts gespielt wird, erfolgt ein Ballbesitzwechsel.

Hinweise und Coaching

- Tempowechsel einbauen.
- Tief-Klatsch-Tief

Eishockeyspiel

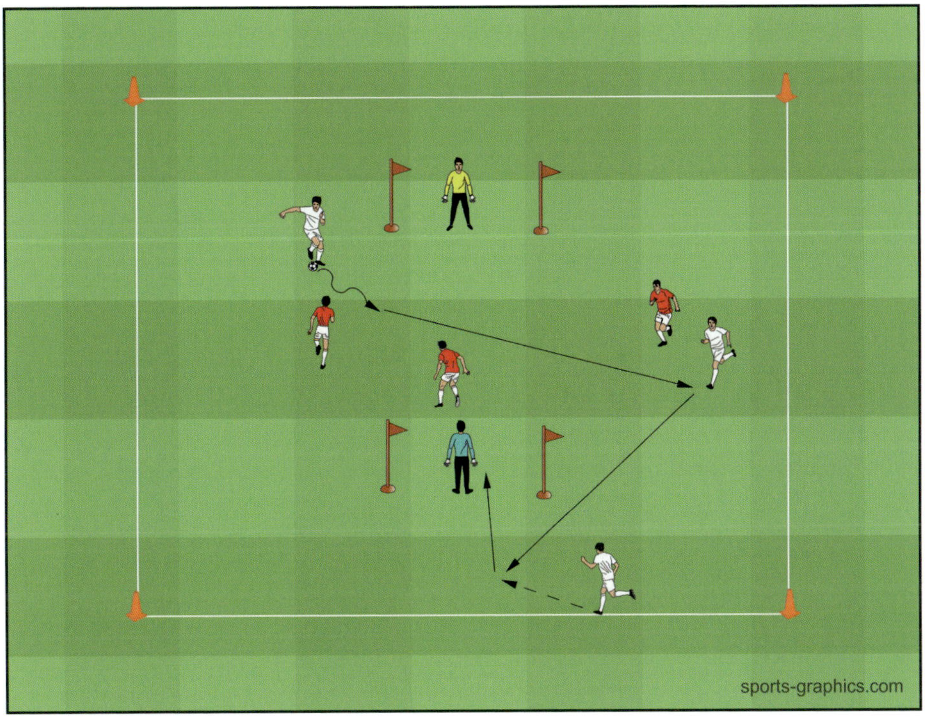

Organisation und Ablauf

- 1 20 x 20 m großes Feld mit 2 Stangentoren im Feld aufbauen.
- 2 Teams einteilen.
- Spiel 4 gegen 4 auf die Stangentore
- Es dürfen von beiden Seiten Treffer erzielt werden.

Variationen

- Tore von hinter dem Tor zählen doppelt.
- Kopfball- und Volleytore von hinter dem Tor zählen dreifach.

Hinweise und Coaching

- Spiel und geh!
- Risikospiel bei Ballverlust!

Verschieden-Tore-Spiel

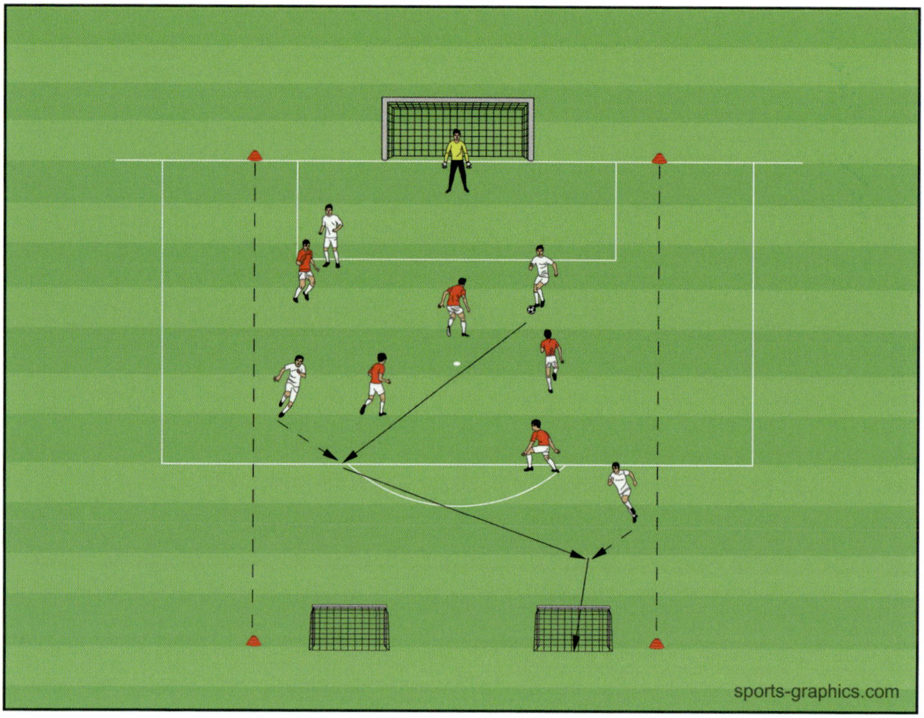

Organisation und Ablauf

- 1 25 x 20 m großes Feld mit 2 Minitoren und 1 Jugendtor aufbauen.
- 2 Teams einteilen.
- Spiel 5 gegen 5 auf unterschiedliche Tore

Variationen

- Tore aufs Minitor zählen doppelt.
- Tore nach 5 Pässen in den eigenen Reihen zählen doppelt.

Hinweise und Coaching

- Abseits ist aufgehoben!
- Tiefe und Breite besetzen in Ballbesitz.

Tore-Frei-Spiel

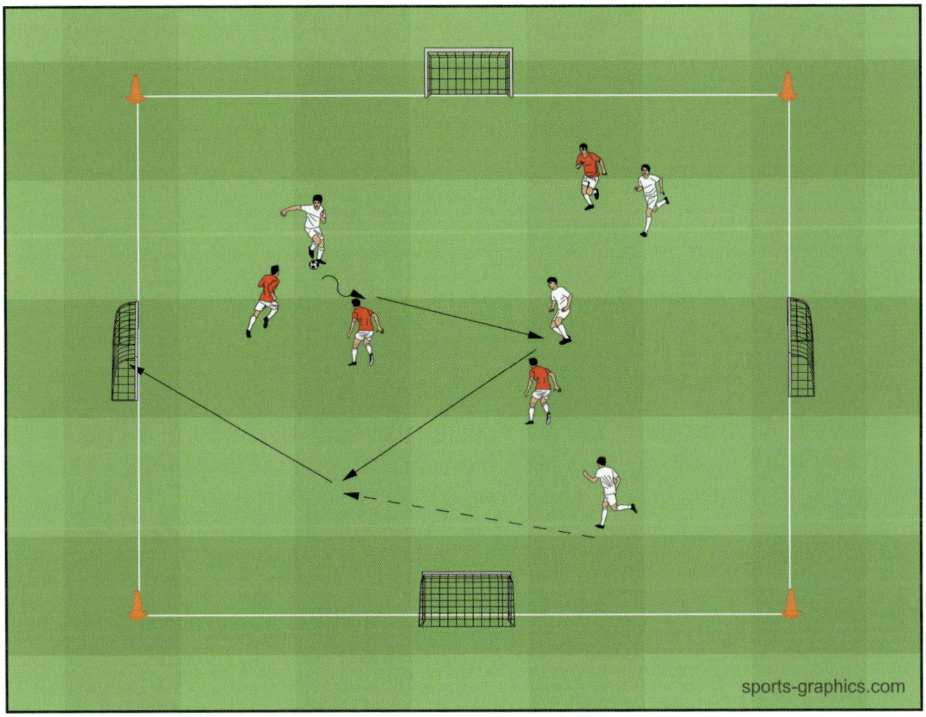

Organisation und Ablauf

- 1 20 x 20 m großes Feld mit 4 Minitoren aufbauen.
- 2 Teams einteilen.
- Spiel 4 gegen 4 auf Ballhalten

Variationen

- Bei einer bestimmten Zahl erfolgreicher Pässe darf auf alle Tore abgeschlossen werden.
- Es darf nicht 2x auf dasselbe Tor abgeschlossen werden.

Hinweise und Coaching

- Wenige Kontakte nutzen.
- Kurze Ballhaltezeiten

Koordinationsaufgabenspiel

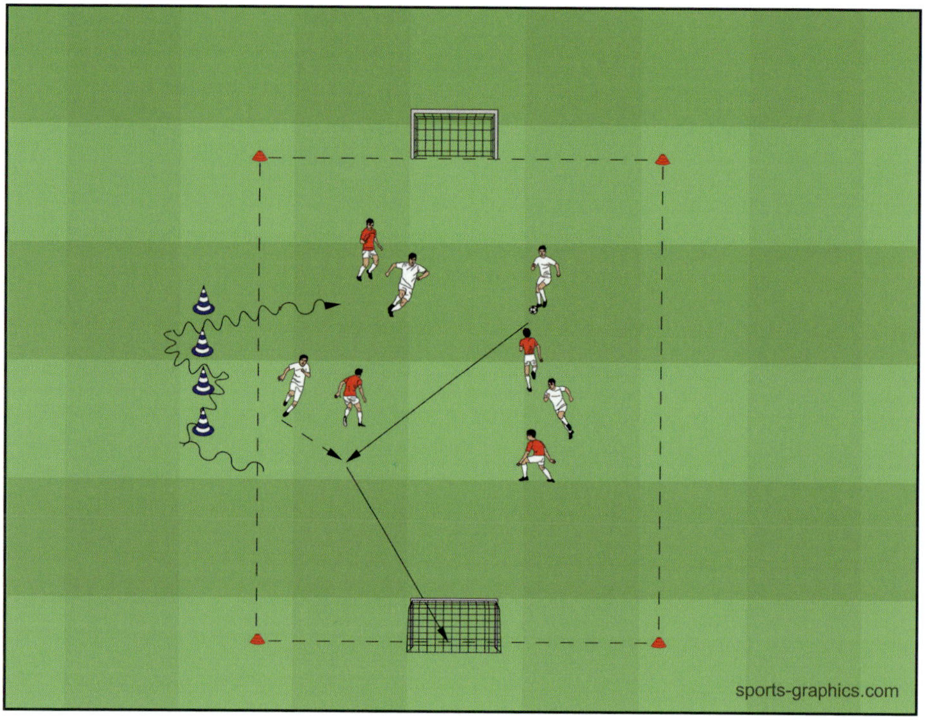

Organisation und Ablauf

- 1 25 x 20 m großes Feld mit 2 Minitoren und 1 Hütchenslalom aufbauen.
- 2 Teams einteilen.
- Spiel 4 gegen 4
- Der Torschütze läuft durch den Slalom, das Spiel läuft unterdessen weiter.

Variationen

- Tore in Überzahl zählen zur Hälfte.
- Tore in Unterzahl zählen doppelt.

Hinweise und Coaching

- Höchstes Tempo beim Slalom

Überzahlspiel

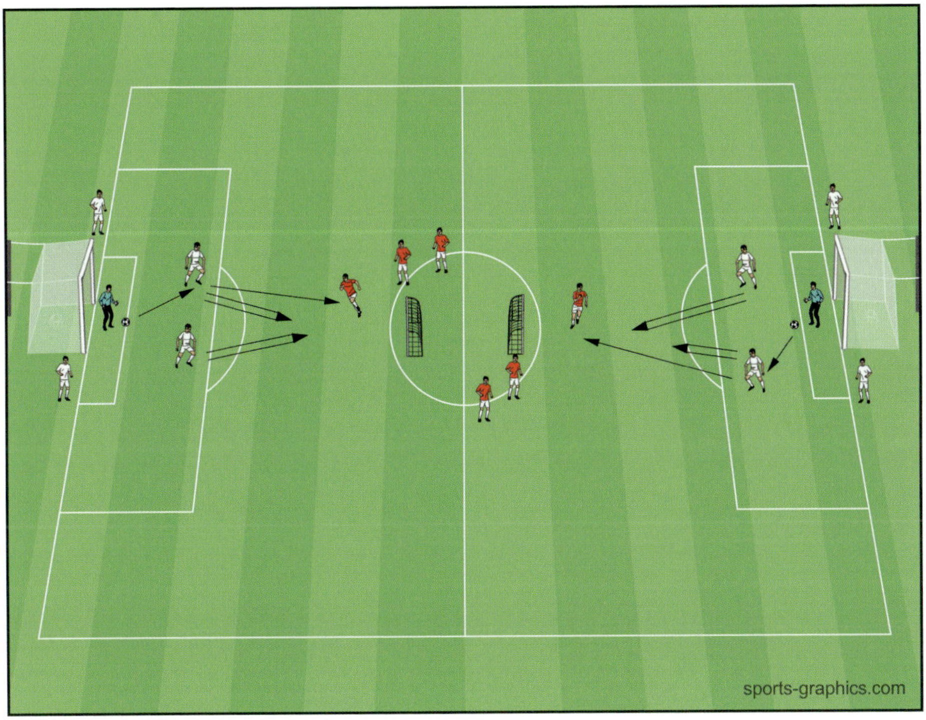

Organisation und Ablauf

- 1 35 x 25 m großes Feld mit 2 Jugendtoren aufbauen.
- 2 Teams einteilen.
- Spiel 5 gegen 5 + TW
- Die verteidigende Mannschaft stellt 2 Spieler neben das eigene Tor.

Variation

- Eine Mittellinie einbauen. Bei Ballverlust müssen alle hinter die Mittellinie.

Hinweise und Coaching

- Anfeuern von außen ist erlaubt.
- Schnelles Umschalten ist erforderlich.

Unterzahlspiel

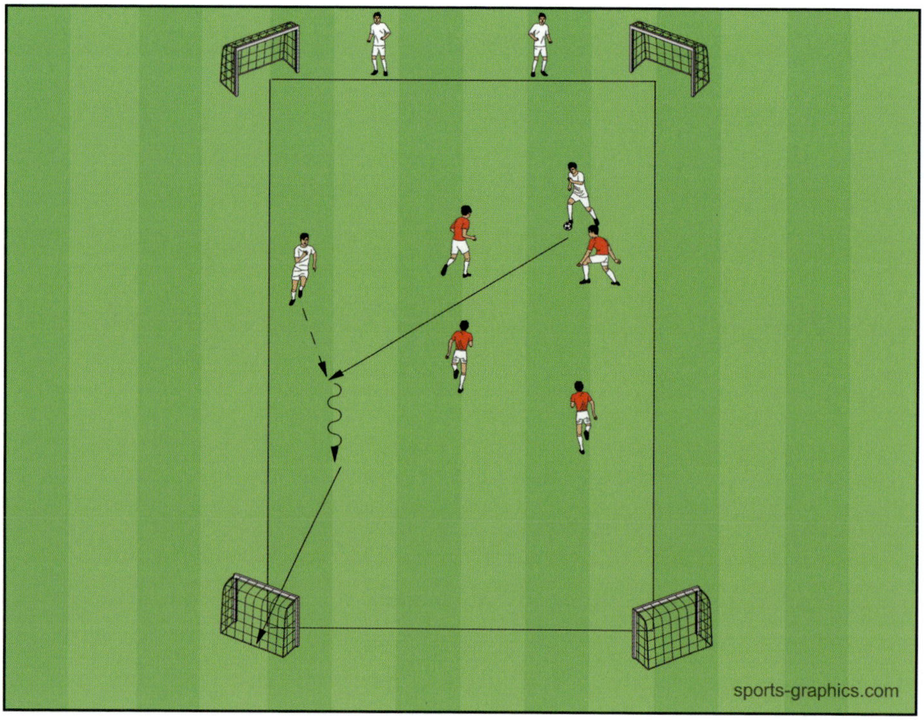

Organisation und Ablauf

- 1 25 x 20 m großes Feld mit 4 Ecktoren aufbauen.
- 2 Teams einteilen.
- Spiel 4 gegen 4
- Die angreifende Mannschaft stellt 2 Spieler neben die eigenen Tore.

Variationen

- Tore in Unterzahl zählen doppelt. Torabschlüsse dürfen nur einmal auf dasselbe Tor erfolgen.

Hinweise und Coaching

- Das Überzahlteam presst hoch.

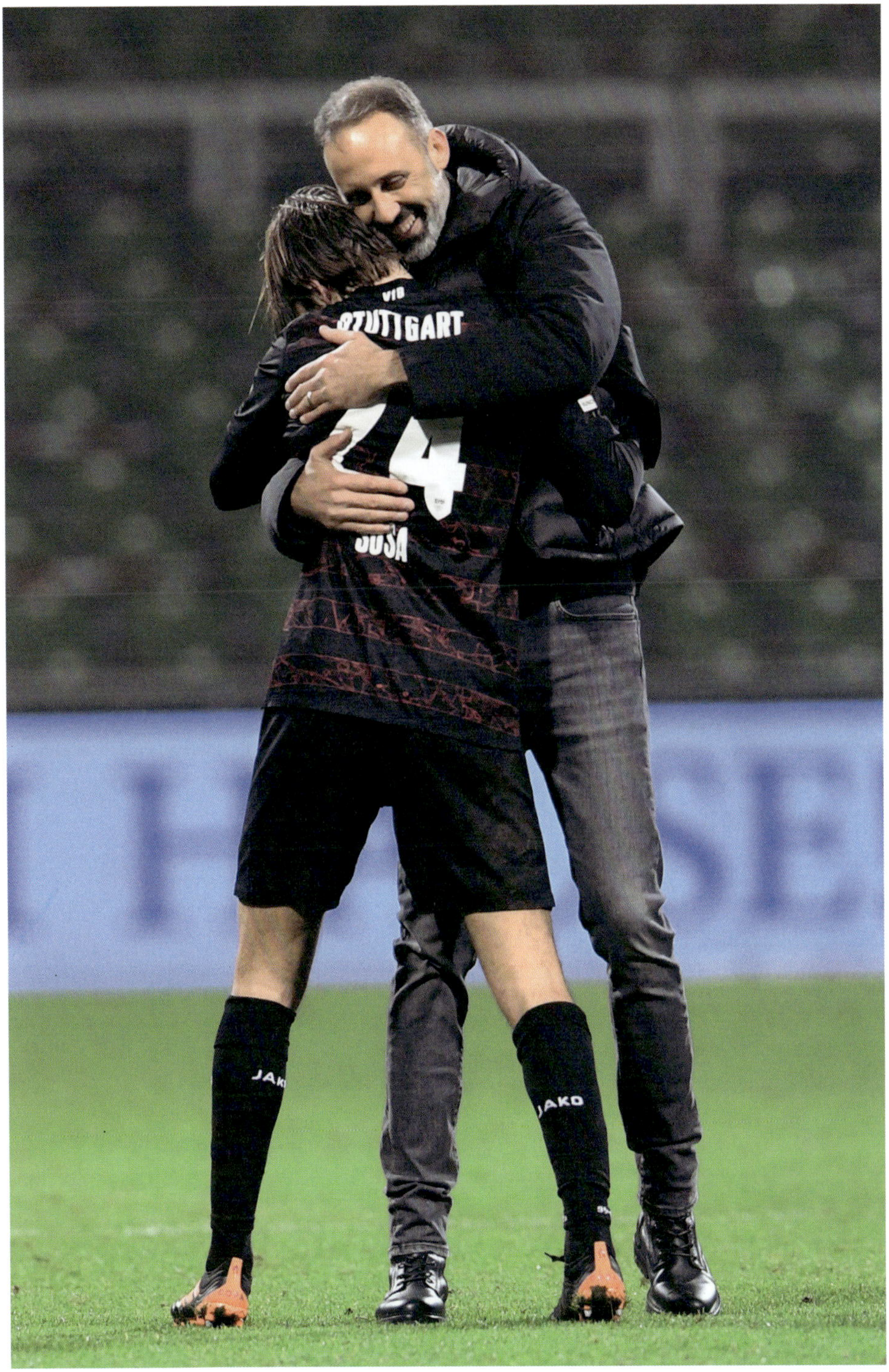
JAKO

Ballorientiertes Verschieben

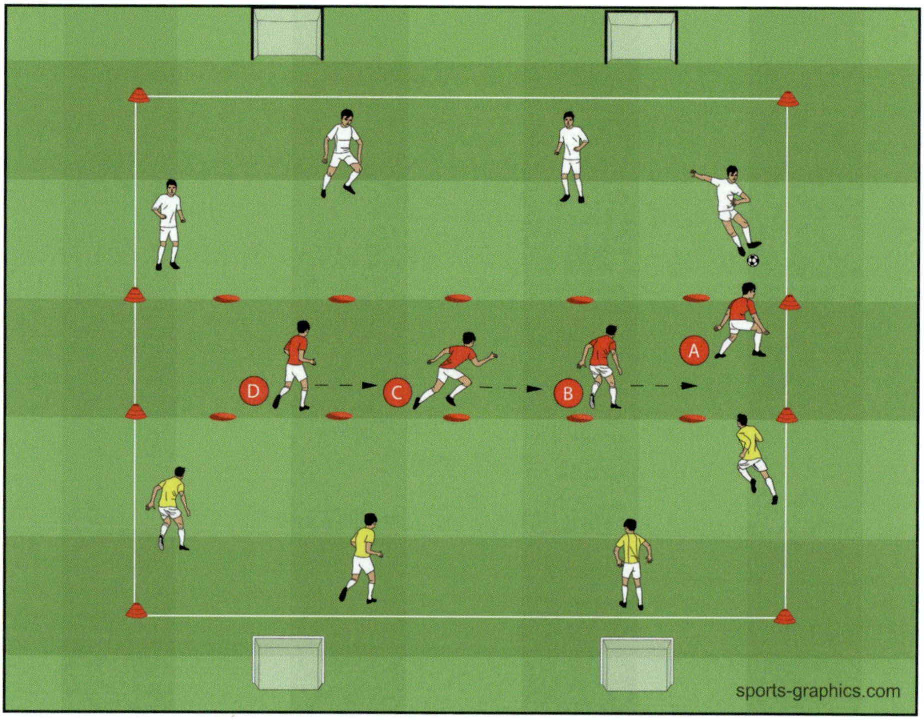

Organisation und Ablauf

- 12 Spieler in 3 Teams zu je 4 Spielern aufteilen, das Spielfeld ist 25 m breit x 28 m tief (Zonen = 10 – 8 – 10 m – Tiefe).
- Weiß versucht, über schnelle Spielverlagerungspässe Schnittstellen oder „Fenster" zu öffnen und die rote Mannschaft auf Gelb zu überspielen. Rot versucht, einen Pass auf die andere Seite zu verhindern und den Ball abzufangen. Gelingt Rot das – ist sofortiger Wechsel. Ist der Ball bei Gelb, beginnt die Aufgabe neu auf der anderen Seite.

Variationen

- Die ballbesitzende Mannschaft muss mindestens 5 Pässe in den eigenen Reihen spielen.
- Schafft die Mannschaft am Ball es nicht, nach 6 Pässen zu verlagern, ist sofortiger Wechsel.
- Nach einer Verlagerung im Prinzip Steil-Klatsch zum Torerfolg im Passtor kommen.

Hinweise und Coaching

- Die Mannschaft im Zentrum muss ballorientiert verschieben und dabei auf die Abstände in der Breite und den Anschluss achten.
- Prinzip der Tiefenstaffelung: Der ballnahe Spieler rückt raus, die anderen 3 Spieler sichern die Tiefe.
- Die Laufwege im Defensivverbund kreuzen sich nicht.
- Den Deckungsschatten in der Tiefensicherung vergrößern und über benachbarten Spieler anpassen.

Flügelspiel 1

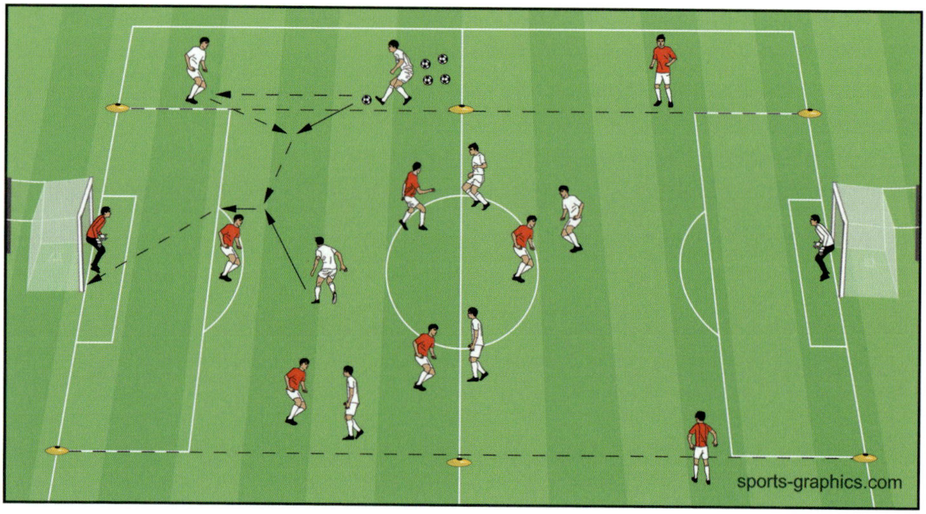

Organisation und Ablauf

- 14 Spieler + plus 2 TW
- Team Rot 7 Spieler, Team Weiß 7 Spieler
- Ein verlängerter 16-m-Raum ist auf beiden Seiten markiert
- 5 gegen 5 im Zentrum plus Flügelspieler außen
- Anspiel durch weiß, mit Pass ins Zentrum
- Entweder direkt zum Torabschluss oder mit 5 Pässen entweder zurück in die Flügelzone oder vor den 16-m-Raum passen

Variationen

- Die ballbesitzende Mannschaft muss mindestens 10 Pässe in den eigenen Reihen spielen.
- Tore über die Flügelzone zählen doppelt.

Hinweise und Coaching

- Die Mannschaften im Feld müssen ballorientiert verschieben und dabei auf die
- Abstände in der Breite und Tiefe achten.
- Prinzip der Tiefenstaffelung: Der ballnahe Spieler rückt raus, die anderen Spieler
- sichern die Tiefe.

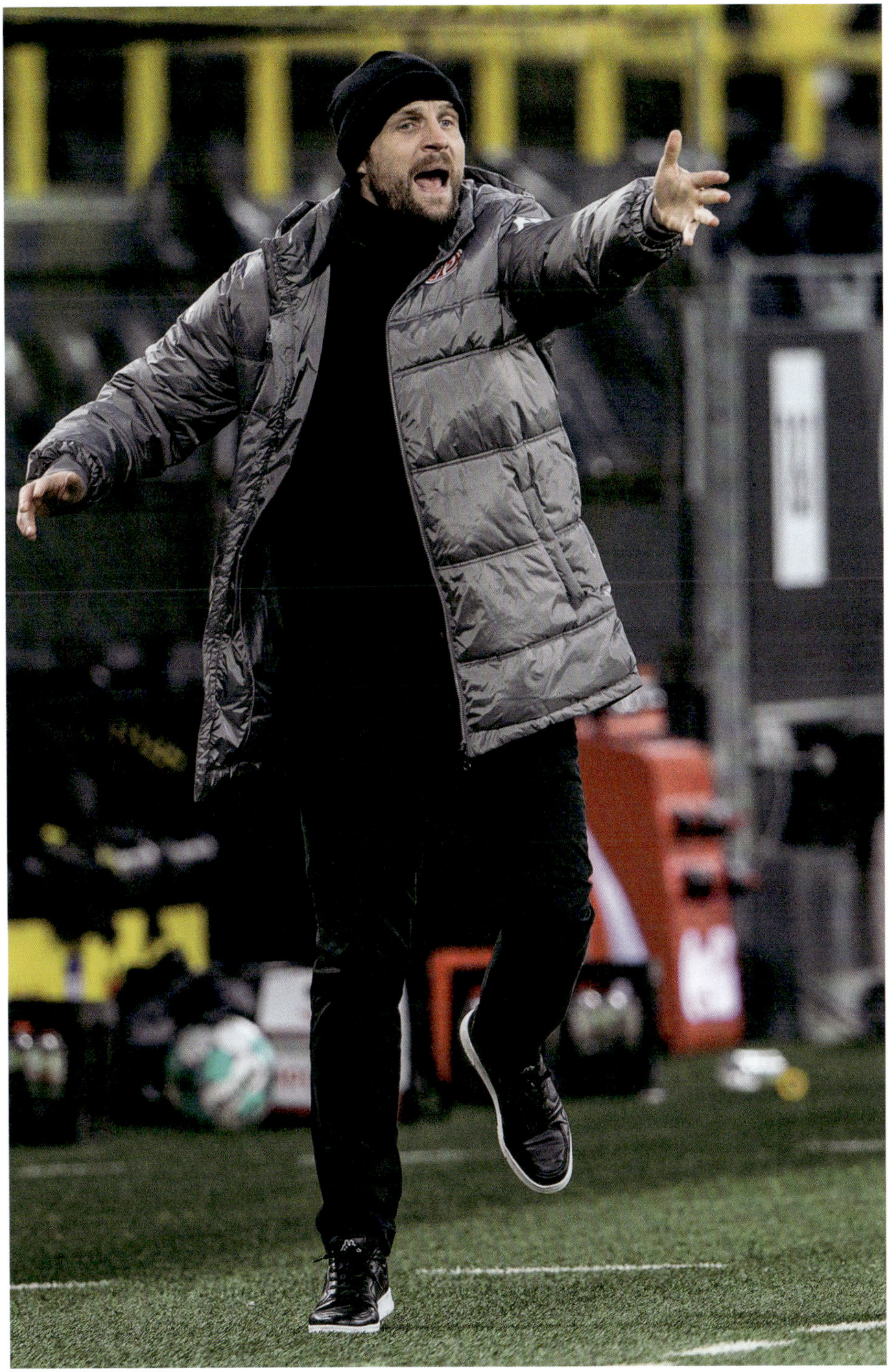

Flügelspiel 2

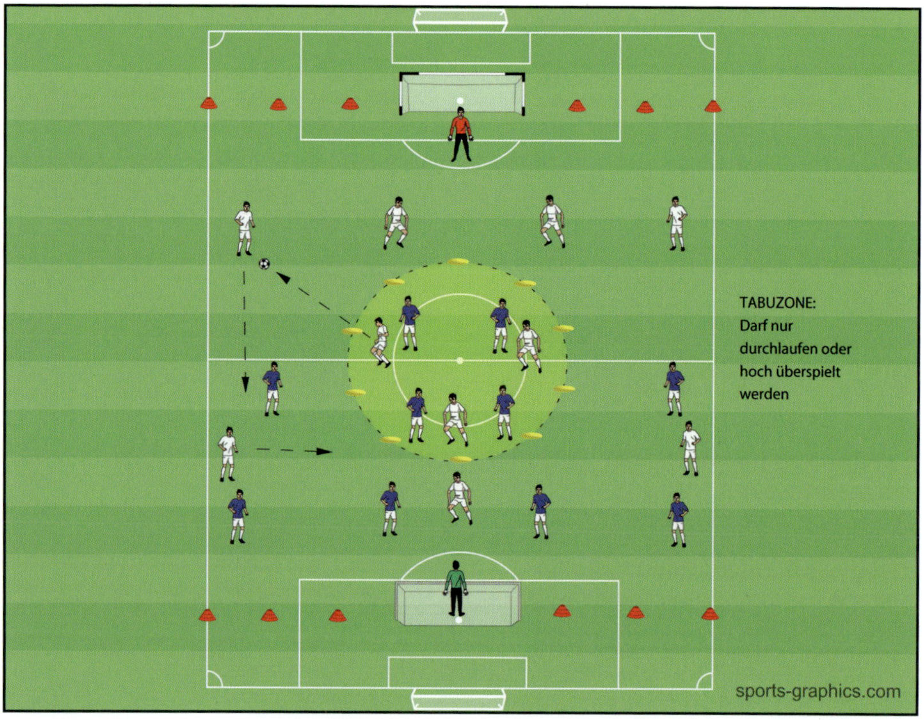

Organisation und Ablauf

- 1 Spielfeld von Elfmeter zu Elfmeter in der Tiefe und ganze Breite aufbauen. Tabuzone in der Mitte des Spielfelds (3 m vom Mittelkreis zu jeder Seite nach außen) markieren. Spieler in 2 Mannschaften à 11 Spieler einteilen.
- Es wird 11 gegen 11 gespielt. Die Spieler dürfen die Mittelzone nicht flach durchspielen, sondern nur durchlaufen oder per Flugball überspielen.

Variationen

- Tor zählen nur nach Flanken.
- Kopfballtore zählen doppelt.

Hinweise und Coaching

- Über abkippende oder ausbrechende Spieler nach außen den Flügel überladen (Überzahl am Flügel herstellen).
- Gegner über Andribbeln oder kurze Pässe auf einer Seite binden – und dann schnell das Spiel auf den anderen Flügel/Seite verlagern.
- Zahlenverhältnisse auf den Flügeln beobachten und entsprechende Entscheidung im Bezug auf die Spielfortsetzung treffen.
- In der Spielverlagerung eigene und gegnerische Spieler überspielen.

Gegenpressing

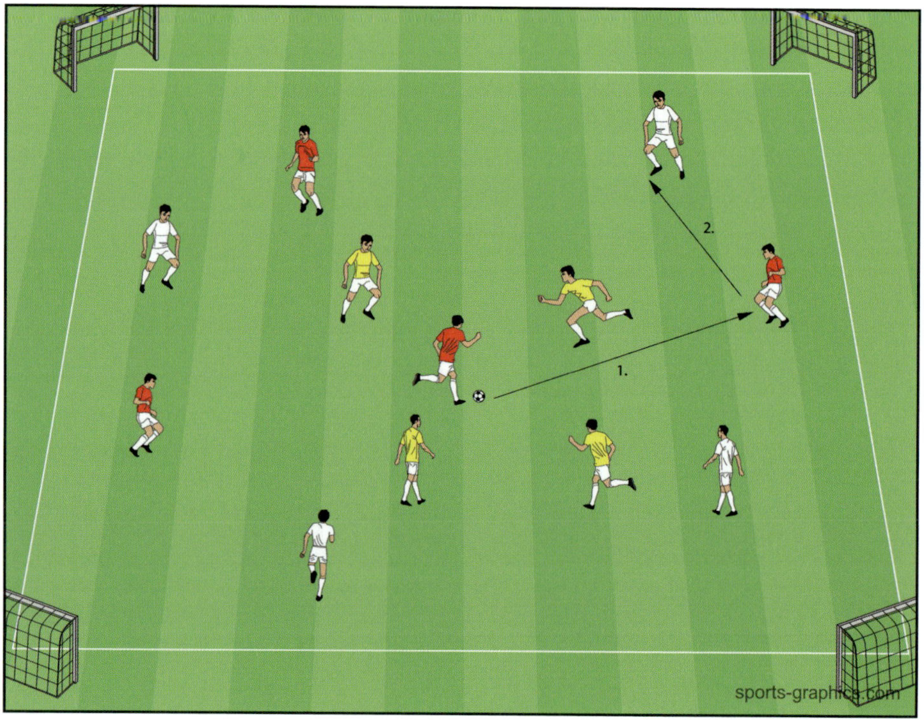

Organisation und Ablauf

- Spielfeld ca. 25 x 25 bis 30 x 30 m, 4 Minitore außerhalb des Spielfelds mit Winkel positionieren, 12 Spieler in 3 Teams zu je 4 Spielern aufteilen.
- Drei-Farben-Spiel auf Ballbesitz: Rot spielt mit Weiß gegen Gelb auf Ballhalten im 8 gegen 4. Gelb versucht, über Ball- und Raumdruck den Ball zu gewinnen und auf eines der 4 Minitore einen Anschlusspass/Torerfolg zu erzielen. Rot und Weiß versuchen, dies über Gegenpressing zu verhindern. Gelingt Gelb ein Torerfolg, wechselt die Aufgabe. Das Team, welches den Fehler gemacht hat, geht in die Mitte.

Variationen

- Kontaktbegrenzung für die ballhaltenden Teams
- Nach 10 Pässen dürfen die beiden ballhaltenden Teams ebenfalls ein Tor erzielen über einen Pass in eines der Minitore.

Hinweise und Coaching

- Über gute Staffelung in Ballbesitz und enge Passabstände das Gegenpressing bereits vorbereiten.
- Nach Ballverlust müssen ballnahe Spieler sofort Druck auf den Ball erzielen und den „Anti-Pressing-Ball" verhindern.
- Möglichst den Ballerober sofort von allen Seiten isolieren, da es keine klare Spielrichtung gibt.

6 + 2 gegen 5 auf Schnittstellenpässedreieck

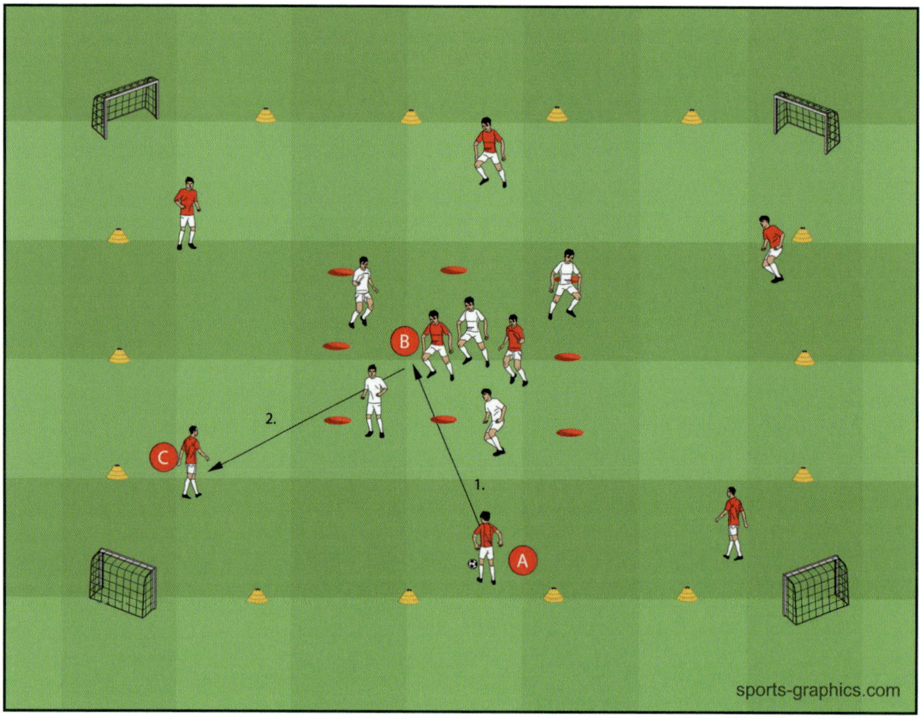

Organisation und Ablauf

- 1 Feld in der Größe 30 x 30 bis 35 x 35 m mit 1 Viereck in der Mitte von 10 x 10 m markieren.
- Die Spieleranzahl 13 in 2 Teams (Rot: 8 + Weiß: 5) einteilen.
- In das Viereck 2 Zentrumsspieler von Rot positionieren, die sich nur in diesem Feld aufhalten dürfen.
- Rot versucht, gegen die weiße Defensivmannschaft (5 Spieler) in Ballbesitz zu bleiben und seine Spieler im Viereck anzuspielen. Gelingt dies und kann der Ball auch wieder rausgepasst werden (A auf B auf C z. B.), gibt es 1 Punkt. Weiß versucht, über geschicktes Verschieben Schnittstellenpässe zuzustellen.
- Gewinnt Weiß den Ball, wird auf alle 4 Minitore (Passtore) umgeschaltet. Rot geht sofort ins Gegenpressing und versucht, den Ball zurückzuerobern. Auch die beiden roten Spieler im Zentrum dürfen hierbei unterstützen.

Variation

- Nun gibt es auch bei 10 Pässen für die rote Mannschaft 1 Punkt, sodass Weiß automatisch gezwungen ist, den Balldruck zu erhöhen.

Hinweise und Coaching

- Die Zentrumsspieler des roten Teams müssen immer wieder Schnittstellen besetzen und sich nicht im Deckungsschatten des Gegners oder Mitspielers (mehrere Passlinien besetzen) anbieten.
- Vorbereitendes Spiel durch Spielverlagerung, um tiefe Pässe zu öffnen, Gegner durch schnelle Pässe destabilisieren.
- Positionen überspielen, damit der Gegner so schnell nicht mehr verschieben kann, wie gepasst wird bzw. der Ball läuft.
- Die Defensivmannschaft muss mit Deckungsschatten und Tiefenstaffelung arbeiten (der ballnahe Spieler geht raus, der Rest sichert).

5 gegen 2 auf 8 gegen 5 auf Umschalttore

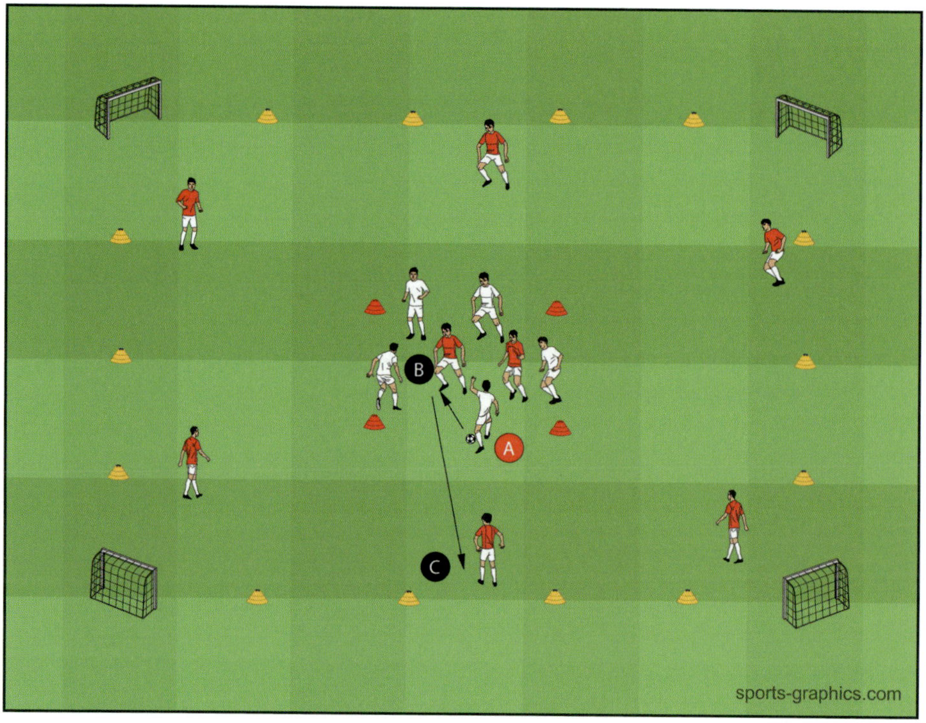

Organisation und Ablauf

- Der gleiche Aufbau wie bei der Übung zuvor wird vorgenommen.
- Allerdings wird nun 5 gegen 2 (Weiß gegen die 2 roten Spieler) im Mittelfeld gespielt und der Ball wie bei einem normalen Kreisspiel/Ecke behauptet.
- Gewinnt Rot den Ball (in diesem Fall B), wird der Ball sofort zu einem der 6 wartenden Spieler nach außen gespielt. Nun wird im gesamten Feld ein 8 gegen 5 auf Ballbesitz gespielt (8 rote gegen 5 weiße Spieler).
- Gewinnt Weiß den Ball, muss es entweder ein Kontertor als Passtor auf die 4 Minitore erzielen oder einen Spieler im Zentrum freispielen, sodass dieser dort den Ball kontrolliert. Rot darf nach 10 Pässen ebenfalls ein Tor erzielen durch einen Pass in eines der 4 Minitore.

Variation

- Maximal 2 Ballkontakte überall sind erlaubt.

Hinweise und Coaching

- Die 6 roten Spieler außerhalb des Feldes zu allen Seiten auffächern und anbieten, sodass nach Ballgewinn zu allen Seiten gespielt werden kann und sich mehr Optionen nach Ballgewinn der Spielfortsetzung ergeben.

4 gegen 2 Linien überspielen mit Umschaltangriff auf Tore

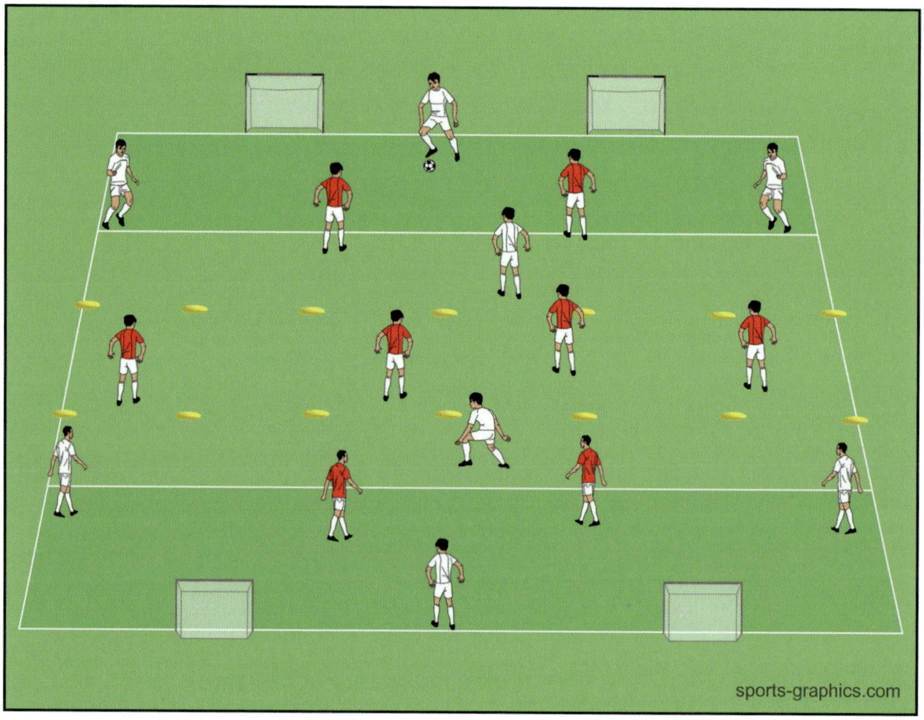

Organisation und Ablauf

- Das Spielfeld (25 x 40 m) in 3 Zonen einteilen (25 x 15, 25 x 10, 25 x 15 m).
- 2 Teams à 8 Spieler einteilen. 4 Minitore auf die Grundlinien stellen. Die weißen Spieler verteilen sich mit jeweils 4 Spielern auf die beiden Endzonen. Das rote Team teilt sich so auf, dass 4 Spieler in die Mittelzone gehen und jeweils 2 Spieler in die Endzonen.
- Weiß spielt in der ersten Zone ein 4 gegen 2 und versucht, das Spiel zu verlagern auf die andere Endzone und dabei die Mittelzone zu überspielen. Rot versucht, über Balldruck im 4 gegen 2 und Raumdruck 4 Spieler in der Mittelzone, die den Ball abfangen, zu verhindern.
- Gelingt es Weiß, in die Endzone zu kommen und die Mittelzone zu überspielen, wird ein 4 gegen 2 auf die beiden Minitore in der Endzone gespielt. Gewinnt Rot den Ball im 2 gegen 4 oder die Mittelzone fängt den Ball ab, wird ein 6 gegen 4 auf die anderen beiden Minitore gespielt. Erzielt Rot ein Tor, wechselt die Aufgabe.

Variationen

- Vor dem Überspielen der Mittelzone in die Endzone müssen mindestens 4 Pässe gespielt worden sein.
- Alle Spieler haben nur 2 Ballkontakte.
- In der Endzone hat das angreifende Team nur 5 Sekunden Zeit.

Hinweise und Coaching

- Sich im Ballbesitz in einer Rautenformation aufstellen, um bestmögliche Passwinkel und viele offene Spieler zu besitzen.
- Gegen den Ball rückt in der Mittelzone immer der ballnahe Spieler raus und es wird über Vergrößerung des Deckungsschattens und Tiefenstaffelung der tiefe Pass verhindert
- Nach der Spielverlagerung in die Endzone sofort über Tempodribbling den Gegner binden.

3 gegen 3 + 2 mit Dribbling und Pass auf optisches akustisches Signal

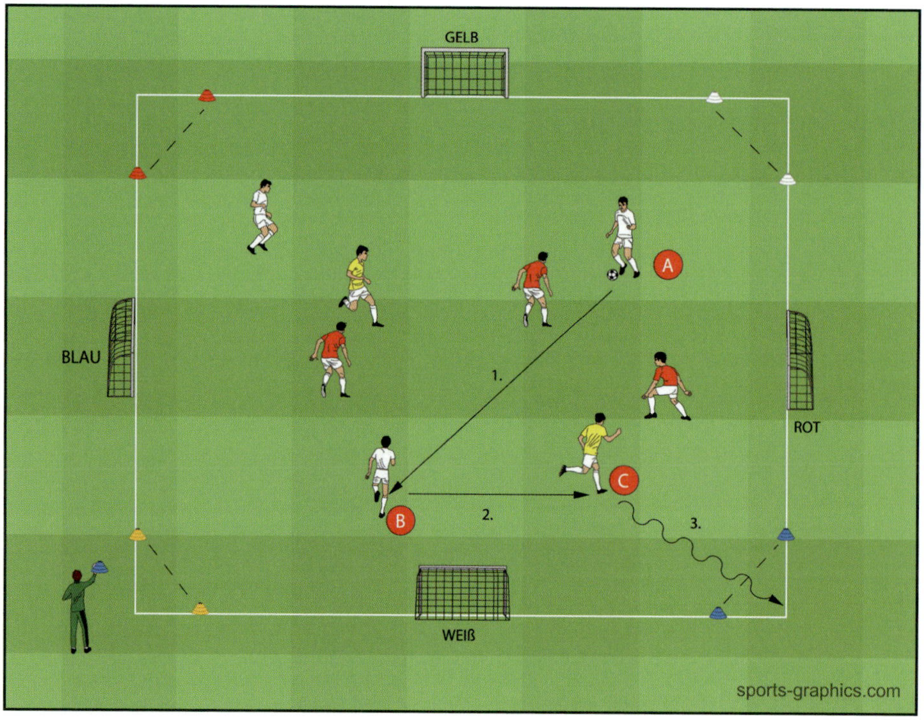

Organisation und Ablauf

- Das Spielfeld wie o. a. markieren, Größe 20 x 20 m.
- Die jeweils ballbesitzende Mannschaft Weiß / Rot spielt jeweils mit den 2 neutralen gelben Spielern auf Ballbesitz gegen das Team, welches nicht am Ball ist (Weiß oder Rot).
- Der Trainer hält immer wieder im Wechsel eine Farbe hoch. Im Anschluss daran sind diese beiden Tore (Dribbellinie und Passtor) für das Team in Ballbesitz frei.
- Auch die beiden neutralen Spieler dürfen Tore machen. (In diesem Fall zeigt der Trainer Blau an. A spielt auf B, der auf C, welcher durch das blaue Dribbeltor mit Ball dribbelt und somit ein Tor erzielt.)

Variationen

- Nur mit einem neutralen Spieler agieren.
- Statt optischer Signale nun akustisches Signal (die Farbe ansagen).
- Schnelle Wechsel der Tore, um Handlungsschnelligkeit der Spieler zu fördern.

Hinweise und Coaching

- Gesamtes Spielfeld immer im Blick haben, sowie Zieltore kennen, um schnell zu entscheiden.
- Nach Bekanntgabe der Farbe sich sofort durch Sprints in Richtung der beiden Tore anbieten und Anspieloptionen in Tornähe schaffen.
- Über Coaching und Kommandos untereinander sich in dieser unübersichtlichen Spielsituation immer wieder unterstützen.

Kleinspielform

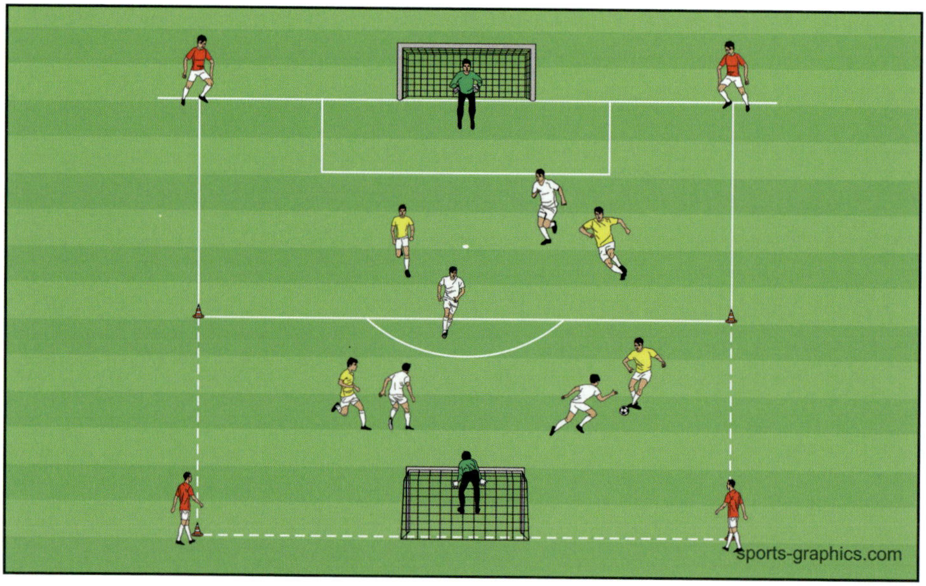

Organisation und Ablauf

- Spielfeldgröße = doppelter 16-m-Raum, 12 Feldspieler in 3 Teams zu je 4 Spielern aufteilen, 2 Torhüter besetzen die Tore. Es wird ein 4 gegen 4 ohne Abseits gespielt, das dritte Team wartet an den Eckhütchen und verfolgt das Spiel intensiv. Bei Torerfolg sprintet das Team, welches ein Gegentor bekommen hat, sofort runter vom Platz, das Team mit dem Torerfolg erhält einen Gewinnerball und die Spielrichtung wechselt für das Offensivteam. Die Spieler von außen rücken sofort rein und verteidigen das in dem Fall andere Tor des letzten Torerfolgs.

Variation

- Über Provokationsregeln zusätzliche Schwerpunkte setzen (nur flaches Spiel, kein Rückpass, Tore nur mit dem ersten Ballkontakt, Torhüter dürfen nicht angespielt werden, Pässe aus der gegnerischen Hälfte nicht mehr zurück in die eigene Hälfte, freies Spiel im Aufbau und in der gegnerischen Hälfte nur 1 Ballkontakt usw.).

Coachingpunkte

- Aufgrund der Spielfeldenge jede Situation zum Abschluss nutzen.
- In vielen Situationen defensiv eine klare Manndeckung spielen, da die vielen Positionswechsel und das Spiel ohne Abseits im Defensivverbund schwierig über Raumdeckung zu lösen ist.

Spiel in die Tiefe 1

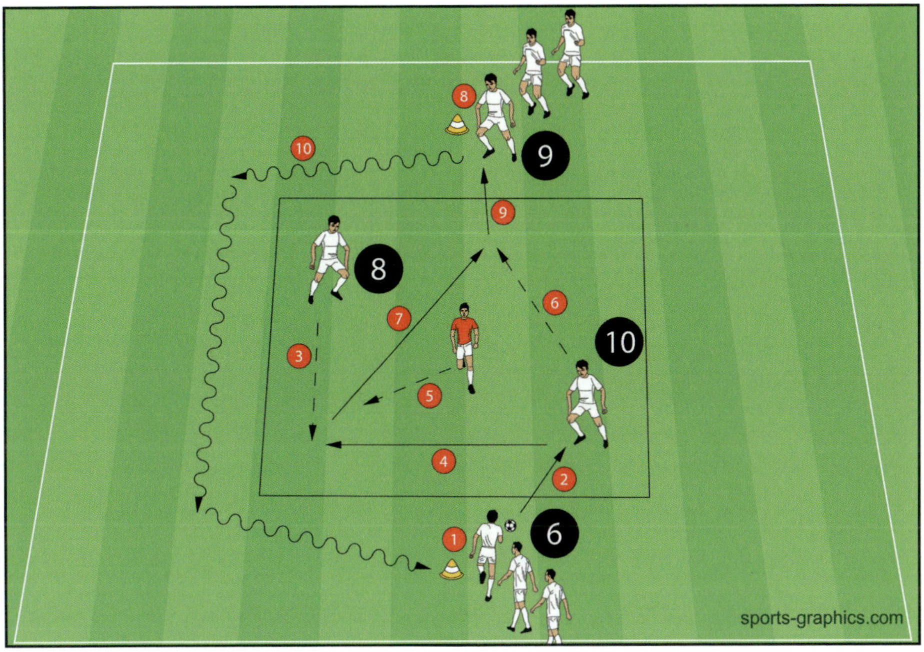

Organisation und Ablauf

- Spieler 6 dribbelt an (1) und die beiden zentralen Spieler 8 und 10 (befinden sich in einem 15 x 15 m Viereck) kreuzen ihre Laufwege (2), um sich so Freiraum zu schaffen.
- Spieler 6 spielt auf Spieler 10 (3).
- 10 spielt aus einer offenen Körperposition sofort in die Tiefe auf 9 oder aus einer Ballsicherung spielt er den Ball nochmals diagonal auf seinen Mitspieler 8 (4).
- Spieler 8 nimmt den Ball offensiv mit (5) und spielt sofort in die nächste Linie auf Spieler 9, der sich seitlich anbietet (6 und 7) – Spieler 9 nimmt den Ball seitlich mit und dribbelt auf Position 6.
- Die Spieler rücken eine Position nach.

Variationen

- Die Spieler verbleiben auf ihren Positionen.
- Die Spieler sprinten zur nächsten Position.

Hinweise und Coaching

- Offene Spielstellung und Passschärfe einfordern.
- Aktives und lautstarkes Fordern des Balls

Spiel in die Tiefe 2

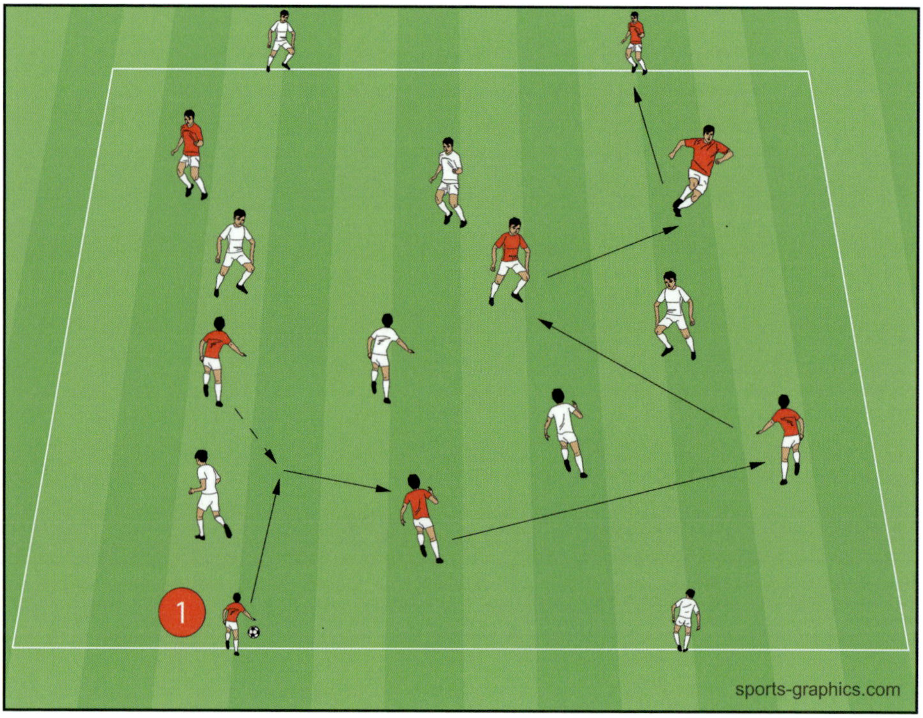

Organisation und Ablauf

- Die Spieler werden in 2 Teams eingeteilt. 6 gegen 6 Spieler sind im Viereck und je 4 Anspieler sind an den Linien in der Tiefe verteilt. Ziel ist, dass der Ball so lange wie nötig in der Mannschaft gehalten wird, um den Pass in den Rücken des Gegners (= Pass auf den eigenen Außenspieler) vorzubereiten.
- 1 Punkt gibt es dann, wenn es einem Team gelingt, von einem ihrer Außenspieler zum anderen fehlerfrei durchzukombinieren.

Variationen

- Freie Ballkontakte, jedoch darf nicht zum selben Spieler zurückgespielt werden (Spiel über den dritten Mann).
- Maximal 2 Ballkontakte und der Außenspieler kann mit dem Ball in das Spielfeld eindribbeln. Dafür wechselt ein Mitspieler in die Endzone.
- Maximal 3 Ballkontakte und in der Endzone kann es zu einem aktiven 2 gegen 1 kommen (d. h., ein Verteidiger und ein Angreifer dürfen in die Endzone hinein. In der Endzone sind freie Ballkontakte möglich.)

Hinweise und Coaching

- Spielzeit und Spielfeldgröße kann je nach Leistungsniveau variiert werden bzw. die Spielzeit kann je nach körperlicher Reizsetzung gewählt werden.
- Positionswechsel rasch durchführen, ständig hohe Bewegung ohne Ball von den Spielern fordern, damit der dritte Mann rasch angespielt werden kann, lautes/aktives Ballfordern, rechtzeitig aus dem Deckungsschatten rausgehen.

5 gegen 5

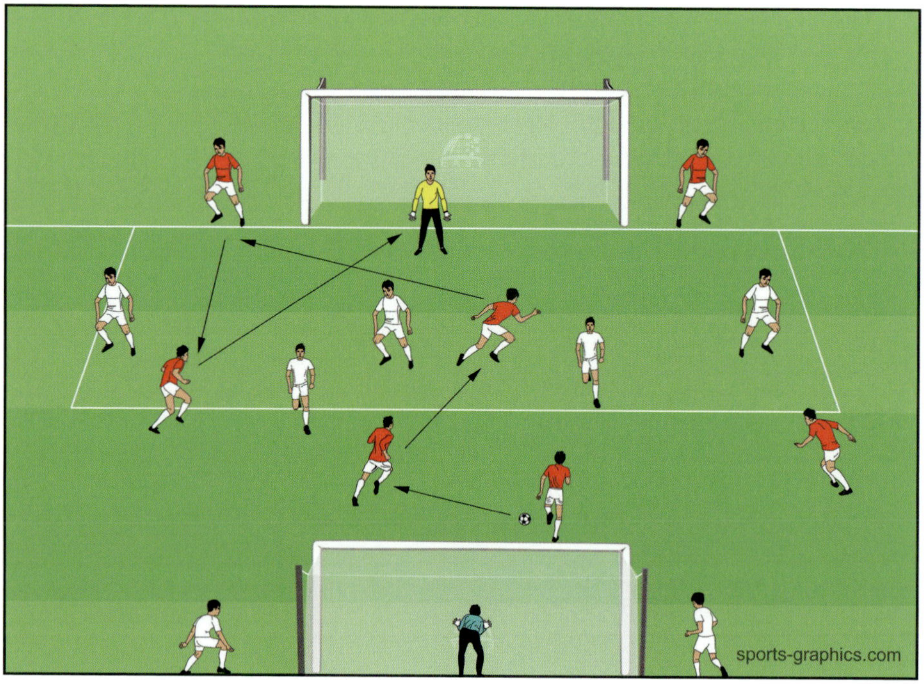

Organisation und Ablauf

- Spielform 5 gegen 5 + 2 TW + (1 Joker) + je 2 Außenspieler neben den Toren
- 1 Treffer aus dem Spiel heraus = 1 Punkt
- Maximal 3 Kontakte und ein Tor nach einem Zuspiel auf einen der offensiven Außenspieler (1. oder 2. Spieler schließt ab) = 2 Punkte
- Maximal 2 Kontakte und Tor nach einem Zuspiel auf einen der offensiven Außenspieler (1. oder 2. Spieler schließt ab) = 2 Punkte

Variation

- Erfolgt der Treffer direkt = 3 Punkte

Hinweise und Coaching

- Den Ball aktiv fordern, hohe Bewegung ohne Ball, zielstrebiges, rasches Spiel in die Tiefe auf die offensiven Außenspieler suchen.
- Rasches, kompaktes Nachrücken in die Tiefe
- Spielzeit: Turniermodus mit 3 Teams ist möglich. Spielzeit 2-3 Minuten mit 1 Minute Pause. Mehrere Durchgänge sind möglich.

7 gegen 7

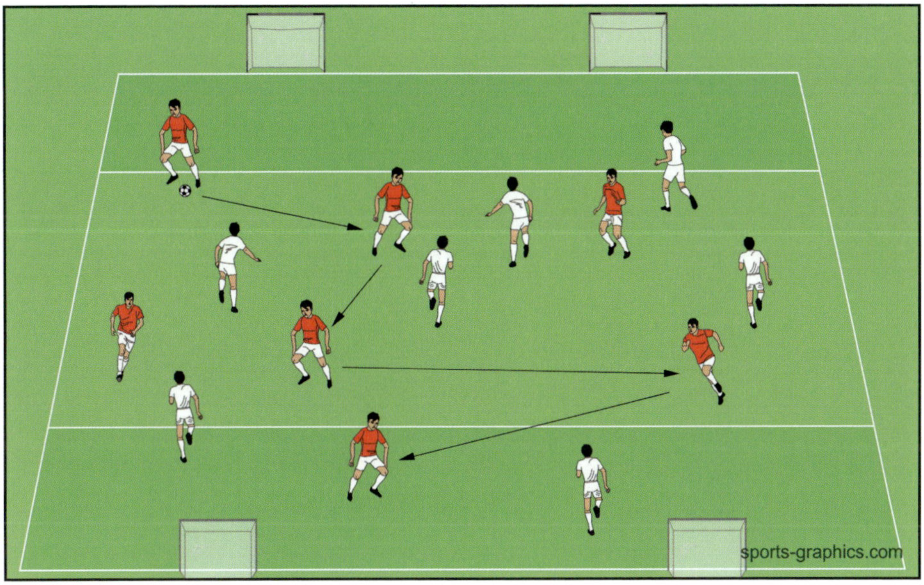

Organisation und Ablauf

- Maximal 3 Kontakte und ein Treffer zählt nur dann, wenn zuerst der Ball in die Endzone gespielt wird und dann der Spieler hineinsprintet. Der Spieler hat maximal 2 Kontakte für den Torabschluss.
- Maximal 3 Kontakte und ein Treffer zählt nur wie unter a) aber nun dürfen 1 VT und 2 Angreifer in die Endzone (maximal 5 Sekunden für den Abschluss, um in der Tiefe rasch zum Abschluss zu kommen).

Variation

- Maximal 2 Kontakte und nachdem der Ball in die Endzone gespielt wird, dürfen alle Spieler von beiden Teams in die Endzone, d. h., für das angreifende Team gilt es, so rasch als möglich den Abschluss zu suchen. Gelingt dieser nicht, wieder den geordneten Spielaufbau in der Mittelzone suchen, um den Gegner wieder von den Toren wegzulocken (sobald der Ball wieder in der Mittelzone ist, müssen alle Spieler aus der Endzone).

Hinweise und Coaching

- Aktives Ballfordern und ständige Bewegung
- Sich aus dem Deckungsschatten lösen
- Pässe und Läufe in die Tiefe/Endzone

10 gegen 10

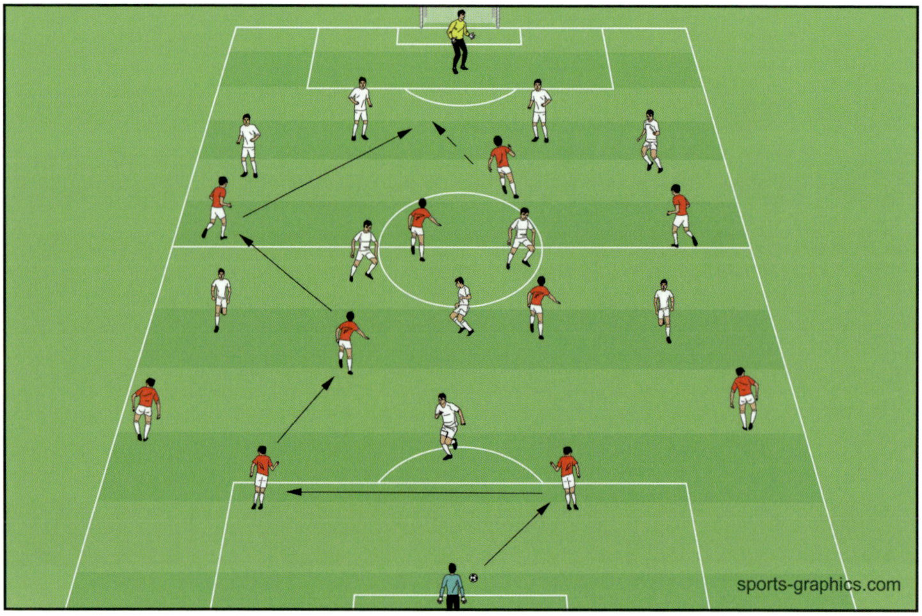

Organisation und Ablauf

- Es gibt 2 Teams à 10 Spieler. Die Spieler sind in beiden Hälften wie folgt aufgeteilt: untere Hälfte spielen 7 rote Spieler + TW gegen 4 weiße Spieler. Ziel ist hier, im Spielaufbau unter Druck mit nur flachen ZU in die obere Hälfte zu kommen. Berücksichtigung der Lauf- und Passwege sowie des Positionsspiels im Aufbau. Kommt Weiß in den Ballbesitz, versuchen sie, so schnell wie möglich auf das Tor abzuschließen (Kontakte sind frei).
- Gelingt es Team Rot, in die obere Hälfte zu spielen, ist der Ablauf wie folgt: Alle Spieler von Rot dürfen gestaffelt mitgehen (Achtung Restverteidigung), um im 10 gegen 6 so rasch wie möglich zum Abschluss zu kommen.
- Kann Blau den Ball erobern, darf Weiß so schnell und effektiv wie nur möglich in die Tiefe umschalten, um so rasch wie möglich zum Torabschluss zu kommen. Kommt es neuerlich zu einem Ballbesitzwechsel, beginnt Team Rot erneut mit dem Spielaufbau.

Variation

- Nach 5 x Spielaufbau von Rot beginnt Weiß 5 x mit dem Spielaufbau.

Hinweise und Coaching

- Bei Team Rot ist je nach Leistungsniveau eine Reduzierung der Ballkontakte möglich.

Rondo 1

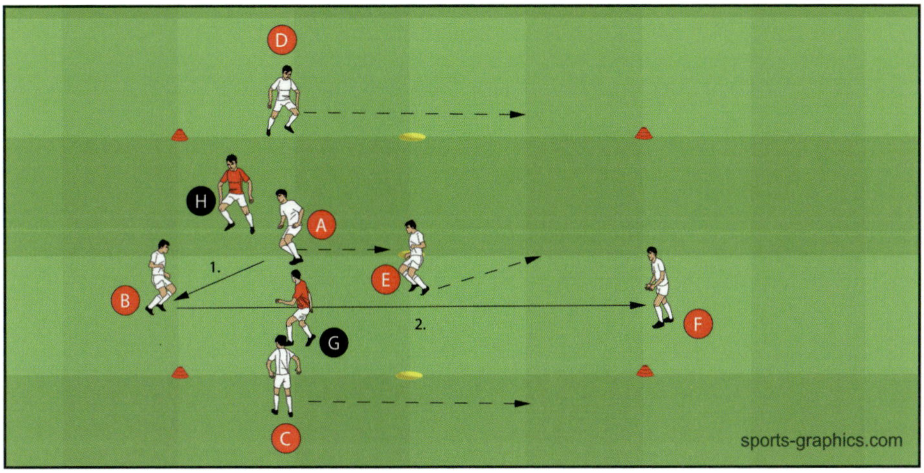

Organisation und Ablauf

- Es wird 1 Doppelviereck aufgebaut im Abstand von 10 x 10 m + 10 x 10 m. Auf der einen Seite wird in einem 5 gegen 2 mit Zentrumsspieler „Kreis" gespielt.
- Das Spiel darf jederzeit auf F verlagert werden (in diesem Fall von B nach Anspiel von A).
- Die beiden Mittelspieler, die gegen den Ball arbeiten (G und H), machen nun auf der anderen Seite Druck und versuchen, den Ball zu erobern. E wird zum Zentrumsspieler auf der anderen Seite. Und A, C und D rücken ebenfalls nach, um ein neues 5 gegen 2 herzustellen. Alle Spieler spielen mit 2 Ballkontakten.

Variationen

- Erst nach einer gewissen Anzahl an Pässen darf das Spiel verlagert werden (z. B. 4 bis 8).
- Alle Spieler spielen mit einem Ballkontakt, außer der erste Spieler nach der Verlagerung hat 2 Kontakte (im Bsp. F), um den Spielern Zeit zu geben, nachzurücken.

Hinweise und Coaching

- Flaches, sauberes Passspiel aus einer Rautenformation mit Zentrumsspieler
- Über kurze Pässe im 5 gegen 2 die Spielverlagerung auf die andere Seite gut vorbereiten und Spieler freispielen.
- Spieler ggf. positionsspezifisch einteilen (Zentrum = IV, ZM, ST und außen = AV, FS).
- Die Außenspieler sollen die Position immer in Abhängigkeit vom eigenen Zentrumsspieler anpassen (aus dem Deckungsschatten des Mit- und Gegenspielers) und mehrere Passlinien besetzen.

Rondo 2

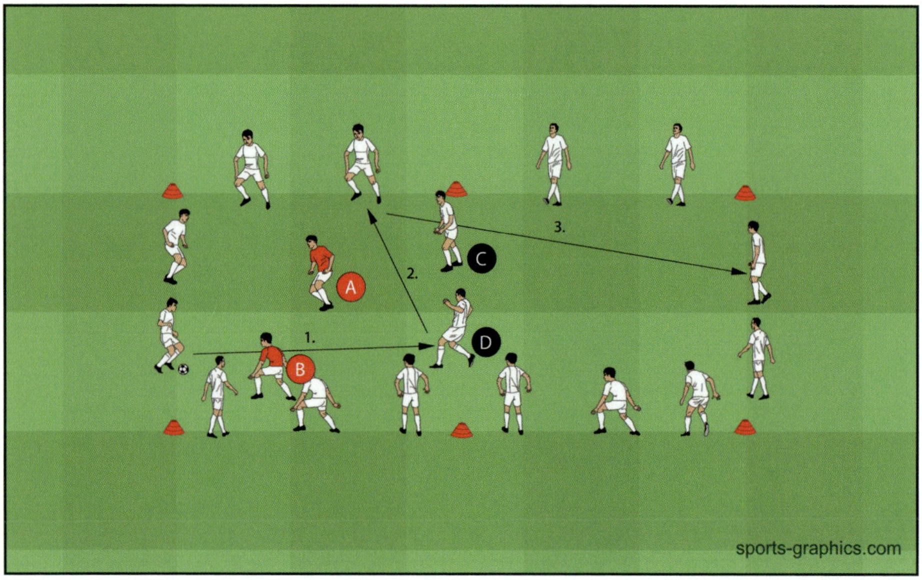

Organisation und Ablauf

- Doppel-Viereck (10 x 10 m + 10 x 10 m). Auf der einen Seite wird ein 9 gegen 2 gespielt mit 1 oder 2 Ballkontakten.
- Das Spiel darf jederzeit verlagert werden, A und B versuchen dann, auf der anderen Seite den Ball zu erobern. C und D drehen sich und spielen ebenfalls auf der anderen Seite mit. Ansonsten bleiben die Spieler in ihrem jeweiligen Feld/Position.
- Gewinnt A und B den Ball (Ausball reicht – keine Balleroberung nötig), wechseln die letzten beiden Spieler am Ball ins Zentrum und die Aufgabe.

Variationen

- Nach einer Verlagerung muss auf der anderen Seite immer ein Kontakt mehr gespielt werden als auf der vorherigen Seite.
- Es müssen mindestens 6 Pässe vor einer Spielverlagerung gespielt werden.

Hinweise und Coaching

- Möglichst schnell und oft verlagern, um die beiden Zentrumsspieler müde zu spielen.
- In der Spielverlagerung die tiefsten Spieler anspielen, um weite Anlaufwege für das Zentrum zu schaffen.
- Trotz wenig Raum und vielen Spielern soll die aktive Haltung im Passspiel und Ballbesitz beibehalten werden.

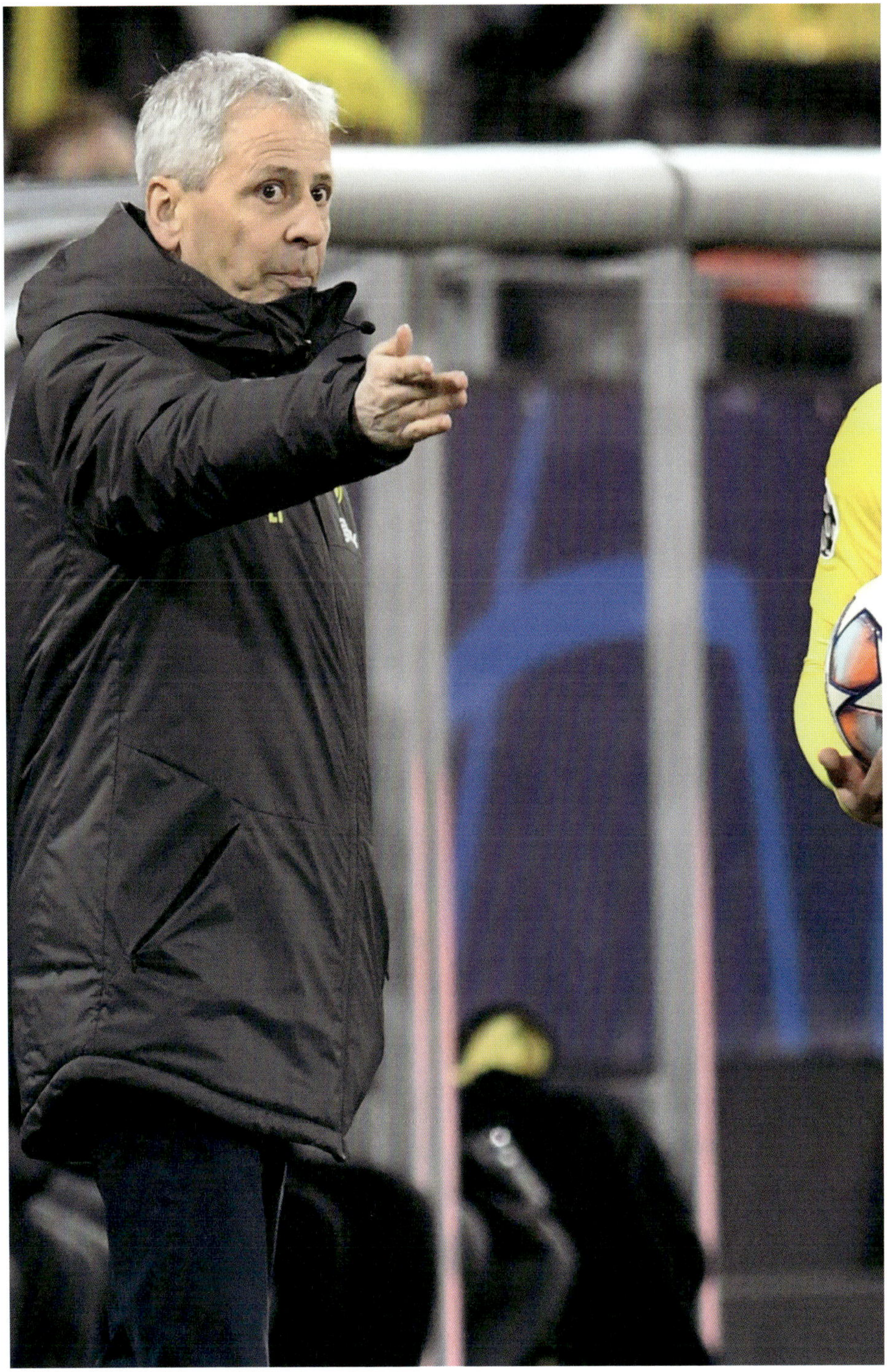

Frontales 1 gegen 1

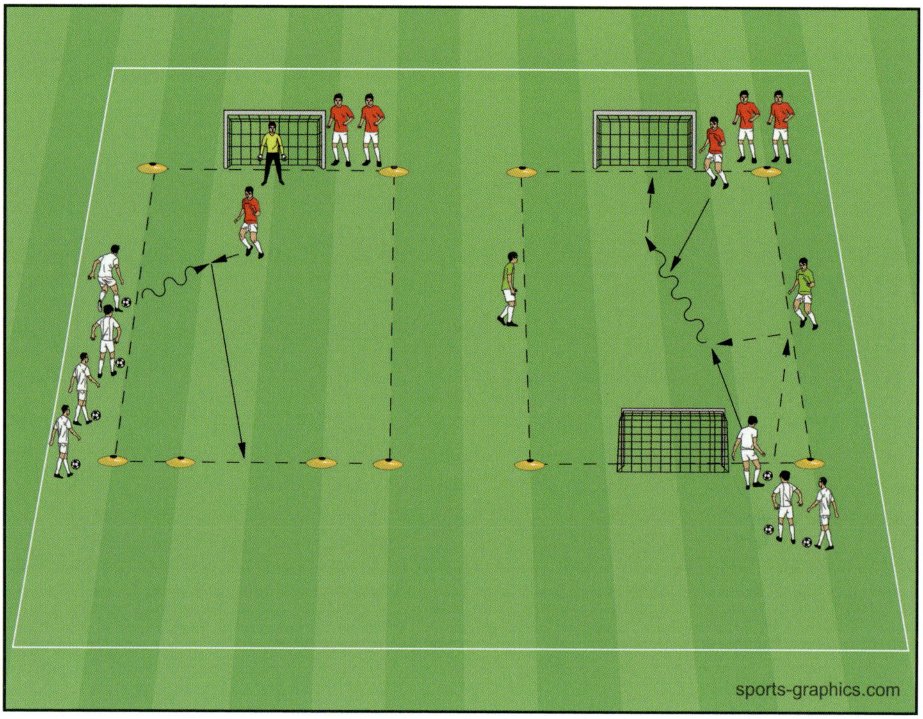

Organisation und Ablauf

- Feld 1: 1 großes Tor mit Torhüter und 1 Hütchenlinie errichten.
- Feld 2: 1 Spielfeld mit 2 Minitoren markieren.
- 2 gleich große Gruppen bilden und auf die Felder verteilen.

Feld 1

- Angreifer und Verteidiger benennen und vorgegebene Positionen besetzen.
- Jetzt dribbelt der Angreifer von der Seite ins Feld und versucht, den Verteidiger im 1 gegen 1 auszuspielen und auf das Tor abzuschließen.
- Erobert der Verteidiger den Ball, so kontert er über die Hütchenlinie.
- Nach jeder Aktion die Aufgaben tauschen.

Feld 2

- Angreifer und Verteidiger benennen und gegenüber neben den Minitoren aufstellen.
- Zusätzlich 2 neutrale Anspieler benennen und an den Seiten des Feldes postieren.
- Der jeweils erste Angreifer passt zu einem Anspieler, der direkt prallen lässt.

- Jetzt muss der Angreifer versuchen, sich im 1 gegen 1 gegen den Verteidiger durchzusetzen und auf sein Minitor zu treffen.
- Dabei darf er die Anspieler in den Angriff einbeziehen.
- Erobert der Verteidiger den Ball, so kontert er auf das gegenüberliegende Minitor.
- Dabei darf auch er die Anspieler einbeziehen.

Hinweise und Coaching

- In beiden Feldern regelmäßig die Seiten bzw. die Aufgaben wechseln, um das 1 gegen 1 in unterschiedlichen Situationen zu schulen.
- Da der Angreifer in Feld 1 jetzt mit Ball am Fuß auf den Verteidiger zudribbelt, wird für diesen die Aufgabe erschwert. Er sollte sich seitlich postieren und versuchen, den Angreifer nach außen in den torungefährlichen Raum zu lenken.
- Darauf achten, dass der Verteidiger dabei jedoch keine allzu schräge Grundposition einnimmt, da es dem Angreifer ansonsten gelingen kann, in den Rücken des Verteidigers zu gelangen.

Gegenpressing Rondo

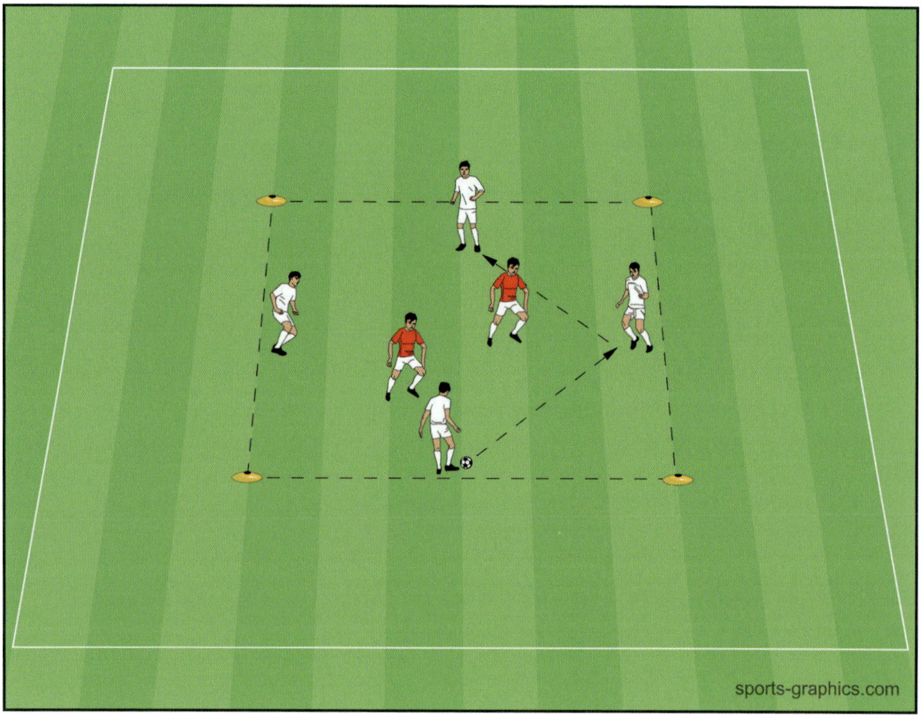

Organisation und Ablauf

- Spielfeld: 8 x 8 m
- 4 Spieler mit 1 Ball an den Außenlinien
- 2 Verteidiger in der Mitte
- Die 4 Spieler lassen den Ball in den eigenen Reihen laufen.
- Die 2 Verteidiger versuchen, den Ball per Ballkontakt zu erobern.

Variationen

- Weniger Kontakte
- Keine Rückspielmöglichkeit zum Passgeber

Hinweise und Coaching

- Saubere Zuspiele der ballhaltenden Spieler
- Pressing durch die Verteidiger

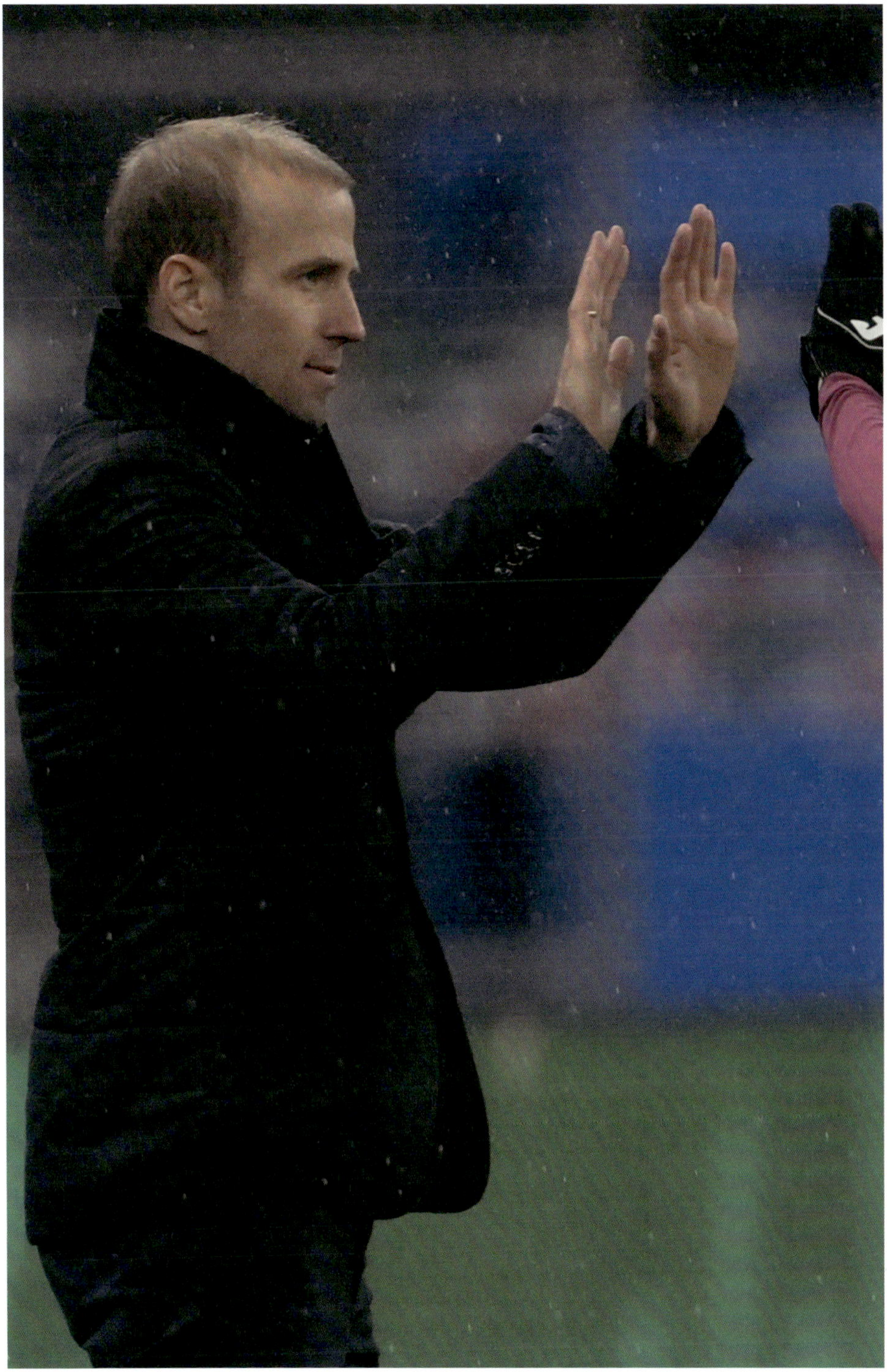

Ballbesitzspiel Flügelangriff

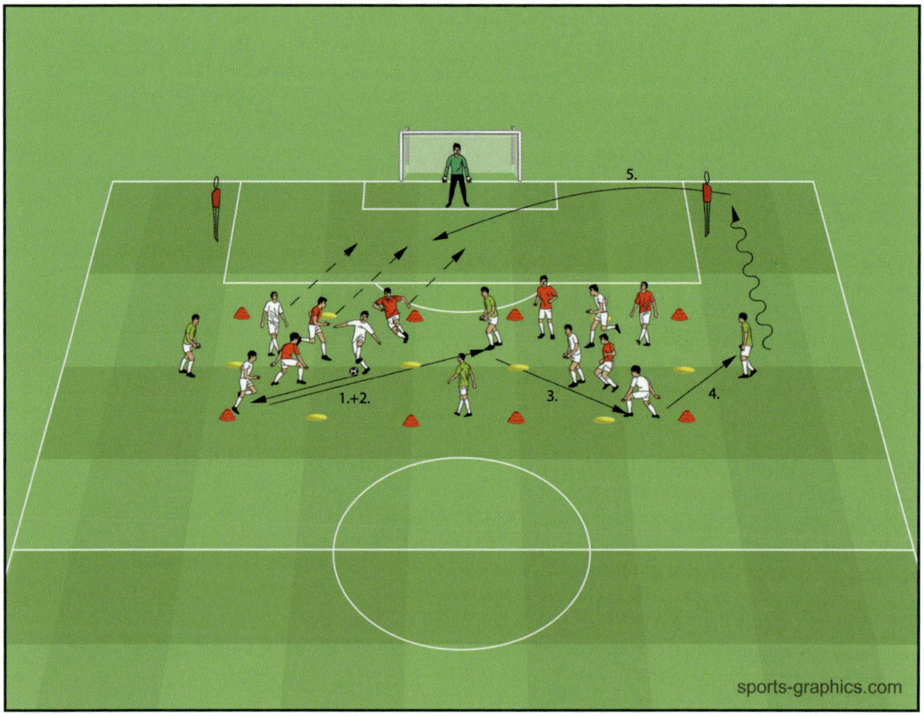

Organisation und Ablauf

- 2 x Dummys in der Mitte der äußeren 16-m-Außenlinie aufstellen.
- 2 x Vierecke 10 x 10 m markieren (5 m Abstand zur 16-m-Linie und 5 m Abstand voneinander).
- In den Zwischenraum zwischen die beiden Vierecke stellen sich 2 grüne Spieler hin und jeweils links und rechts außen neben den Vierecken einer.
- In jedem Viereck sind jeweils 3 Spieler von Team Rot und 3 Spieler von Weiß.
- In einem Feld wird 3 gegen 3 + 3 gespielt und es müssen 5 Pässe untereinander erfolgen (1.), bis ein Spieler aus der Mitte den Ball bekommt (2.) und das Spiel ins andere Feld verlagert (3.).
- Im zweiten Feld wird versucht, sofort den Flügelspieler außen in die Tiefe zu schicken (4.). Das rote Team versucht, sie dabei zu stören. Bei Ballgewinn geht's von vorne los.
- Bekommt der Außenspieler den Ball, läuft er bis zur Grundlinie am Dummy vorbei und flankt den Ball in den 16-m-Raum.
- Bei der Flanke laufen die Spieler aus dem beginnenden Viereck in den 16-m-Raum, um dann das Tor zu erzielen.

Variationen

- Seitenwechsel
- Im zweiten Feld auch mindestens 5 Pässe untereinander, bevor der Ball rausgespielt wird.
- Die gegnerische Mannschaft, aus dem startenden Viereck, darf mit in den 16-m-Raum und den Angriff verteidigen.

Hinweise und Coaching

- Kommunikation untereinander
- Umschaltspiel
- Aggressiv gegen den Ball spielen.
- Druckvolle Pässe in die Tiefe
- Auf die Positionierung in der Box achten (kurzer Pfosten, langer Pfosten und Rückraum).

Überzahlspiel mit Umschalten

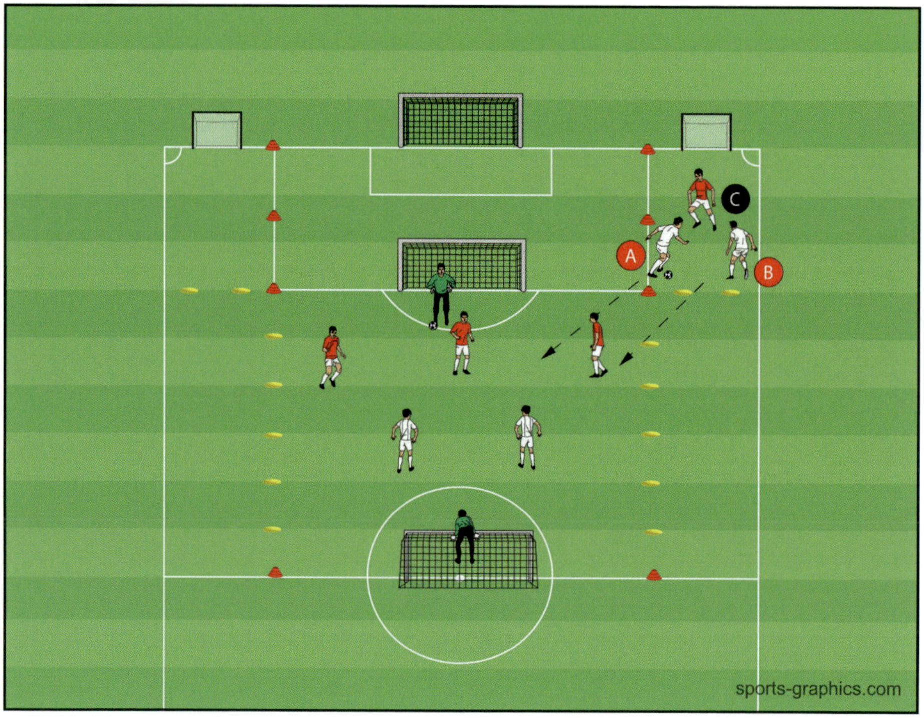

Organisation und Ablauf

- 2 x kleine Felder bilden (Länge: Grundlinie bis 16-m-Raum/Breite: 16-m-Linie bis Außenlinie) und jeweils 1 Minitor auf die Grundlinie der beiden Felder stellen.
- In das größere Feld (Länge: 16-m-Raum bis Mittellinie/Breite: 16-m-Breite) 1 Tor auf die 16-m-Linie und 1 Tor auf die Mittellinie stellen.
- Im kleinen Feld spielen Team Weiß (A und B) in Überzahl 2 gegen 1 gegen Team Rot (C) auf das Minitor. Spieler C geht auf Balleroberung.
- Im großen Feld spielt Team Rot in Überzahl 3 gegen 2 gegen Team Weiß.
- Nach der Aktion im kleinen Feld, ob Tor oder Balleroberung, startet der TW den Angriff und die Spieler A, B und C schalten um und schließen sich ihren Teams an, aus dem dann ein 4 gegen 4 wird. Die Aktion endet, bis der Ball im Tor ist und dann geht's im kleinen Feld wieder los.

Variationen

- Der Verteidiger aus dem kleinen Feld bleibt beim Umschalten im Feld, sodass im großen Feld Team Weiß 4 gegen 3 spielt. Team Rot muss somit schnell eine Überzahl ausnutzen und zum Abschluss kommen.
- Die beiden kleinen Felder spielen gleichzeitig, wodurch es im Zentrum dann zum 6 gegen 5 kommen kann.

Hinweise und Coaching

- Schnelles Umschalten
- Kommunikation untereinander
- Raumorientierung
- Schnelles Ausspielen der Torchancen

Überzahlspiel mit wechselnder Überzahl

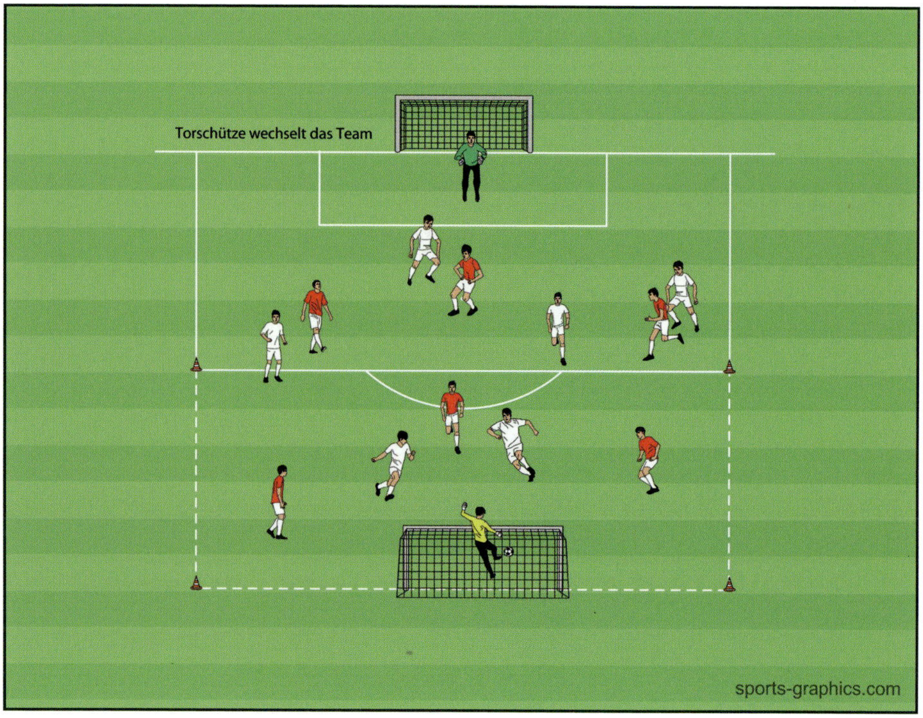

Organisation und Ablauf

- 2 Team gleichmäßig aufteilen.
- Das Spielfeld auf den doppelten 16-m-Raum vergrößern und 1 weiteres Tor aufstellen.
- Das Spielfeld bleibt schmal (16-m-Breite).
- Wenn ein Spieler ein Tor erzielt, wechselt er das Team und es entsteht ein Überzahlspiel.

Variation

- Tore zählen nur, wenn alle Spieler, aus der eigenen Mannschaft, über der Mittellinie sind.

Hinweise und Coaching

- Kommunikation untereinander
- Auf die Raumaufteilung achten.
- Schnelles Umschaltspiel

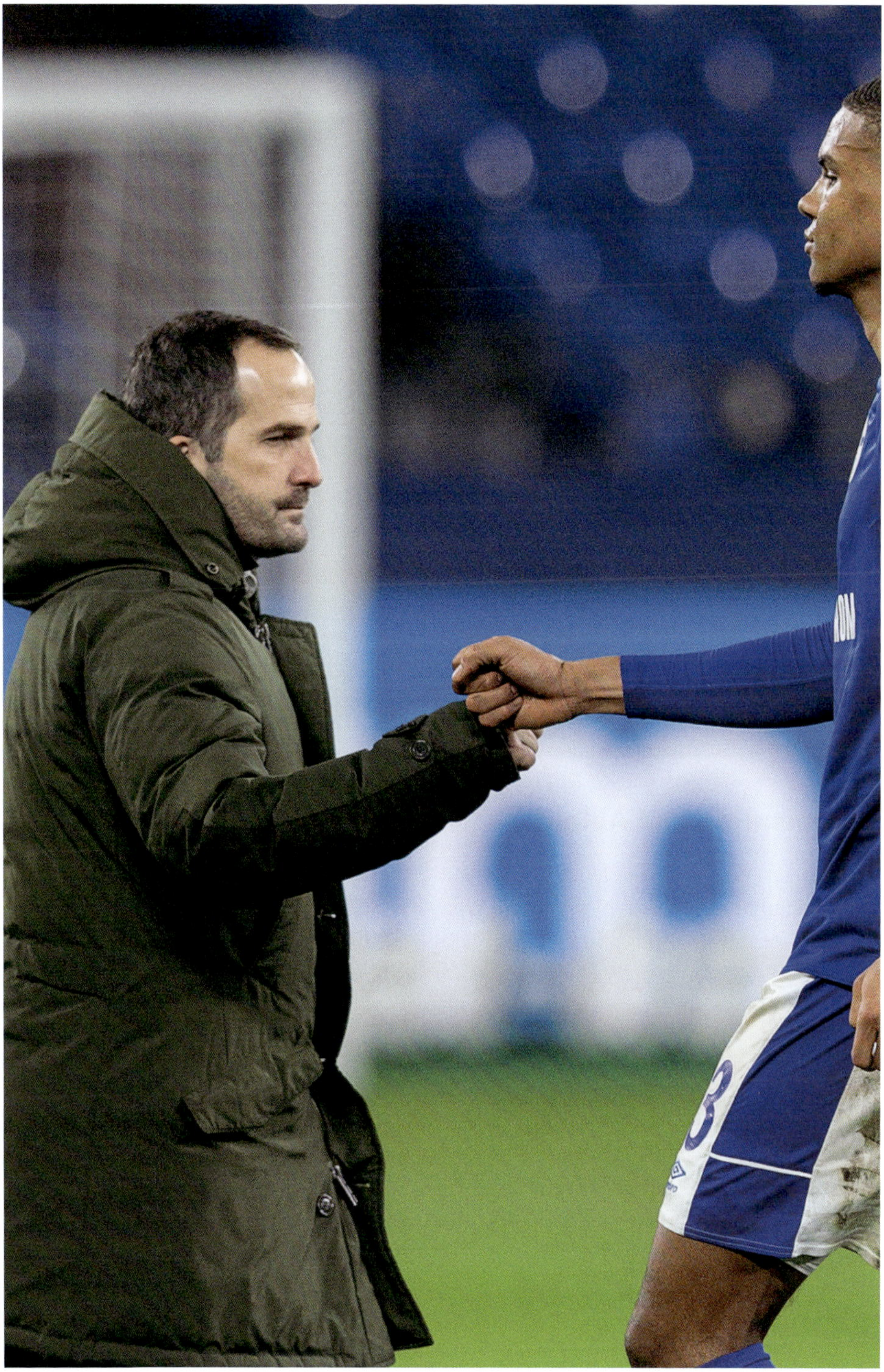

Umschaltspielform

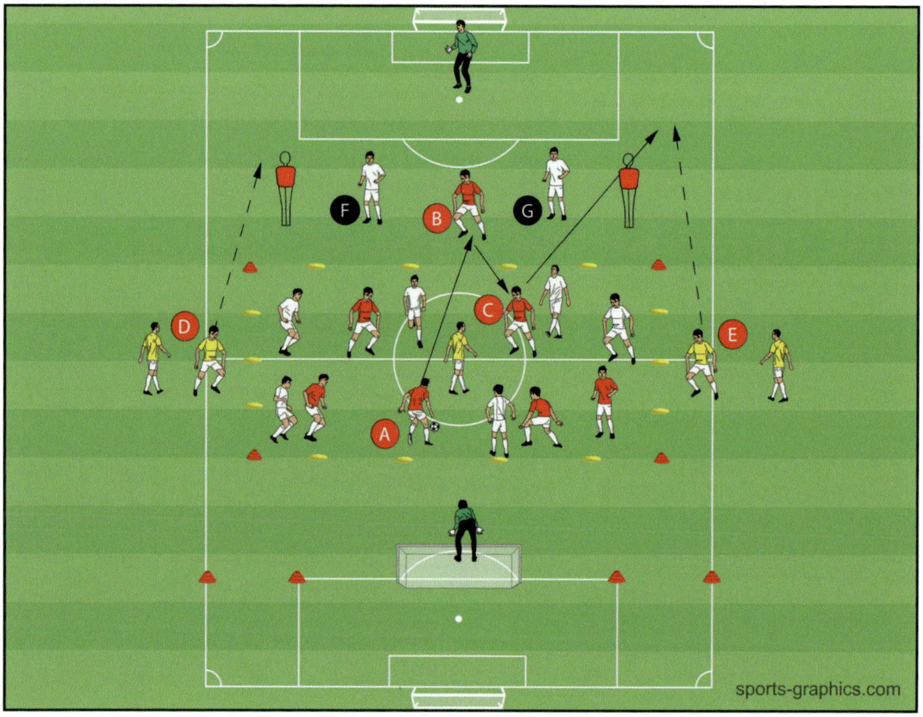

Organisation und Ablauf

- Das Spielfeld wird verkleinert (1 Tor auf den 16-m-Linie stellen) und 2 Hütchentore links und rechts werden aufgestellt (vom 16-m-Eck bis zur Außenlinie).
- Im Zentrum ein Feld aufbauen (am Mittelkreis orientieren) mit jeweils 2 m Abstand zu den Außenlinien (16 x 66 m).
- 2 x Dummys als AV aufstellen.
- Die Mannschaft in 3 Teams aufteilen ➜ angreifende Mannschaft: 7 Spieler, verteidigende Mannschaft: 8 Spieler, die Mannschaft, die bei Überzahl spielt: 5 Spieler.
- Die verteidigende Mannschaft (Weiß) stellt 2 IV (F und G) zwischen die beiden Dummys.
- Die angreifende Mannschaft (Rot) stellt 1 Stürmer nach vorne (B).
- Die Außenpositionen des Feldes werden von der Überzahlmannschaft (Gelb: E und D) eingenommen (doppelt besetzt) und im Zentrum steht ein weiterer Spieler für die Überzahl zur Verfügung.
- Team Rot spielt im Zentrum Überzahl 6 gegen 6 + 3. Sie spielen auf Ballhalten und ein Spieler (A) muss versuchen, den Stürmer (B) in der Tiefe anzuspielen, der

klatschen lässt auf Spieler C und der dann den Ball auf Spieler E oder D in die Tiefe nach außen spielt.

- Spieler D und E laufen mit, der eine flankt den Ball in die Mitte und der andere läuft mit Spieler B in den 16-m-Raum, um das Tor zu erzielen. Spieler F und G versuchen dabei, die Aktion zu verteidigen.
- Falls Team Weiß (die verteidigende Mannschaft) den Ball erobert, erfolgt das Umschaltspiel und sie können direkt auf das gegnerische Tor spielen und einen Treffer erzielen oder dribbeln durch eins der äußeren Hütchentore.

Variationen

- Maximal 2 Kontakte im großen Feld
- 2 weitere Spieler (insgesamt 4 Spieler) dürfen beim Flanken mit in die Box laufen.

Hinweise und Coaching

- Auf die Raumaufteilung achten.
- Schnelles Umschalten
- Kommunikation untereinander
- Druckpässe/Passschärfe

Vertikalspiel

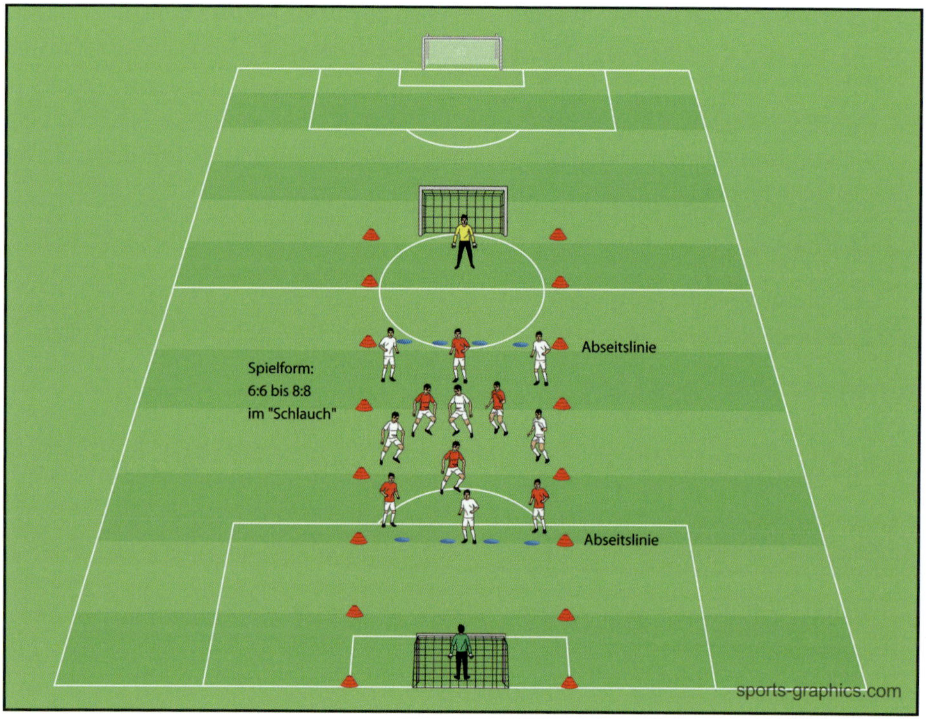

Organisation und Ablauf

- 1 schmales Feld markieren (Länge: 59 m, Ende des Mittelkreises/Breite: 18 m, 5-m-Raum Breite). 1 Tor auf den Mittelkreis, in der anderen Spielhälfte, aufstellen. Auf den Anfang des Mittelkreises und 1 m vor der 16-m-Linie blaue Hütchen (Platten) hinlegen, die die Abseitslinie markieren.
- 2 Teams aufteilen (Größe 6 gegen 6 bis 8 gegen 8 + die 2 Torhüter).
- Die Mannschaften spielen im markierten Feld gegeneinander mit maximal 2 Kontakten.
- Abseits gilt ab der Markierung (blaue Hütchen).
- Tore zählen nur außerhalb des Zentrums.

Variationen

- Der Ball darf nur nach vorne gespielt werden (nach hinten spielen = Ballverlust).
- Mit nur 1 Kontakt spielen.

Hinweise und Coaching

- Auf die Raumaufteilung achten.
- Viel Bewegung
- Kommunikation untereinander
- Auf Abseits achten.

Zweikampf 3 gegen 2 zu 1 gegen 1

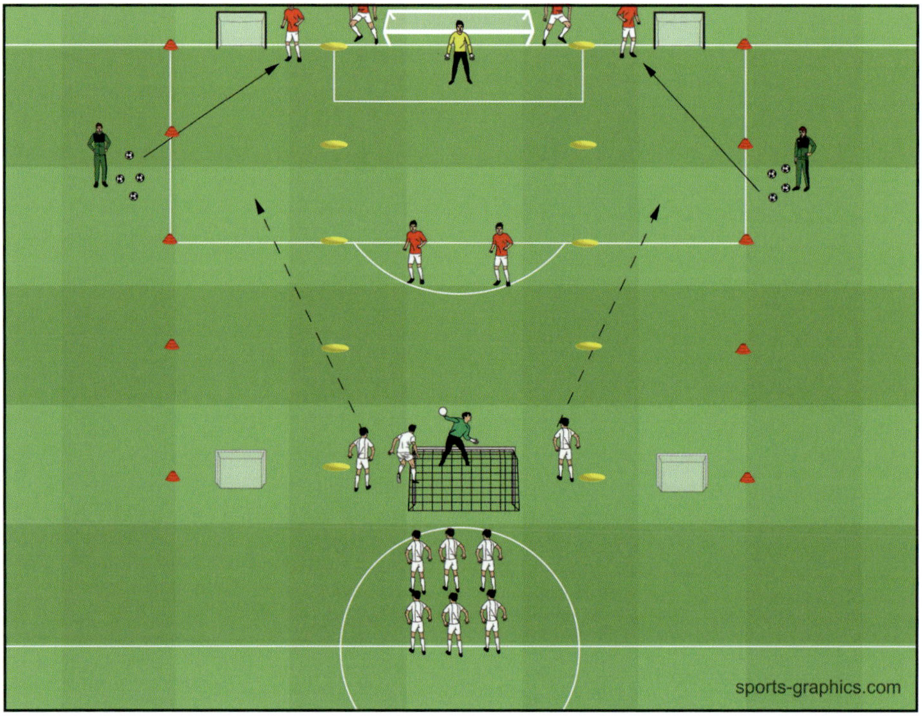

Organisation und Ablauf

- 3 Felder werden markiert (Feldlänge: doppelter 16-m-Raum/Breite: 2 x von der 5-m-Linie bis zur 16-m-Außenlinie und 1 x die Breite des 5-m-Raums).
- 1 Tor unten ins mittlere Feld und 4 Minitore auf die jeweiligen Grundlinien der 2 anderen Felder stellen.
- 2 Team aufteilen, die Spieler stellen sich jeweils neben ihre Tore.
- Zu Beginn stellen sich 2 Verteidiger (Team Rot) ins mittlere Feld. Das angreifende Team (Weiß) spielt im 3 gegen 2 in Überzahl auf das große Tor.
- Nach dem Abschluss spielen die Trainer, die neben dem 16-m-Raum stehen, Bälle ins linke und rechts Feld rein. 2 Spieler von Team Weiß schalten nach ihrer Aktion jeweils in eins der äußeren Felder in die Defensive um und spielen 1 gegen 1 auf die Minitore gegen Spieler, die von der Grundlinie starten.

Variationen

- Der Spieler von Team Weiß bleibt in der Mitte und spielt in Unterzahl gegen Team Rot, das den Ball vom TW bekommt.
- Der Torabschluss muss in einer vorgegebenen Zeit (Beispiel 5 Sekunden) erfolgen.

Hinweise und Coaching

- Hohes Tempo in den Aktionen
- Kommunikation untereinander
- Schnelles Umschaltspiel

Kleinspielform Umschalten

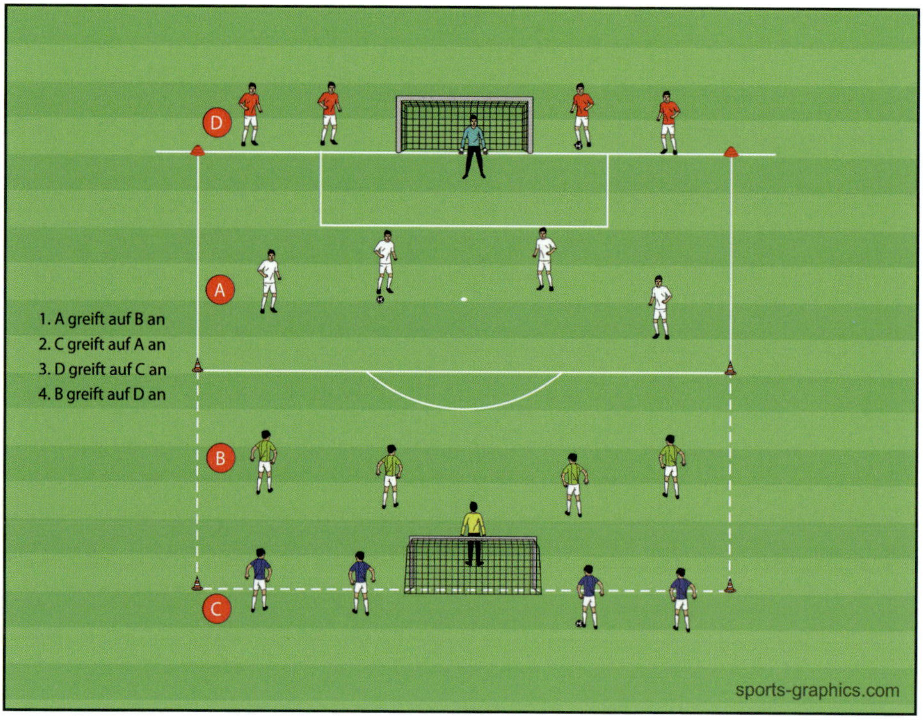

Organisation und Ablauf

- Es wird 1 Spielfeld in der Größe des doppelten 16-m-Raums markiert. Insgesamt werden 4 x Viererteams gebildet.
- Die Tore werden von 2 Torhütern besetzt. Jeweils ein Team positioniert sich im Feld, das andere geht mit Bällen neben bzw. hinter das Tor.
- Jedes Viererteam spielt nun eine Offensiv- und eine Defensivaktion und verlässt im Anschluss das Feld wieder auf seiner Seite. A greift auf B offensiv an. Nach Ballverlust (B muss einen Ball zum Torwart spielen, über eine beliebige Linie dribbeln oder den Ball negativ als Ausball gewinnen) greift C offensiv auf A an. Dann D auf C und zum Schluss B auf D.
- Der Vorgang wiederholt sich endlos in der vorgegebenen Spielzeit, z. B. 4 x 4 Minuten. Der Ballgewinn der Defensivaktion entscheidet, ob der Torhüter den Ball ins Spiel bringt oder die Mannschaft hinter dem Tor mit Ball eindribbelt.
- Beim Ball zum Torhüter ist die Eröffnung über ihn, ansonsten kommt das Team mit Ball ins Feld (Ausball, Überdribbeln der Linie des Defensivteams).

Variationen

- Die Zahlenverhältnisse auf 3 gegen 3 anpassen.
- Bei Torerfolg gibt es einen neuen Ball für das Offensivteam und es spielt die gleiche Aktion noch einmal auf die aktuell verteidigende Defensivmannschaft.

Hinweise und Coaching

- Schnell in den Offensivaktionen umschalten und zielstrebig den Torabschluss suchen über Tempodribblings und tiefe Laufwege.
- Offensiv so breit wie nötig, so tief wie möglich agieren, um immer Torgefahr auszustrahlen.
- Defensiv sofort mit einem Sprint umschalten und hinter den Ball kommen, das Zentrum stärken.
- Dennoch Druck auf den Ball geben, da fast jede Position bei einem Abschluss torgefährlich ist.

Rondo mit Felderwechsel

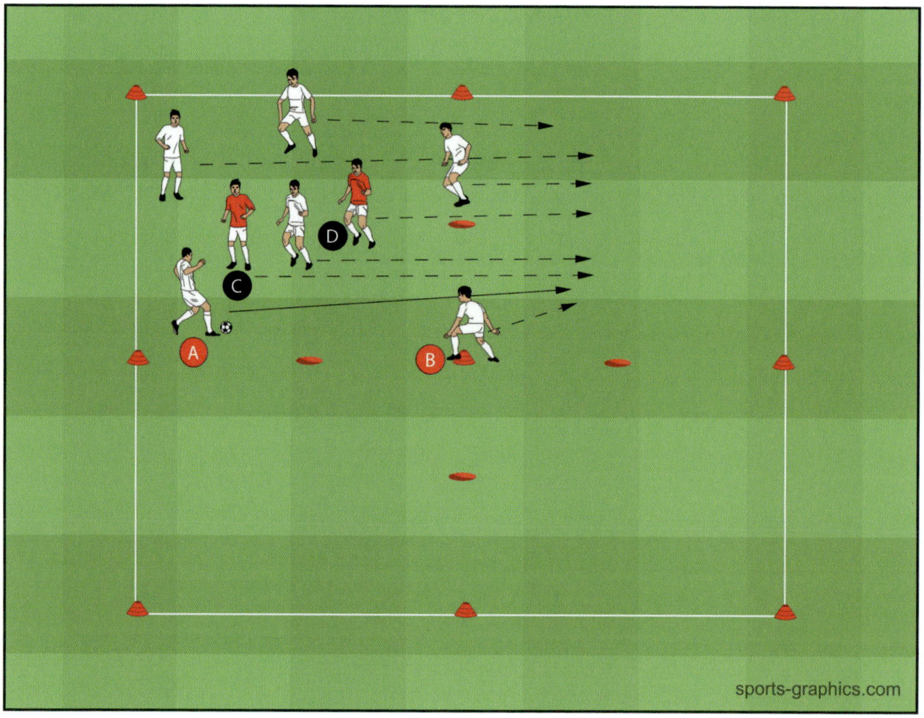

Organisation und Ablauf

- Es wird 1 großes Viereck markiert mit 20 x 20 m und dieses in 4 kleine Vierecke à 10 x 10 m unterteilt.
- In einem Viereck startet ein 6 gegen 2 und die Spieler versuchen, mindestens 5 Pässe in den eigenen Reihen zu spielen. Es wird mit 2 Ballkontakten gespielt. Nach diesen 5 Pässen soll das Spielfeld über einen Pass gewechselt werden (in dem Fall A auf B). Alle Spieler rücken nach (so auch die beiden defensiven Spieler C und B) und versuchen, im anderen Viereck wieder mindestens 5 Pässe zu erzielen.
- Das Ziel ist es, eine Runde mit oder gegen den Uhrzeigersinn ohne Ballverlust mit mindestens jeweils 5 Pässen pro Viereck zu erzielen. Die Defensivspieler werden bei Ballgewinn sofort gewechselt. Die letzten beiden Spieler am Ball gehen in die Mitte und versuchen, den Ball zu erobern.

Variationen

- Die Anzahl der Pässe pro Feld erhöhen.
- Je höher das Leistungsniveau ist, desto weniger Spieler sind in der Überzahl. Bedeutet: Gelingt keine Verlagerung in ein anderes Feld, die Überzahlsituation am Ball durch ein steigendes Zahlenverhältnis erhöhen (7 gegen 2, 8 gegen 2 usw.) oder den Spielern freie oder mehr Kontakte gewähren.

Hinweise und Coaching

- Nach dem fünften Pass sofort Angebote im benachbarten Feld geben.
- Das Zentrum ist im Ballbesitz immer besetzt.
- Sich aus dem Deckungsschatten lösen und immer anspielbar sein.
- Aktive Vorspannung aufbauen („Tippeln") und schon auf dem Vorderfuß immer unterwegs sein.

Übergangsspiel

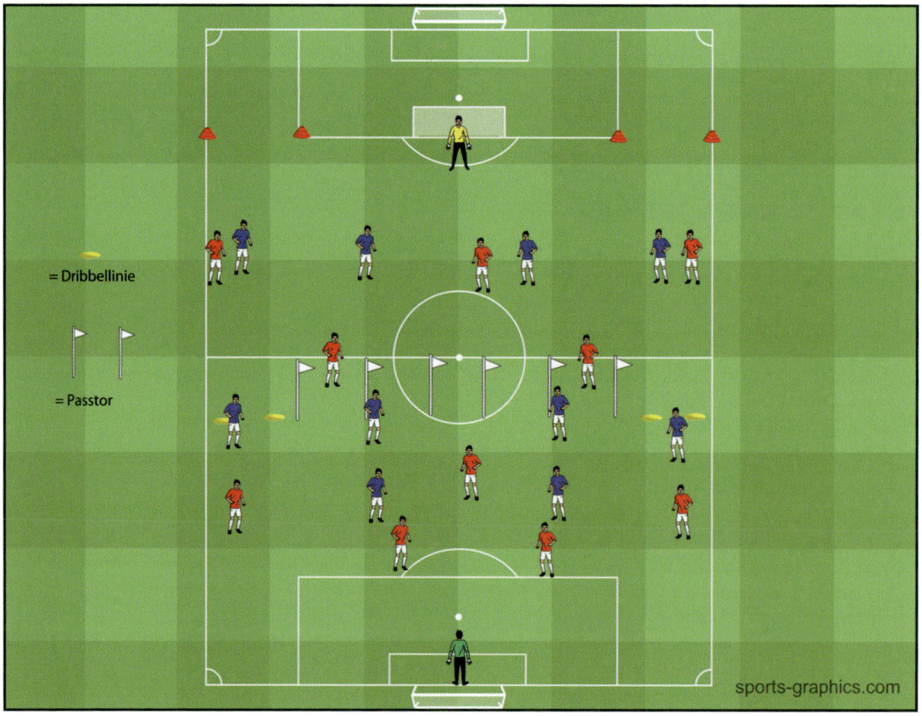

Organisation und Ablauf

- Das Spielfeld wird auf einer Seite bis zum 16-m-Raum verkürzt und dort wird 1 mobiles Tor aufgestellt. In Höhe des Mittelkreises werden 3 Passtore und 2 Dribbellinien installiert.
- Die Mannschaft in Ballbesitz baut in ihrer Grundordnung (hier: rot = 4:3:3) gegen das blaue Team auf und versucht, kontrolliert ins letzte Drittel zu gelangen. Hierfür kann das rote Team sowohl einen Pass durchs Zentrum oder in die Halbräume ins letzte Drittel spielen oder über die beiden äußeren Dribbellinien hineingelangen. Im Anschluss ist das Spiel frei und es wird ein normales 11 gegen 11 über das gesamte abgesteckte Spielfeld gespielt.
- Nach 1 Minute freiem Spiel erneut mit einer Aufbauaktion beginnen. Ziel des Spiels ist es, die erste und zweite Pressinglinie des Gegners im Aufbau- und Übergangsspiel kontrolliert und flach zu überspielen und ins letzte Drittel zu gelangen.

Variation

- Die Grundordnungen der beiden Teams im 11 gegen 11 variieren je nach eigenem und gegnerischem Spielsystem.

Hinweise und Coaching

- Der 6er bindet die beiden Spitzen und ist immer auf Schnittstelle hinter ihnen anspielbar.
- Der Torhüter soll als Überzahlspieler gegen hohes Pressing agieren.
- AV immer auf Schulterhöhe des gegnerischen Außenspielers anbieten.

Zonenspielform

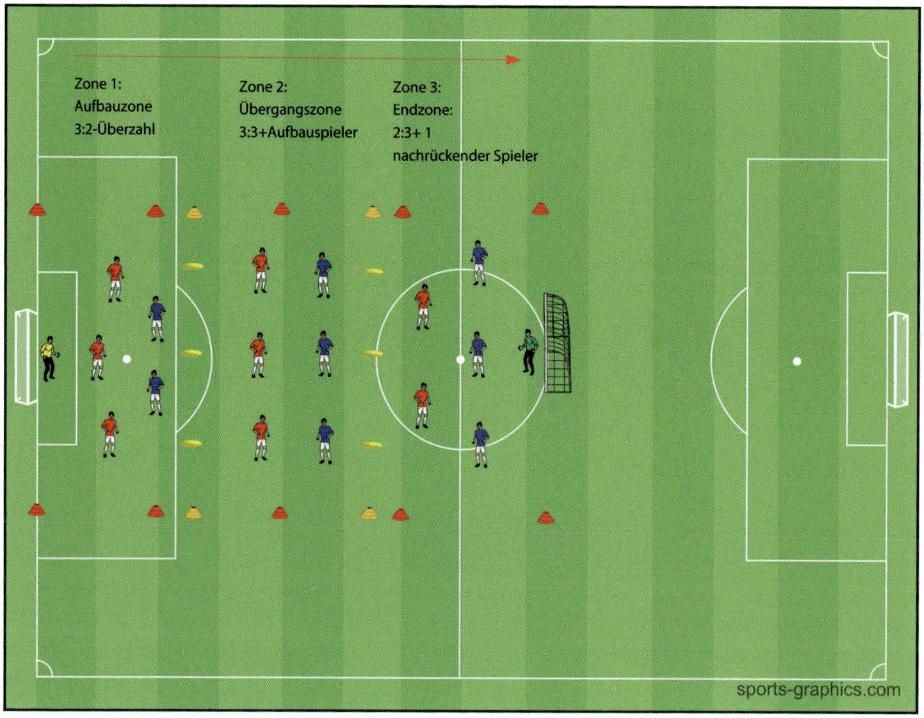

Organisation und Ablauf

- Das Spielfeld 60 m Tiefe (3 m von der 16-m-Linie eingerückt) wird in 3 Zonen eingeteilt. Jede Zone ist 20 m lang. Die Teams werden zu je 8 Spielern eingeteilt + TWs, wobei sich in der Aufbauzone 3 Spieler, in der Mittelzone ebenfalls 3 Spieler und in der Endzone 2 Spieler bewegen. Dies sollte möglichst positionsspezifisch geschehen.
- Im Aufbau wird somit ein 3 gegen 2 – offensiv ausgespielt, wobei ein Spieler freigespielt werden soll, und sich über ein Liniendribbling in die Mittelzone einschalten darf zum 4 gegen 3. Hier gilt das Gleiche: Überzahl ausspielen und mit einem Dribbling in die Endzone gelangen. Hier wird dann ein 3 gegen 3 (durch den nachrückenden Spieler) gespielt bis zum Torabschluss.
- Sollte die Defensivmannschaft den Ball erobern, gibt es eine freie Kontersituation (ohne Zonenregel) im freien 8 gegen 8. Anschließend wechselt die Aufgabe nach Ballgewinn und Konter unabhängig von Torerfolg oder nicht. Es darf keine Zone überspielt werden.

Variationen

- In der Mittelzone mit einem zusätzlichen neutralen Spieler
- In die nächste Zone darf nicht nur gedribbelt werden, sondern man darf auch über einen Pass in die nächste Zone gelangen.

Hinweise und Coaching

- Die Spieler des Gegners über Andribbeln binden und somit Freiräume für weitere Spieler schaffen.
- So breit wie nötig und so tief wie möglich auffächern, um so in den Rücken des Gegners zu kommen und bei Ballverlust schneller gegenzupressen.

Überzahlspiel

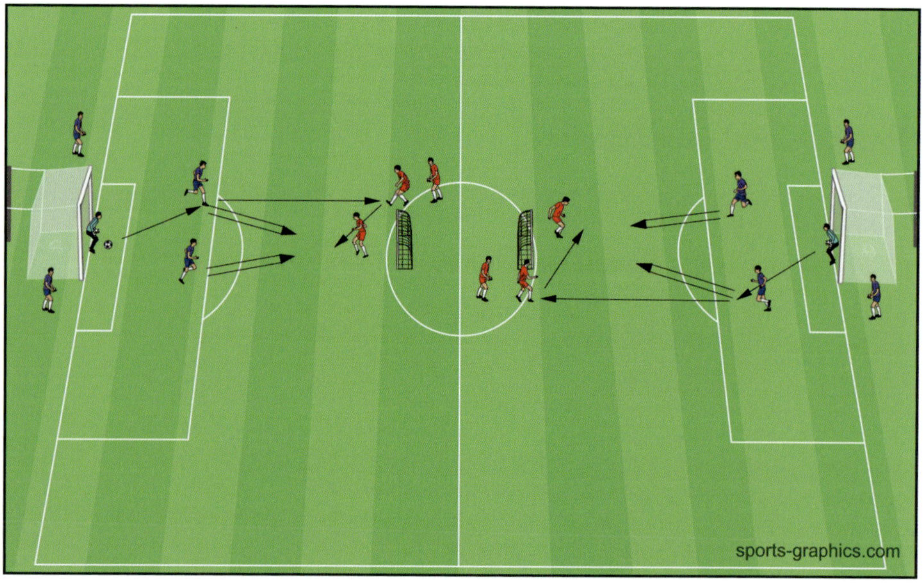

Organisation und Ablauf

- 2 Felder mit jeweils 1 Tor mit Torhüter und 1 Minitor errichten.
- 2 gleich große Gruppen bilden und sie den Feldern zuweisen.
- 2 Verteidiger und 1 Angreifer vor dem Tor mit Torhüter postieren.
- Der Torhüter passt zu einem der beiden Verteidiger, der den Ball zum Anspieler neben dem Minitor weiterleitet.
- Dieser lässt auf den Angreifer vor dem Tor zum 1 gegen 2 bis zum Torabschluss prallen.
- Erobern die Verteidiger den Ball, kontern sie auf das Minitor.

Variation

- Den Angreifer neben dem Minitor platzieren, um frontale 1-gegen-2-Situationen zu schulen.

Hinweise und Coaching

- Der Schwerpunkt ist das Verhalten der Verteidiger in Überzahlsituationen.
- Sie sollen zunächst eigene Lösungswege finden und durch geschickte Fragen auf das richtige Abwehrverhalten hingewiesen werden.
- Besonders wichtig ist es, den Verteidigern nach Balleroberung eine Kontermöglichkeit anzubieten.

3-gegen-1-Überzahl

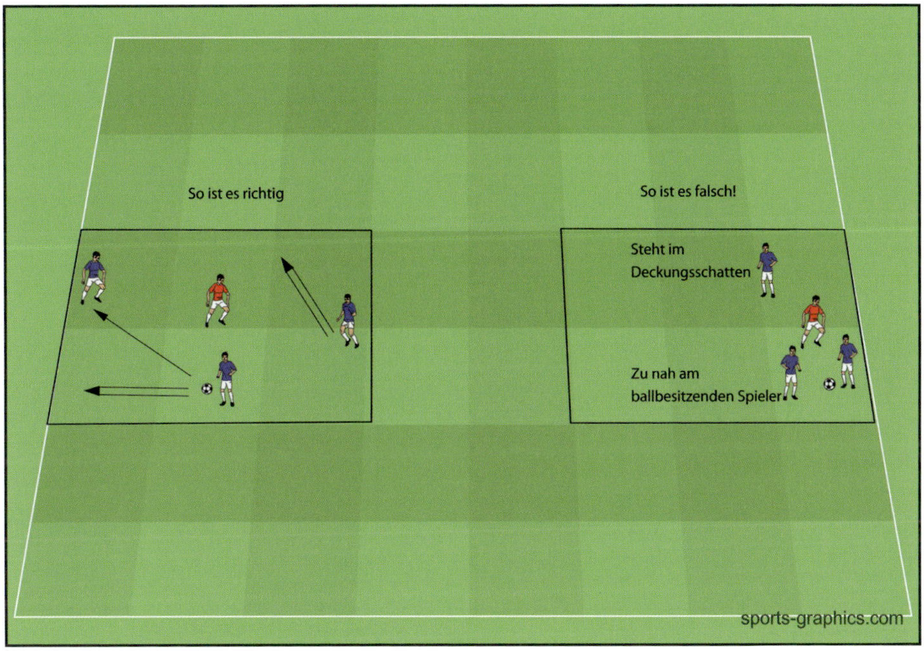

Organisation und Ablauf

- Spielfeld: ca. 12 x 12 m
- 4 Spieler pro Gruppe und 1 Ball
- Die Spieler passen sich im 3 gegen 1 den Ball zu.
- Dabei hat der Abwehrspieler ein Leibchen oder Ähnliches in der Hand und wird regelmäßig ausgetauscht.
- Der Ballbesitzer soll zu beiden Seiten Anspielstationen haben.
- 2 Kontakte zu Beginn

Variationen

- Direktspiel
- 2 Pflichtkontakte

Hinweise und Coaching

- Der Passspieler bewegt sich immer in Richtung Pass nach außen.
- Anbieten und Freilaufen im Überzahlspiel 3 gegen 1
- „Den Passweg auslaufen".
- Sich aus dem Deckungsschatten des Abwehrspielers freilaufen.

Pressing in Überzahl

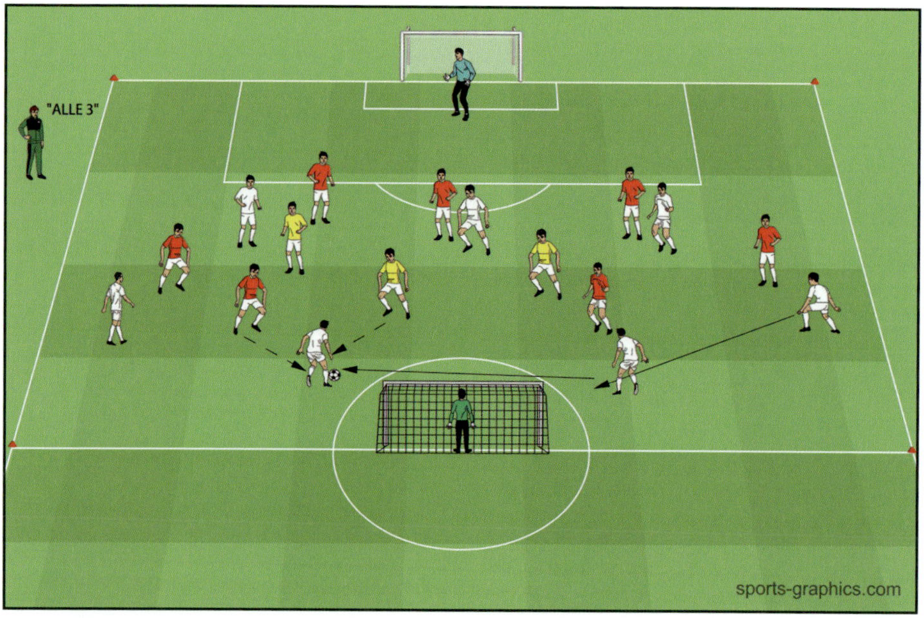

Organisation und Ablauf

- 1 halbes Spielfeld abstecken.
- 3 neutrale Spieler bestimmen.
- 2 Torhüter in Großtoren
- Es wird 7 gegen 7 gespielt.
- Die neutralen Spieler werden vom Trainer in jeder Situation, die er für ein Pressing geeignet hält, durch Zuruf aktiviert.
- Sie unterstützen dann bis zum Ballgewinn oder Torabschluss die zu diesem Zeitpunkt verteidigende Mannschaft.
- Neutrale Spieler können einzeln oder in einem aktiviert werden.

Variationen

- Die Anzahl der Kontakte variieren.
- Zeitlimit von 2 Minuten

Hinweise und Coaching

- Umschalten nach Ballverlust und Ballgewinn
- Den Torabschluss suchen.
- Kein Ballbesitzspiel praktizieren.

Pressing unter Zeitdruck

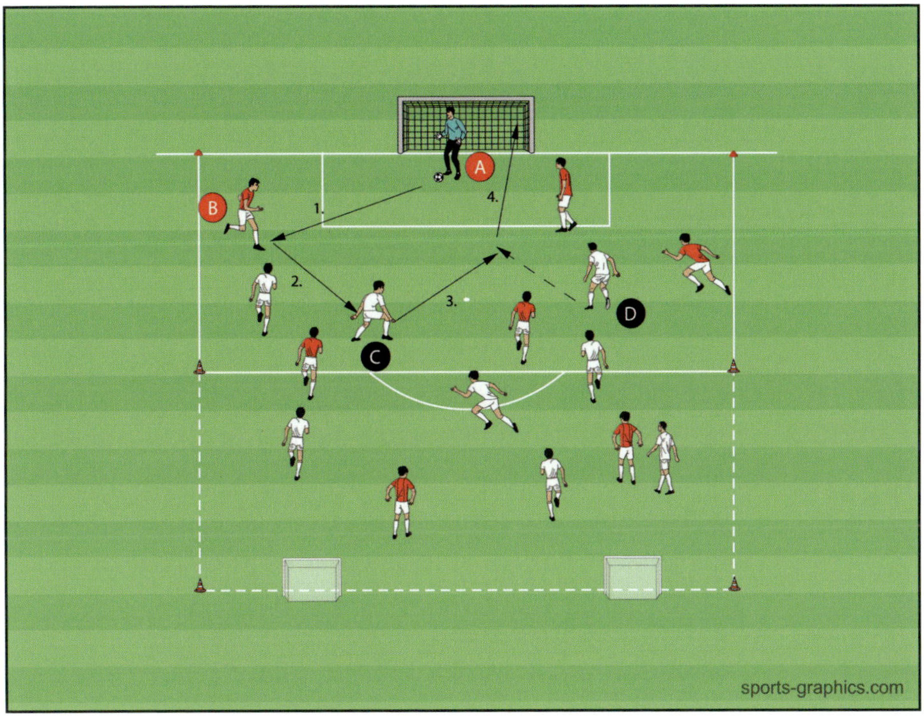

Organisation und Ablauf

- 2 Felder aufbauen.
- 1 mit Großtor, 1 mit 2 Minitoren
- Das Unterzahlteam eröffnet stets das Spiel.
- Das Überzahlteam liegt 3:1 zurück bei 6 Minuten Spielzeit.
- Also muss das Überzahlteam stets Pressing spielen.
- Der Torhüter des Unterzahlteams darf nicht über die Mittellinie spielen.

Variationen

- Zeitlimit von 3 Minuten
- Trifft das Überzahlteam, muss 1 Spieler des Unterzahlteams für 1 Minute raus.

Hinweise und Coaching

- Größtmöglicher Pressingdruck vom Überzahlteam
- Lautstarkes Agieren

Räume nutzen

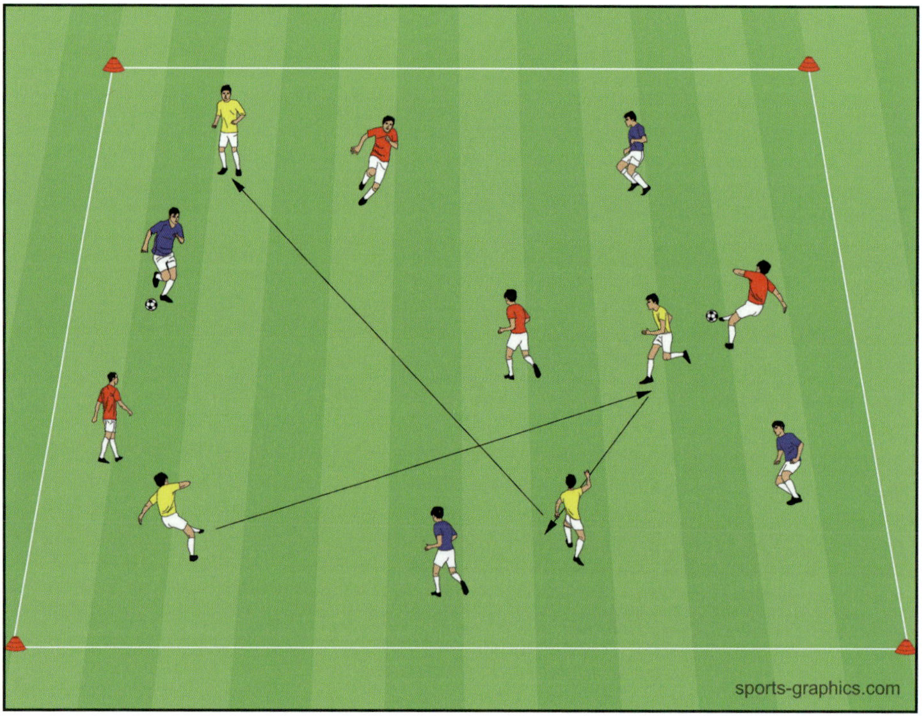

Organisation und Ablauf

- Die Spieler werden in 3 Vierergruppen eingeteilt.
- Pro Gruppe gibt es 1 Ball.
- Die Übung wird in 3 Phasen durchgeführt.
- Phase 1: 7 Minuten
- Phase 2: 7 Minuten
- Phase 3: 15 Minuten (1 Minute Pause)
- Phase 1: Die Spieler passen sich den Ball ohne Kontaktvorgabe zu. Nach dem jeweiligen Abspiel sucht sich der Passgeber sofort wieder einen freien Raum.
- Phase 2: Die Spieler passen sich den Ball mit maximal 2 Kontakten zu. Je nach Leistungsstandard auch nur direkt möglich. Das Anbieten so oft wie möglich so wählen, dass der Ball zwischen 2 Gegenspielern durchgepasst werden kann.
- Phase 3: Spielform 4 + 4 gegen 4 (Spielfeldgröße dem Leistungsniveau anpassen) mit maximal 2 Ballkontakten. Die Mannschaft, die einen Fehler verursacht, tauscht sofort mit dem Team, das den Ball erobert hat.

Variationen

- Die Ballkontakte variieren.
- Als Eroberung zählt, wenn das Team sich den Ball einmal zuspielen kann.

Hinweise und Coaching

- Ständiges Anbieten und Ausnutzen der Räume (nicht zu eng werden)
- Blick über die Schulter beim Anbieten und vor der Ballverarbeitung
- Bewegung von allen Spielern
- Orientierung des Passempfängers und Passgebers

Rotationsspiel

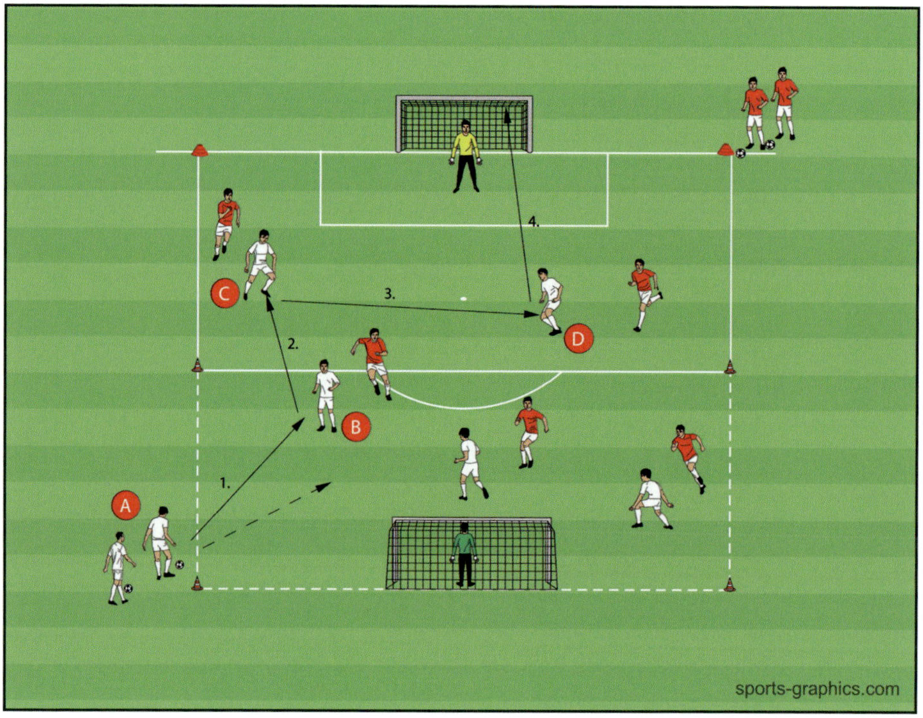

Organisation und Ablauf

- 1 Spielfeld mit 2 großen Toren mit Torhütern einrichten.
- 2 Mannschaften bilden.
- Je Team 2 „Rotationsspieler" bestimmen.
- Die „Rotationsspieler" stellen sich auf der eigenen Grundlinie an einer Ecke des Feldes auf.
- Die Mannschaften postieren sich mit je 5 Spielern im Feld.
- Der erste „Rotationsspieler" von Weiß startet per Einwurf die Aktion und rückt zum 6 gegen 5 nach.
- Farbe 1 agiert so lange in Überzahl, bis die Aktion abgeschlossen ist. Anschließend verlässt ein anderer Spieler der Mannschaft das Feld und wird „Rotationsspieler".
- Farbe 2 startet die nächste Aktion usw.

Variationen

- Die „Rotationsspieler" starten von unterschiedlichen Positionen ins Feld.
- Ins Feld dribbeln.
- Die „Rotationsspieler" dürfen nur mit maximal 2 Kontakten agieren.
- Tore der „Rotationsspieler" zählen doppelt.

Hinweise und Coaching

- Jede Aktion wird durch die „Rotationsspieler" gestartet.
- Vor Spielbeginn eine Reihenfolge festlegen, in der die Spieler das Feld verlassen.
- Die nächste Aktion kann erst gestartet werden, wenn ein Spieler das Feld verlassen hat.

Rotierende Anspieler

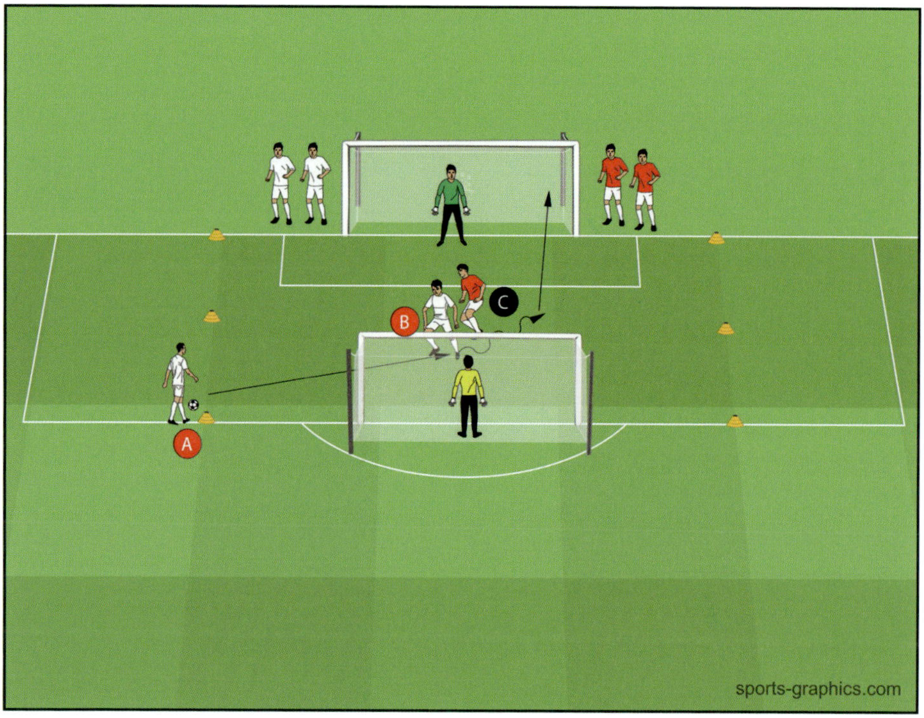

Organisation und Ablauf

- 1 großes Tor mit Torhüter und 1 Hütchenlinie einrichten
- 1 Anspieler benennen, alle übrigen Spieler paarweise zuordnen (je 1 Angreifer und 1 Verteidiger).
- Das erste Spielerpaar stellt sich im Feld auf.
- Der Anspieler passt flach zum Angreifer ins Feld.
- Der Verteidiger versucht, sich so im Rücken des Angreifers zu postieren, dass er den Ball erobern und über die Hütchenlinie kontern kann.
- Gelingt es dem Angreifer, den Verteidiger im 1 gegen 1 auszuspielen, schließt er auf das Tor mit Torhüter ab.
- Den Anspieler nach einigen Aktionen wechseln.

Hinweise und Coaching

- In der vorgestellten Spielform steht das Verteidigerverhalten im Mittelpunkt der Trainerkorrektur.
- Als Verteidiger darauf achten, stets leicht nach innen versetzt im Rücken des Angreifers zu agieren.
- Bei der An- und Mitnahme des Angreifers möglichst dicht „dranbleiben", ohne den Angreifer jedoch zu berühren.
- Ein Aufdrehen des Angreifers zum Tor unbedingt vermeiden!
- Um die An- und Mitnahme des Angreifers zu erschweren, den Ball gegebenenfalls per Einwurf halbhoch zuspielen lassen.
- Die Verteidiger sollten das Ziel haben, den Ball möglichst aktiv zu erobern und nicht nur den Angriff zu zerstören.

Überzahl mit Rückstandoption

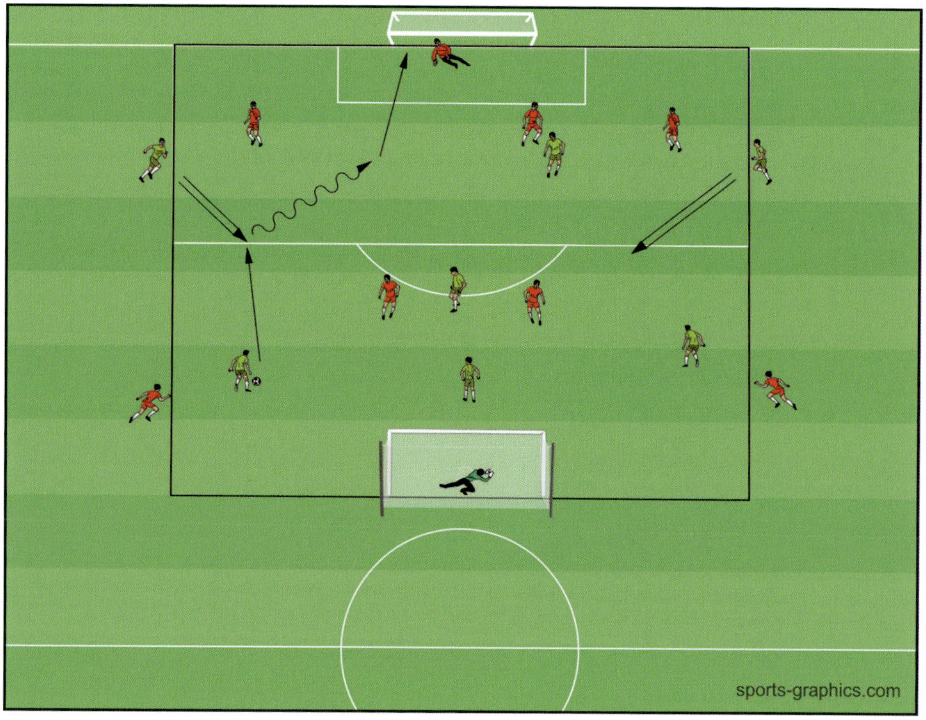

Organisation und Ablauf

- 1 Spielfeld mit 2 großen Toren mit Torhütern einrichten.
- Die Mittellinie markieren.
- 2 Teams bilden.
- Jede Mannschaft stellt 2 Anspieler, die sich jeweils an den Seitenlinien der gegnerischen Hälfte postieren.
- 5 gegen 5 auf die beiden Tore mit Torhütern.
- Beide Mannschaften können ihre Anspieler in den Angriffsaufbau einbeziehen.
- Gerät eine Mannschaft in Rückstand, so können die beiden Anspieler ins Feld wechseln und die zurückliegende Mannschaft agiert so lange im 7 gegen 5, bis sie den Ausgleich erzielt.
- Die Anspieler nach jeweils 2 Minuten wechseln.

Variationen

- Die Anspieler müssen im Direktspiel agieren.
- Die Überzahlmannschaft darf mit höchstens 3 Kontakten agieren.

Coachingpunkte

- Durch den schnellen Wechsel der Überzahlverhältnisse müssen sich die Spieler stets auf neue Situationen einstellen.
- Rücken die Außenspieler ins Feld, müssen sie möglichst schnell passende Positionen einnehmen. Hierbei als Trainer zunächst keine Vorgaben machen und die Spieler selbstständig Lösungsmöglichkeiten suchen lassen.

Umschalten à la Valencia

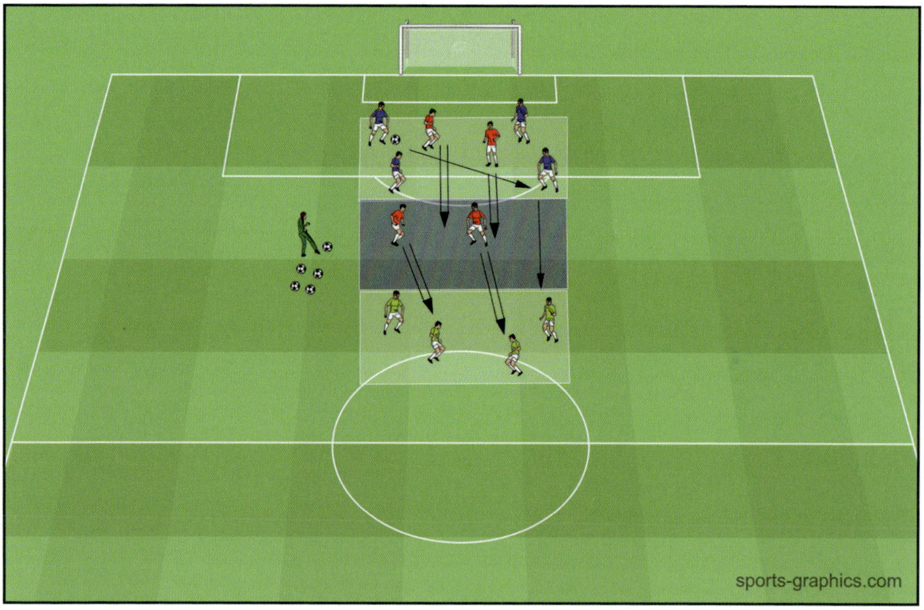

Organisation und Ablauf

- Das Spielfeld in 3 Zonen aufteilen.
- 3 Teams mit mindestens 4 Spielern bilden.
- Das Balldepot ist beim Trainer.
- In einer Zone wird 4 gegen 2 gespielt.
- Nach 5 Zuspielen kann eine Zone überspielt werden.
- 2 Spieler (Farbe 1) versuchen, in Ballbesitz zu kommen, die anderen 2 der verteidigenden Mannschaft befinden sich in der mittleren Zone und versuchen, das Zuspiel in die dritte Zone zu verhindern.

Variationen

- Bei Ballverlust spielt der Trainer den Ball in die dritte Zone ein und Farbe 2 wird zur verteidigenden Mannschaft gegen Farbe 3.
- Zuspiel in die entfernte Zone = 1 Punkt

Hinweise und Coaching

- Das Umschaltverhalten lautstark einfordern.
- Anbieten/Freilaufen als klares Prinzip
- Passspiel scharf und vor allem flach

Risikobonus

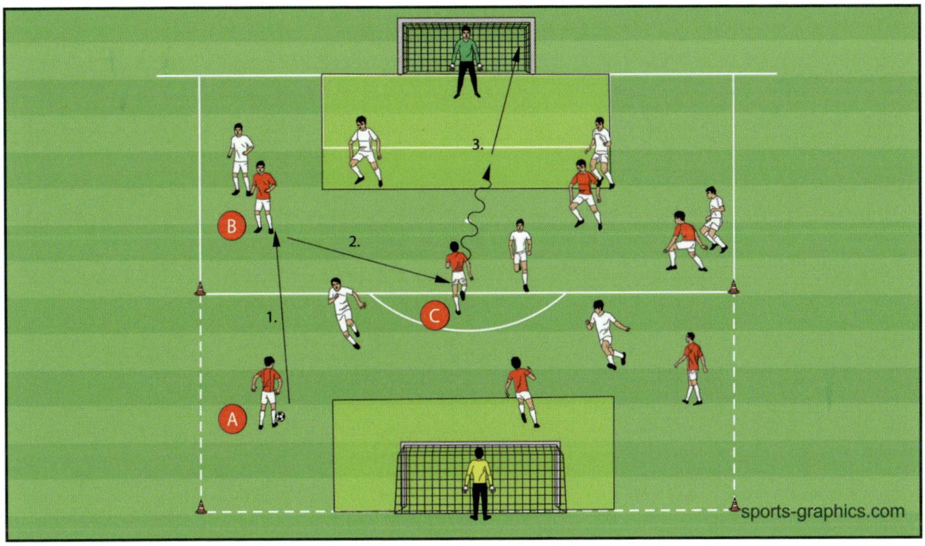

Organisation und Ablauf

- 1 Spielfeld mit 2 großen Toren aufbauen.
- Vor beiden Toren je 1 Zone einrichten.
- 2 Mannschaften bilden.
- Jedes Team stellt 1 Torhüter.
- 7 gegen 7 auf die Tore mit Torhütern
- Jeder erzielte Treffer ergibt 2 Punkte für die Mannschaftswertung.
- Gelingt es einem Ballbesitzer, in die Zone vor dem gegnerischen Tor zu dribbeln, so erhält sein Team 1 Zusatzpunkt.
- Welche Mannschaft gewinnt die meisten Punkte?

Variationen

- Die Ballbesitzer dürfen mit maximal 3 Kontakten agieren.
- Erzielt der Ballbesitzer, der in den gegnerischen Strafraum dribbelt, einen Treffer, ohne dass zuvor ein Verteidiger den Ball berührt, so zählt dieser Treffer 5 Punkte.

Hinweise und Coaching

- Das Spiel läuft weitestgehend frei ab.
- Mutige Dribblings in die Zone vor dem Tor fordern.
- Als Trainer sich vorwiegend auf die Zuschauerrolle beschränken. Hier kann er sehr gut beobachten, welche Spieler aus eigenem Antrieb Verantwortung übernehmen.

Hinter den Toren

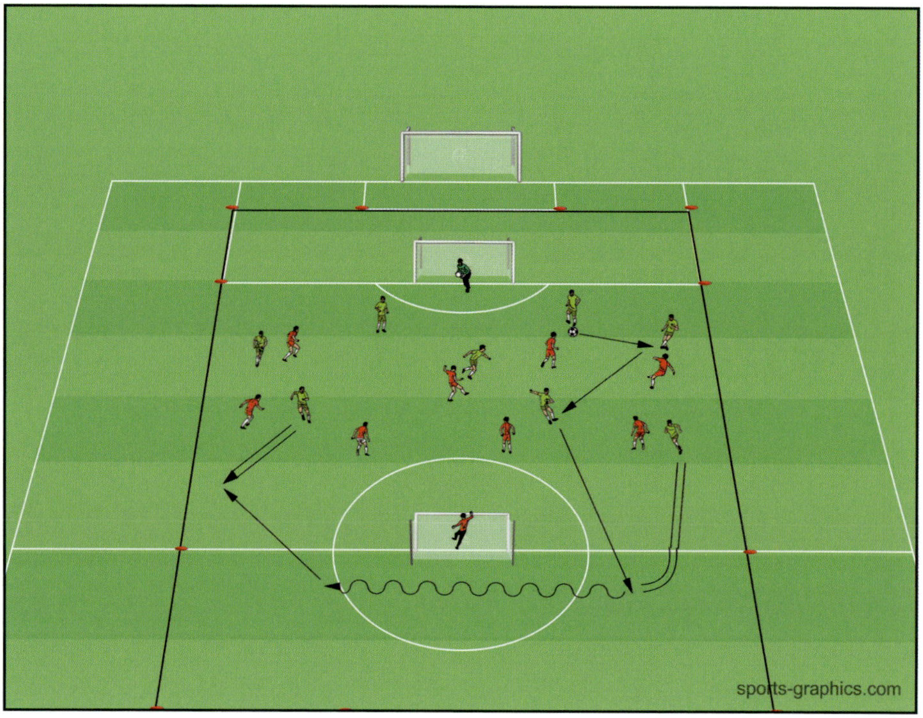

Organisation und Ablauf

- Auf Strafraum- und Mittellinie steht je 1 Tor mit Torhüter.
- Das Spielfeld auf Strafraumbreite begrenzen und hinter beiden Toren je eine 12 m tiefe „Hintertorzone" markieren.
- 10 Minuten pro Durchgang, 2 Durchgänge
- 9 gegen 9 mit 2 Möglichkeiten, Punkte zu sammeln:
- Direkt erzieltes Tor (=1 Punkt) oder
- Pass in die Hintertorzone auf einen startenden Spieler, der den Ball wieder ins Feld zurückspielt (= 3 Punkte).

Variation

- Kopfballtreffer nach hohem Ball aus der Zone zählen doppelt.

Hinweise und Coaching

- Timing beim Weglaufen der Spitzen!
- Den tief gespielten Ball nicht annehmen – sondern begleiten!

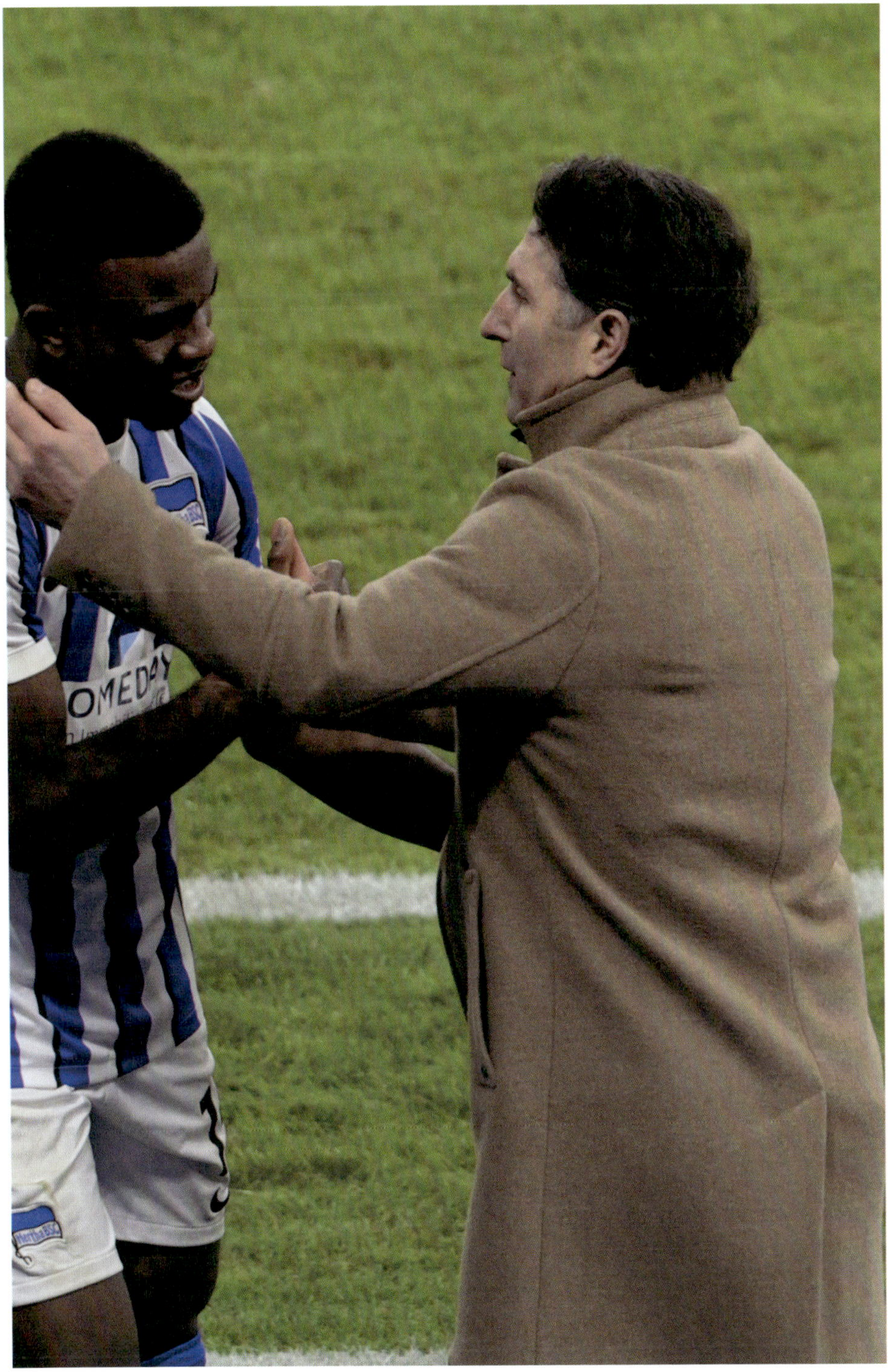

Schnelligkeitstraining mit Balljagen

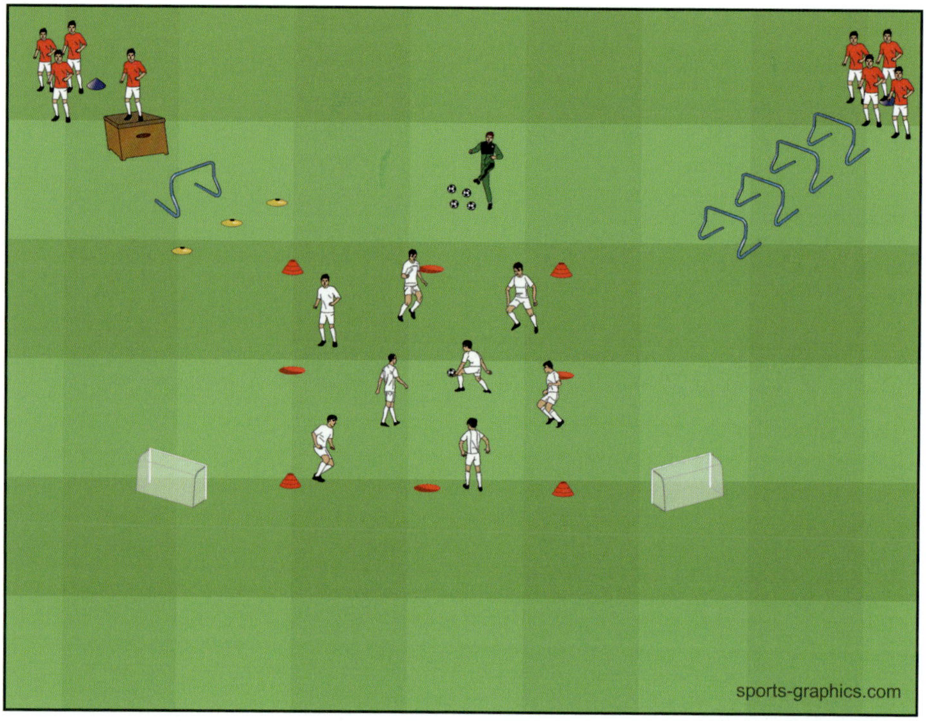

Organisation und Ablauf

- 1 Viereck, 20 x 20 m, links und rechts unten neben dem Viereck (4 m) 2 Minitore aufstellen.
- Oben links Parcours 1: Starthütchen, ein Kasten 2 m davor, 2 m davor eine Hürde und vor der Hürde 1 m 3 x Hütchen aufstellen.
- Oben rechts Parcours 2: 4 x Hürden 2 m voneinander entfernt aufstellen in Richtung Viereck.
- Team Weiß (8 Spieler) spielt auf Ballhalten im Viereck.
- Team Rot teilt sich jeweils auf die beiden Parcours auf.
- Parcours 1: Ein Spieler startet, springt aus der Hocke mit beiden Beinen auf den Kasten und wieder runter und springt dann über die Hürde und muss hinter den Hütchen laden. Danach läuft er ins Viereck und jagt den Ball.
- Parcours 2: Ein Spieler startet und springt beidbeinig über die Hürden, um dann im Vollsprint ins Viereck zum Ball zu jagen.
- Nachdem ein Spieler einen Parcours überwunden hat, kann der nächste Spieler starten.
- So folgt ein 8 gegen 2, 8 gegen 4, 8 gegen 6 und dann ein 8 gegen 8.

- Wenn Team Rot den Ball erobert, können sie ein Tor auf eins der Minitore erzielen und bekommen 1 Punkt.
- Der Ball wird wieder vom Trainer reingespielt und Team Weiß muss den Ball weiter in seinen Reihen halten (nach 5 Pässen untereinander gibt es immer 1 Punkt).
- Wenn es im Viereck zum 8 gegen 8 kommt, hat Team Weiß nach 5 Pässen untereinander ebenso die Möglichkeit, auf eins der Minitore ein Tor zu erzielen. Wenn Team Rot beim 8 gegen 8 den Ball gewinnt und ein Tor erzielt, ist die Übung vorbei. Team Rot wechselt untereinander die Parcours und Team Weiß spielt nochmals auf Ballhalten.
- Danach werden die Teams getauscht.

Variation

- Wettbewerb: Wer erzielt am Ende die meisten Tore?

Hinweise und Coaching

- Auf korrekte Durchführung achten.
- Durchführung im hohen Tempo
- Kommunikation untereinander
- Auf das Umschaltspiel achten.

Schnelligkeitstraining

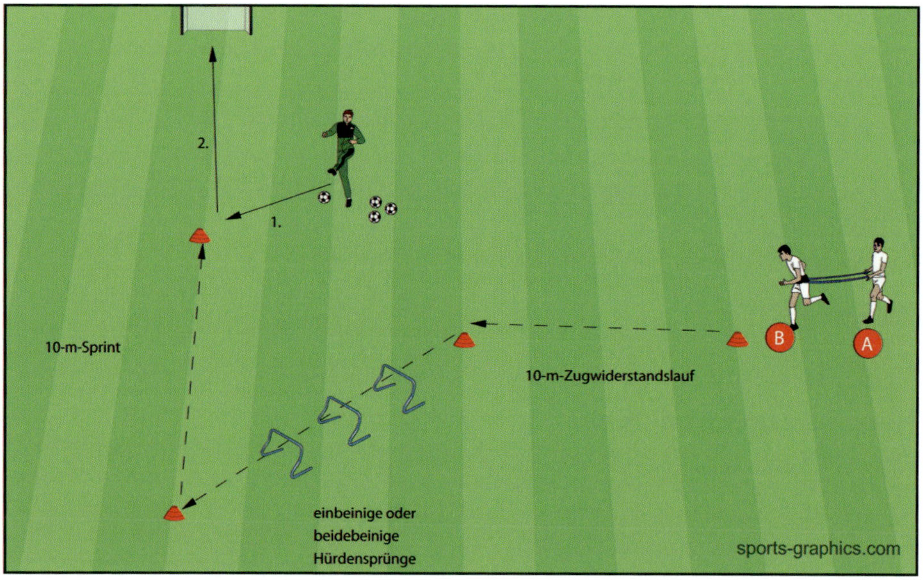

Organisation und Ablauf

- 4 x Hütchen, 1 x Widerstandsband, 3 x Hürden, 1 x Minitor und Bälle
- Vom Starthütchen 10 m nach links das zweite Hütchen aufstellen, dann diagonal nach links unten (10 Schritte nach links und 10 Schritte runter) das nächste Hütchen aufstellen und zwischen den beiden Hütchen die drei Hürden aufstellen, in einem Abstand von 2 m voneinander. Von dem unteren Hütchen 10 m hoch in die Tiefe das letzte Hütchen aufstellen und 10 m weiter das Minitor.
- Spieler B zieht sich das Widerstandsband um und sprintet mit voller Kraft zum zweiten Hütchen, dabei wird Spieler B von Spieler A gezogen, um einen Zugwiderstand zu erzeugen.
- Danach läuft Spieler B beidbeinig über die Hürden.
- Am dritten Hütchen angekommen, folgt ein Vollsprint zum vierten Hütchen, wo das Zuspiel vom Trainer kommt, und dann mit dem ersten Kontakt das Tor erzielen.

Variation

- Verschiedene Varianten beim Hürdensprung: beidbeinig, einbeinig mit links und rechts

Hinweise und Coaching

- Durchführung im hohen Tempo
- Konzentrierte Ausführung in den Übungen, besonders am Ende beim Torschuss

Schnelligkeitstraining als Wettkampf

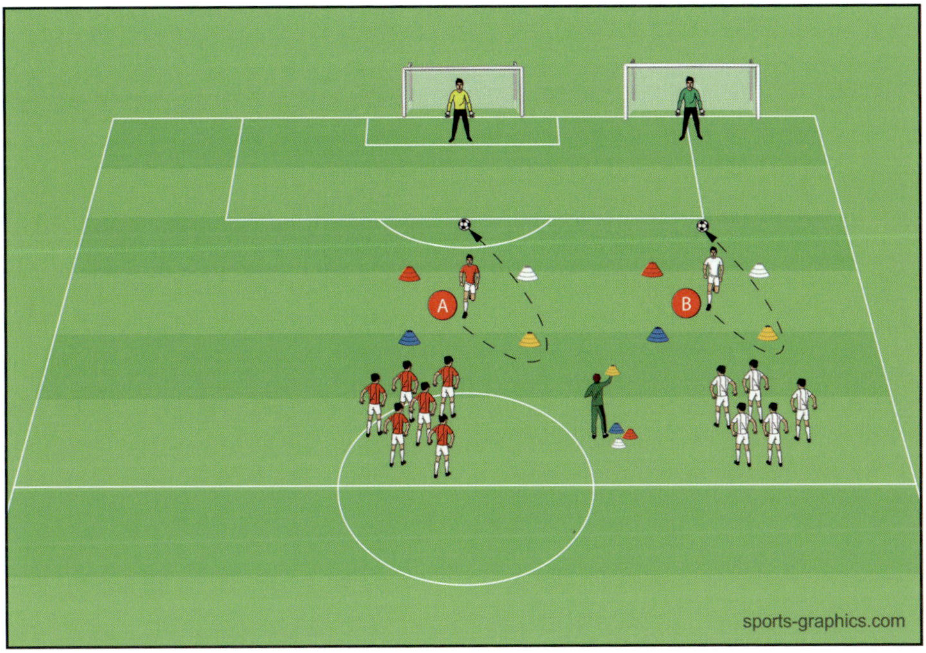

Organisation und Ablauf

- 2 Tore und 20 m vor den Toren jeweils 2 Vierecke (4 x 4 m) mit verschiedenfarbigen Hütchen aufstellen (die Eckhütchen müssen in beiden Vierecken die gleichen Farben besitzen). Am 16-m-Raum liegt jeweils 1 Ball für die Spieler bereit.
- 2 Teams werden erstellt und 1 Spieler stellt sich jeweils in 1 Viereck.
- Die Spieler warten auf das Kommando des Trainers, der die Farbe des Hütchens angibt, laufen dann im hohen Tempo um das entsprechende Hütchen, danach direkt zum Ball und dann kommt der Torabschluss.

Variationen

- 2 Farben/3 Farben/4 Farben nennen (die Farben können mehrmals vorkommen: Beispiel: rot, weiß, rot, gelb).
- Die Hütchenfarben tauschen.
- Wettbewerb: Wer schießt die meisten Tore in einer angegebenen Zeit?

Hinweise und Coaching

- Auf die Reaktionsschnelligkeit achten.
- Konzentration beim Torabschluss

Fangbelohnung

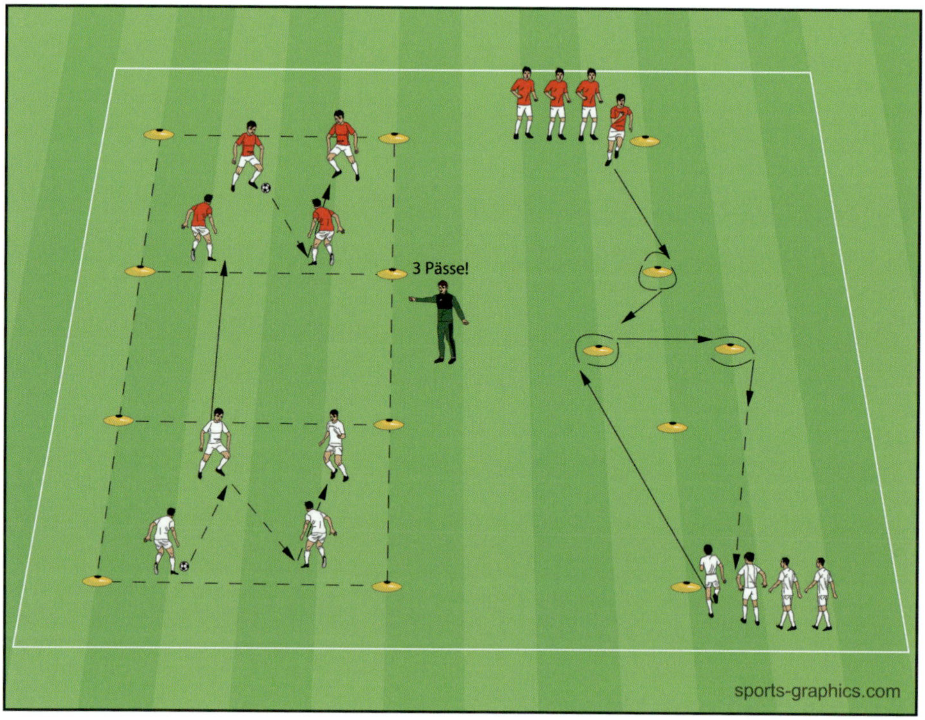

Organisation und Ablauf

- Feld 1 und Feld 2 gemäß Abbildung aufstellen.
- 2 gleich große Gruppen bilden und auf die Felder verteilen.

Feld 1

- Jede Gruppe hat 1 Ball.
- Die Spieler passen sich innerhalb ihrer Gruppe zu.
- Per Kommando gibt der Trainer eine Aufgabe vor und startet so die Aktion (z. B. 5 Pässe in den eigenen Reihen spielen usw.).
- Die Gruppe, welche die Zusatzaufgabe zuerst absolviert hat, darf anschließend für 20 Sekunden einen Fänger in die gegnerische Endzone schicken.
- Jeder gefangene Spieler ergibt 1 Punkt für die Mannschaftswertung.

Feld 2

- 2 Mannschaften bilden und jeweils an den Starthütchen aufstellen.
- Der jeweils erste Spieler hat 1 Ball.
- Auf ein Trainerkommando dribbelt der jeweils erste Spieler jeweils mit einer vollen Drehung um 2 Hütchen der Hütchenraute und passt anschließend zum nächsten Mitspieler am Starthütchen.
- Dieser muss jetzt die beiden zuvor ausgelassenen Hütchen der Hütchenraute umdribbeln.
- Welche Mannschaft ist zuerst fertig?

Hinweise und Coaching

- In Feld 1 verschiedenartige Aufgaben stellen. Neben der Passanzahl kann der Trainer beispielsweise auch den Fuß vorgeben, mit dem der Pass erfolgen soll.
- Ein sofortiger Rückpass zum Passgeber ist verboten!
- Jede Mannschaft kann den Fänger selbst bestimmen. Pro Durchgang (4 Aktionen) darf jedoch jeder Spieler höchstens einmal als Fänger zum Einsatz kommen.

Fangfalle

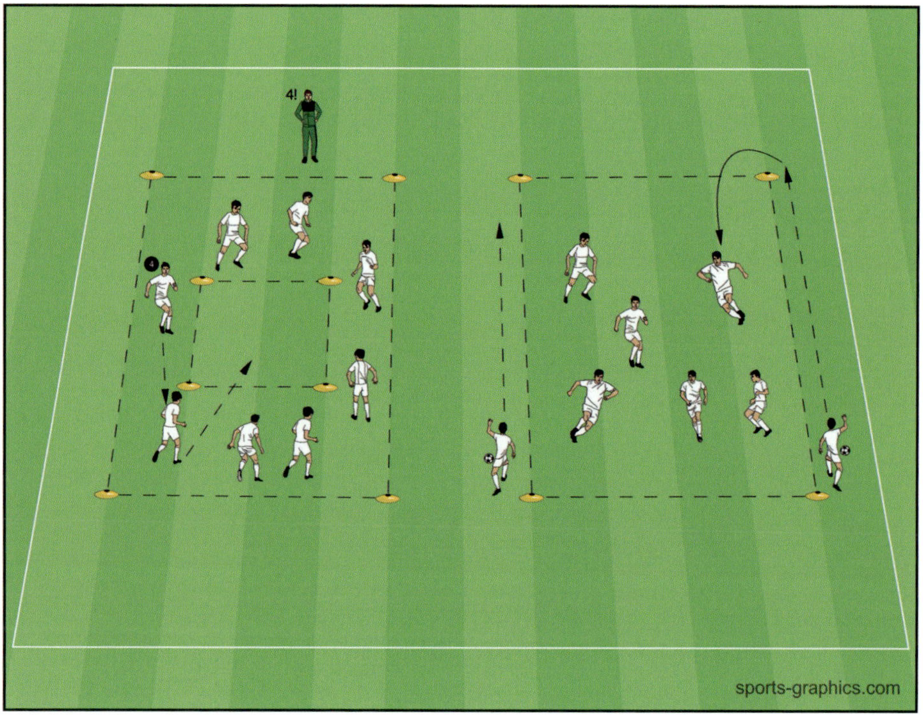

Organisation und Ablauf

- Feld 1: 1 großes und 1 kleines Hütchenquadrat einrichten.
- Feld 2: 1 Hütchenquadrat markieren.
- 2 gleich große Gruppen bilden und sie auf die Felder verteilen.

Feld 1

- Die Spieler durchnummerieren.
- Der Trainer ruft laut eine Zahl auf.
- Der Aufgerufene wird Fänger und muss innerhalb von 30 Sekunden möglichst viele Spieler abschlagen.
- Die Läufer dürfen sich dabei in das mittlere Feld „retten", das der Fänger nicht betreten darf. Hier dürfen die Läufer jedoch nicht stehen bleiben, sie müssen das Feld sofort wieder verlassen.
- Welcher Spieler fängt die meisten Läufer?

Feld 2

- 2 Spieler mit Ball an den unteren Ecken des Feldes postieren.
- Alle übrigen Spieler ohne Ball im Feld aufstellen.
- Auf ein Trainerkommando jonglieren die beiden Spieler mit Ball zum gegenüberliegenden Hütchen.
- Der Spieler, der zuerst das Hütchen erreicht oder die größere Strecke zurücklegt, ohne dass der Ball herunterfällt, erhält für 30 Sekunden das Fangrecht.
- Welcher Spieler fängt insgesamt die meisten Spieler?

Hinweise und Coaching

- In Feld 1 wird die Fangzeit bewusst kurz gehalten, damit die Belastung nicht zu groß wird.
- Verlässt ein Spieler das Feld, so gilt er als gefangen.
- In Feld 2 die Fänger nach jeder Aktion wechseln.

Richtungswechsel

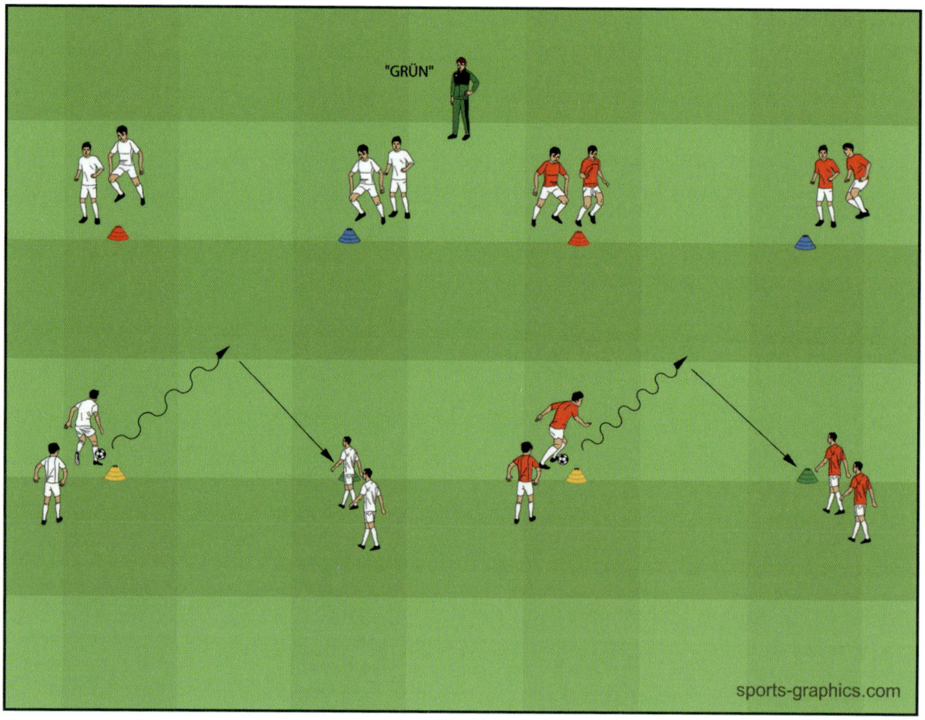

Organisation und Ablauf

- Nebeneinander 2 Felder mit verschiedenfarbigen Eckpunkten markieren.
- 2 Gruppen bilden und sie auf die Felder verteilen.
- Die Spieler an den Eckhütchen postieren.
- Pro Gruppe 1 Ball
- Die Startspieler in beiden Feldern dribbeln gleichzeitig ins Feld.
- Der Trainer ruft eine Farbe auf.
- Daraufhin müssen die Spieler blitzschnell die Richtung ändern und zum Hütchen der entsprechenden Farbe passen.
- Anschließend laufen die Spieler ihrem Pass zum jeweils anderen Hütchen nach
- Die jeweils nächsten Ballbesitzer starten ins Feld usw.

Variationen

- In beiden Feldern unabhängig voneinander üben. Je 1 Kommandospieler bestimmen, der anstelle des Trainers für jeweils 1 Minute die Hütchen aufruft. Anschließend 1 neuen Kommandospieler bestimmen.
- Die Farben durch den Zuruf von Gegenständen vorgeben (z. B. Feuerwehrauto = rot).

Hinweise und Coaching

- Die Startspieler sollten zu Beginn jeweils diagonal in Richtung Feldmitte dribbeln.
- Auf das Trainerkommando sollen sie blitzschnell mit einer Kappbewegung die Richtung ändern.
- Im Anschluss an die Richtungsänderung nach etwa 1-2 weiteren Kontakten zum nachfolgenden Spieler am aufgerufenen Hütchen passen.

Teambuilding

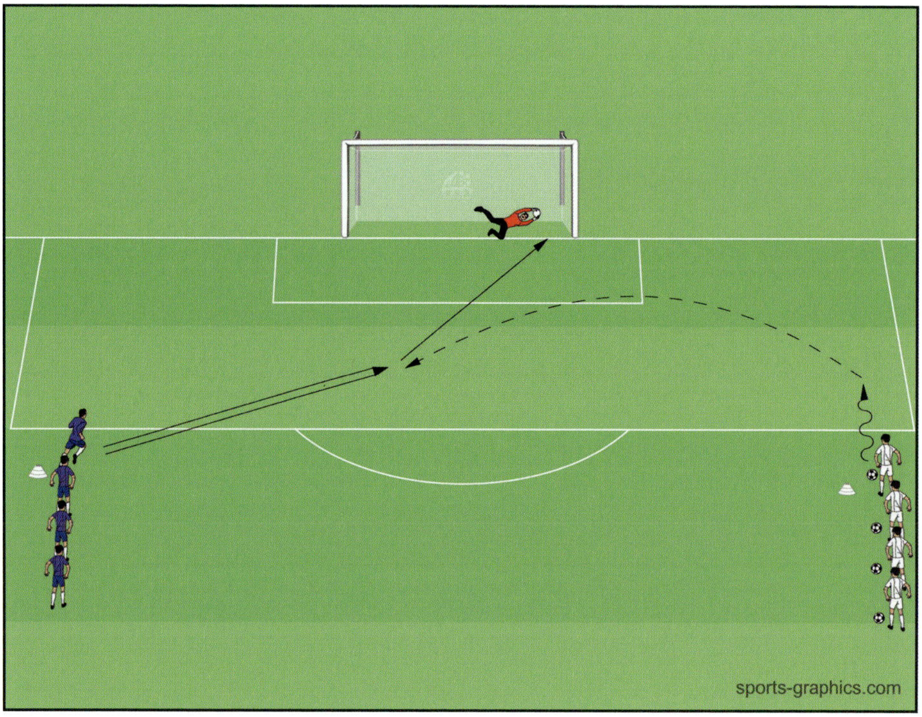

Organisation und Ablauf

- 1 Tor aufstellen und die Startpunkte markieren.
- Paare bilden.
- Die Spieler erklären vorab genau ihre Aufgabe.
- 1 Spieler flankt, ein anderer schließt ab.
- Nach der Aktion wechseln die Spieler die Aufgaben.
- Welches Team erzielt die meisten Tore?

Variationen

- Beide Seiten besetzen und bespielen.
- Kopfballtore zählen doppelt.
- Volleytore zählen dreifach.

Hinweise und Coaching

- Der Trainer verdeutlicht, dass das Team nur erfolgreich sein kann, wenn jeder Einzelne seine Aufgaben sorgfältig und gewissenhaft ausführt.

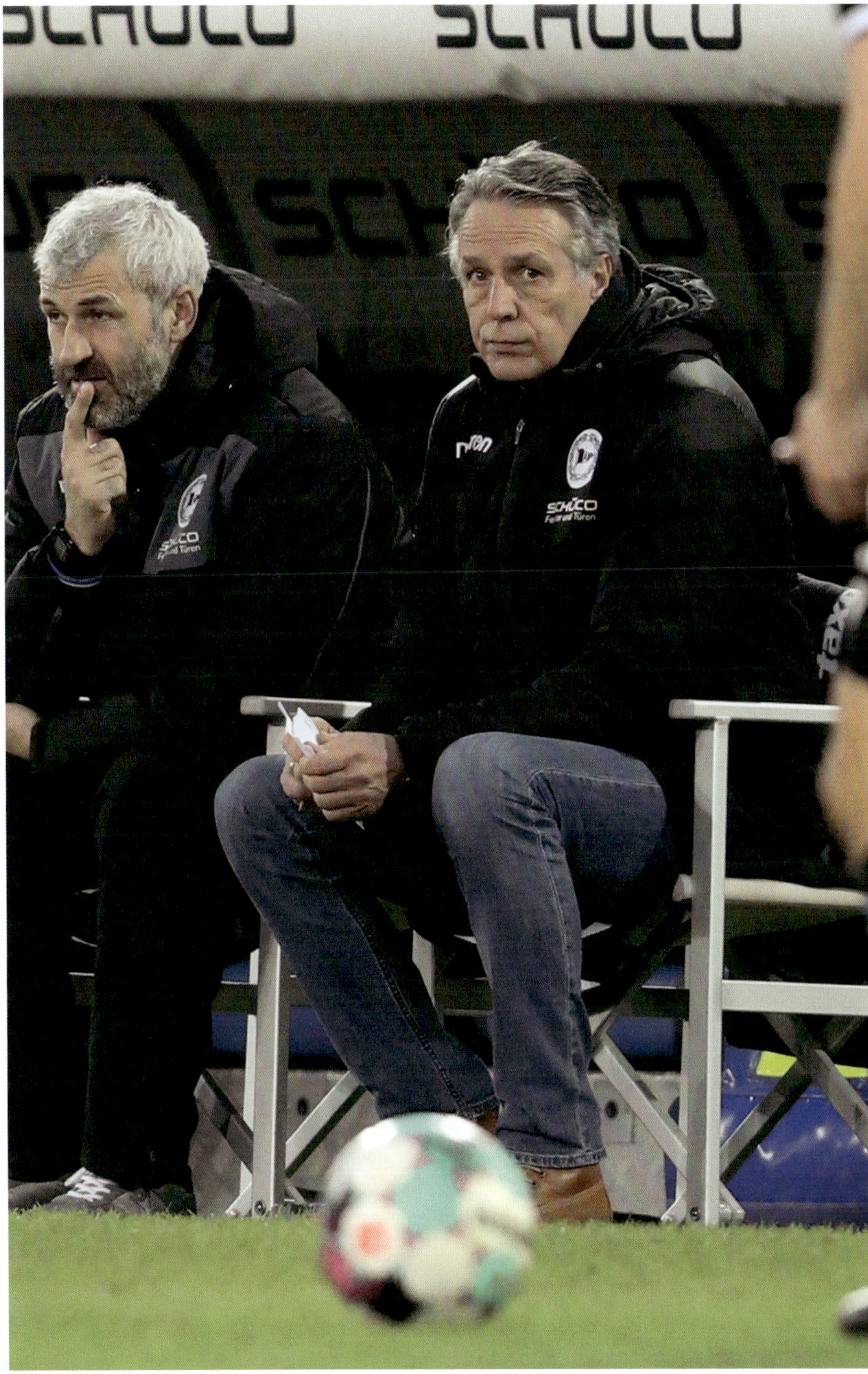
SCHÜCO
SCHÜCO

7 gegen 2 – gemeinsam sieben Bälle behaupten

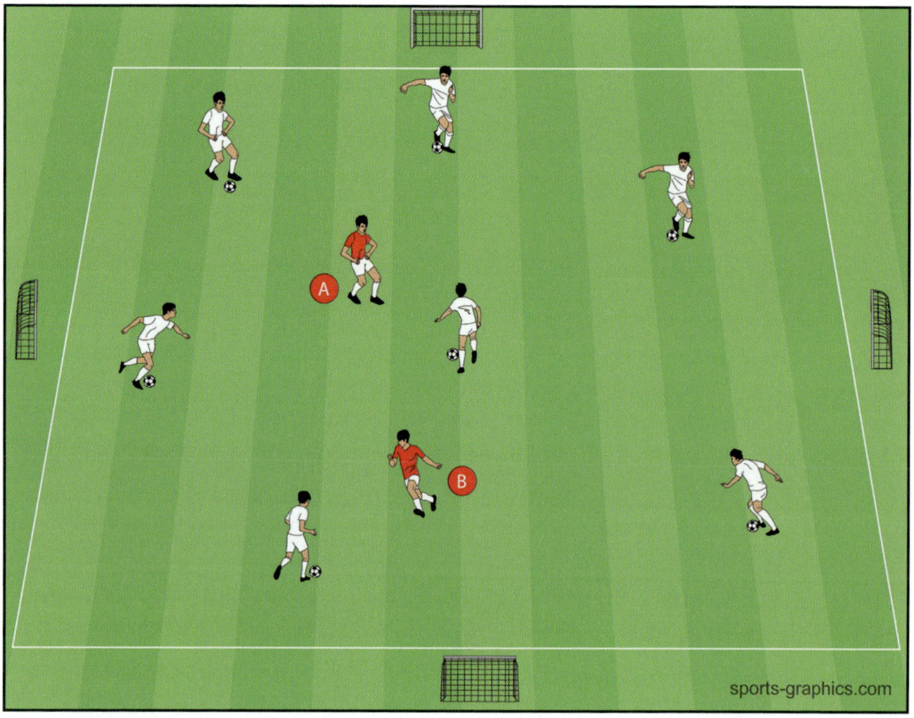

Organisation und Ablauf

- Es wird 1 Spielfeld 15 x 15 m markiert.
- Außen jeweils 4 Minitore mit 1-2 m Abstand zum Feld aufstellen.
- 7 weiße Spieler im Feld versuchen, ihren Ball gegen die beiden roten Spieler (A und B) zu behaupten. A und B versuchen, die Bälle zu jagen und zu erobern.
- Die Maxime ist es, den Ball aktiv zu gewinnen und ein Passtor zu erzielen. Allerdings reicht auch hier ein negativer Ballgewinn (Ausball).
- Sollte ein weißer Spieler seinen Ball verlieren, kann er die anderen weißen Spieler unterstützen, sodass am Ende ein 7 gegen 2 übrig bleibt.

Variationen

- Zeitliche Limits einbauen.
- Maximal 5 Sekunden den gleichen Spieler attackieren.

Hinweise und Coaching

- Im 1 gegen 1 keine offene Ballführung (Standbein oder Körper zwischen Ball und Gegner bringen) und mit dem gegnerfernen Fuß dribbeln.
- Sobald der eigene Ball verloren gegangen ist: Immer jene Spieler am Ball unterstützen, die den höchstmöglichen Druck haben – Spielübersicht.